Grenzenlos Leben
auf einem begrenzten Planeten

Solara

Grenzenlos Leben auf einem begrenzten Planeten

ch. falk-verlag

Aus dem Amerikanischen
von Anna-Christine Raßmann

deutsche Erstveröffentlichung

Umschlaggestaltung: Solara und Josef Nysten-Riess

Satz: Plejaden Publishing Service, Boltersen
Druck: F. Steinmeier, Nördlingen

Printed in Germany
ISBN 3-89568-031-1

Grenzenlos leben:

um die unendliche Weite
des Unsichtbaren
physisch zu verkörpern
jeden Tag,
bis es uns
zur Neuen Normalität wird.

An all meine verlorenen Lieben...

für ewig verschmolzen
mit dem unendlichen Ozean der Liebe,

losgelöst treibend
auf dem Meer der Stille.

Dieses Buch ist aus meiner persönlichen Erfahrung geschrieben...

Ein Weg immer tiefer ins Unsichtbare, der immer weiter geht...

Ich weiß nur noch, daß nichts sicher ist. Nichts ist vorherbestimmt oder für alle Ewigkeit in Stein gemeißelt. Selbst unsere heiligsten Wahrheiten lassen sich augenblicklich durch noch unendlich viel größere Wahrheiten ersetzen. Und selbst unsere Zellen werden ständig neugeordnet, wenn wir neue Ebenen unseres wahren Selbst gebären.

Zivilisationen steigen auf und fallen.
Sterne werden geboren und sterben.
Geliebte Wesen kommen und gehen.
Das Auf und Ab der Jahreszeiten.
Und während all dessen bleiben wir bestehen...

Wir fallen und steigen dann auf.
Wir wagen wieder zu lieben. Und wieder.
Nach einer Weile wird das Steigen und Fallen
zu ein und derselben Bewegung.
Wir lieben immer und überall –
einfach, weil wir Liebe sind.

Aus meiner eigenen Erfahrung habe ich endlich akzeptieren gelernt, daß ich nichts weiß – mich in der großen Leere des Unsichtbaren wohlzufühlen – meine schönen alten Werkzeuge beiseitezulegen, von denen ich weiß, daß sie mir nichts mehr nützen – die nackte Verletzlichkeit meines inneren Kerns in die Arme zu schließen – wild und frei zu sein, wo immer ich bin – tief zu lieben mit allem, was ich habe – und jeden Tag willkommen zu heißen, als sei er der erste und der letzte.

Inhalt

Wir leben in einer unwirklichen Welt

Wir leben in seltsamen Zeiten und in einer unwirklichen Welt. Das Leben ist so aus dem Gleichgewicht geraten, daß wir die extremen Perversionen dieser Zeit inzwischen für normal halten. Alles, was zu unserem Leben gehört, ist in hohem Maße verzerrt worden.

Wir haben vergessen, wie man lebt,
und wir haben vergessen, wie man liebt...

Jetzt beginnt unsere unwirkliche Welt zu zerbröckeln. Die unglaubliche Korruption und Verwesung, die ihr zugrundeliegen, kommen endlich an die Oberfläche, wo sie deutlich sichtbar werden. Wohin wir auch schauen stirbt etwas, hören wir jemandes Notschrei. Unsere Herzen sind mehrfach gebrochen. Unsere schönsten Träume sind zerschmettert. Unsere Wertsysteme zeigen ihre ganze Hohlheit. Unsere Religionen sind zu verstaubten Machtinstrumenten geworden; viele der Kirchen sind entweder zu gesellschaftlichen Clubs oder Mausoleen einer toten Vergangenheit degeneriert. Unsere alten Götter sind impotent, und an der Macht ist der allmächtige Gott des Geldes, des Egoismus und der Gier.

Wir haben unsere Umwelt so lange gemetzelt und vergewaltigt, bis sie nicht mehr zu reparieren war. Wir haben unsere Verbindung zur Natur verloren. Und, was das Wichtigste ist, wir haben durch unsere Kompromisse und Verdrängungen auch unsere Selbstachtung verloren.

Unsere Beziehungen sind oft flach und disfunktional und geben uns, die wir noch tief im Schlamm des Karmas, in Eifersucht, Bedürftigkeit und Schuldzuweisungen stecken, wenig Unterstützung. Unvollständige Persönlichkeiten versuchen, sich durch andere Bruchstücke zu vervollständigen. Statt echter Liebeswerbung herrscht herzlose Verführung, die Egoismus und Lust betont, statt Liebe. Die Heiligkeit der körperlichen Liebe haben wir durch Telefonsex, Cybersex und Sadomasochismus ersetzt. Anstatt tiefe Vertrautheit zu wagen, spielen wir langweilige Rollenspiele mit unseren Partnern und Kindern. Wir igeln uns in falsche Familienwerte ein, die wahre Verwandtheit und Nähe nur ersticken, und beschränken den freien Ausdruck unserer Liebe auf eine enge Personengruppe. Als Eltern verschieben wir unsere Träume, bis die Kinder groß sind, nur um zu entdecken, daß wir dann das Fliegen verlernt haben.

Wir sind nur ein hohler Abklatsch unseres wahren Selbst, der endlos von einer Illusion zur nächsten tappt. Das ist unser unwirkliches Leben in einer unwirklichen Welt.

Schau dich um, wo immer du willst, und du begegnest Korruption und Wahnsinn. In vielen Gegenden der Welt werden Frauen noch immmer als Besitz betrachtet und ethnische Minderheiten unterdrückt. Eine unpersönliche, technische Medizin behandelt Symptome, aber heilt nicht. Die Erziehung lehrt uns nicht, wie wir lernen können. Die Politik dient nicht mehr den Bedürfnissen der Menschen. Geschäfte dienen dem Profit, nicht der Qualität; sie entäuschen nicht nur die Bedürfnisse der Verbraucher, sondern sie beuten auch die Arbeiter aus. Selbst Urlaub ist zu einem kommerzialisierten Abklatsch müder Handreichungen in einem sinnlosen Ritual verkommen. Wir versuchen, die Leere in unserem Leben mit einer Unterhaltung zu füllen, deren beliebteste Genres Gewalt und sexuelle Ausbeutung verherrlichen.

Sogar den Kontakt zur Natürlichkeit unseres Körpers haben wir verloren; wir vernachlässigen ihn entweder, mißbrauchen ihn oder entwickeln ihn über das rechte Maß hinaus.

Viele unserer Führer in jedem Bereich, viele unserer gegenwärtigen Rollenvorbilder sind von ihrem aufgeblasenen Ego und von Machtgelüsten getrieben. Wir ahmen begierig die kleinsten Einzelheiten ihres Lebens nach, anstatt uns auf unser Eigenes zu konzentrieren. Unsere Supermärkte sind mit Nahrungsmitteln vollgestopft, die kaum noch wirklich sind. Ursprünglich Realem haben wir Pestizide, Zusätze, Konservierungsmittel und Strahlung hinzugefügt. Dann nehmen wir diese „Nahrung“ mit nach Hause, bombardieren sie mit Mikrowellen und spülen sie mit chemisch hergestellten Getränken hinunter. Wir haben einen großen Teil unseres Wassers verschmutzt und vergiftet, so daß uns nur noch sehr wenig reines Wasser zur Verfügung steht. Dieses reine Wasser verkaufen wir in tollen Flaschen als etwas ganz Besonderes. Abends sitzen wir vor kleinen Kisten, Fernseher genannt, und schalten ab, statt wach zu sein und uns auf das Ganze einzustimmen. Um mit alledem fertigzuwerden, füllen wir uns mit Alkohol und Drogen an, um uns in unserer schmerzhaften Einsamkeit noch weiter zu betäuben.

Bei alledem sind wir sehr geschäftig – gehen wie gut trainierte Roboter von einer Ablenkung zur anderen über, halten uns abgestumpft gegenüber der alles durchdringenden inneren Leere, die uns ständig umgibt. Schwimmend im verwirrenden Chaos einer abartigen Welt, oberflächlich mit Freunden plaudernd, konzentrieren wir uns auf unsere Karriere, streiten mit der Familie, verdienen Geld, um die Miete zu zahlen. Was könnten wir denn auch sonst tun?

Einige von uns sind natürlich auf einem geistigen Weg. Wir haben eine göttliche Mission. Wir haben ausgefeiltere Arten der Zerstreuung entwickelt, handeln mit höheren Illusionen. Wir überlassen uns der Führung spiritueller Hierarchien oder Gurus, tragen unsere Kristalle, summen unsere Mantras, sprechen leise miteinander, kommunizieren mit UFOs, channeln jeden anderen außer uns selbst. Trotzdem bleibt alles eine Illusion, und wir leben immer noch in einer unwirklichen Welt...

Eine neue Welt wartet darauf, geboren werden

Dieses Buch handelt von der Wirklichkeit. Davon, aufzuwachen und durch und durch lebendig zu sein. Aus unseren Illusionen herauszutreten. Endlich nicht nur lieben zu lernen, sondern LIEBE zu SEIN. Unser Leben in ständigem Staunen und höchster Ekstase zu leben. Und unsere unendliche Weite in einem lebendigen physischen Körper zu verankern, indem wir auf diesem begrenzten Planeten grenzenlos leben.

Unsere größte Herausforderung ist die, wirklich zu werden

Wenn wir ganz und gar lebendig werden können, wenn wir alle falschen Hüllen ablegen und echte, verletzliche, natürliche, tiefe, weit offene, leidenschaftlich liebende, ganze Wesen werden, können wir über die Grenzen dieser sterbenden, unwirklichen Welt hinausgehen und etwas Neues erschaffen.

Eine neue Welt wartet darauf, geboren zu werden. Eine größere Wirklichkeit liegt unmittelbar vor uns. Die Membran um diese größere Realität löst sich jetzt eben auf. Die Schleier heben sich. Das Tor steht offen...

Ein höchst
praktisches Handbuch,
um durch und durch
lebendig zu werden!

Der Größere Aufstieg

Heutzutage wird viel über den Aufstieg gesprochen. Zahlreiche Bücher sind zu diesem Thema geschrieben worden. Alle paar Monate scheint es wieder eine neue planetarische Aktivierung zu geben, wird ein neues Sternentor geöffnet. Es gibt unzählige Theorien, angefangen von UFO-Interventionen bis zur Befreiung von unserem physischen Körper. Wohin führt dieser bevorstehende Aufstieg? Vielleicht zu einem riesigen Raumschiff oder in eine andere Dimension oder in ein neues Größeres Zentralsonnensystem? Jeder scheint etwas darüber zu wissen, und doch ergeben diese unzähligen Informationen irgendwie kein einheitliches Bild. Es herrscht massive Verwirrung darüber, was dieser Aufstieg nun eigentlich ist.

Viele von uns haben das Gefühl, dies sei unser letztes Leben auf der Erde.

Wir bringen unseren langen Zyklus von Inkarnationen zum Abschluß. Wir wissen, daß dieses letzte Leben ein wichtiges ist. Jetzt ist die Zeit, um alles unerlöste Karma zu vollenden. Wir müssen unseren Schatten integrieren und ganz werden, unsere Gefühle heilen und alles ausräumen, was uns hindert, offen unser Wahres Selbst zu sein. Dazu kommt, daß jeder von uns eine göttliche Mission zu erfüllen hat. Wir sind alle nicht zufällig hier. Wir wissen, daß sich viele Dinge umschichten und das aus einem höheren Grund. Diese Verwandlung und Neuordnung findet auf der Zellkernebene unseres Wesens statt und hat eine ungeheure Wirkung auf unsere physischen, mentalen, emotionalen und spirituellen Körper. Unsere Lichtkörper werden aktiviert, und wir wissen, daß wir sie zum Überleben brauchen werden.

Es wird auch immer deutlicher spürbar, daß wir uns in einer Zeit der Vollendung befinden, in den letzten Tagen der Dualität. Viele von uns fühlen, daß die Lebenskraft die Dualität verläßt. Die Materie, die einst so fest erschien, wird immer transparenter. Die Wirklichkeit der Dualität löst sich auf. Plötzlich ist das Leben, das wir führen, unser altes Selbst, unser altes Wertsystem fadenscheinig und leblos geworden. Sie fühlen sich nicht mehr real an. Und gleichzeitig wird die Lücke zwischen dem, was wir wirklich sind, und dem, was wir im täglichen Leben darstellen, immer unbequemer. Verzweifelt versuchen wir, eine Brücke zu schlagen und uns ganz zu fühlen.

Eine schale Leere stellt sich ein...

Weißt du noch, als du jünger warst, in viel unschuldigeren Zeiten... gab es da nicht unzählige Orte auf der Welt, wo du hinfahren oder leben wolltest, gab es nicht so viele Möglichkeiten, Karriere zu machen, war diese Welt nicht ein unendliches, unbegrenztes Potential? Dieses neue Gefühl der Hohlheit der Dualität ist nicht nur ein Symptom des fortgeschrittenen Alters oder der Reife. Alle, die erwachte Wesen sind, fühlen sie, ganz gleich ob sie alt und erfahren sind oder nicht. Auch viele junge Menschen, die gerade erst ihren Lebensweg beginnen, fühlen diese Leere. Sie schauen auf ihre verringerten Möglichkeiten, versuchen sich eine Zukunft vorzustellen, die sich spannend und real anfühlt, und finden doch nichts, das wahre Erfüllung verspricht. Alles fühlt sich flach an, langweilig und bekannt, als ob wir alles schon einmal durchlebt hätten.

Ein tiefer Überdruß senkt sich auf uns nieder wie ein Nebel, der alles in seine zähe Umarmung zieht. Oft ist es so, als wichen die Farben aus dem Leben und enthüllten eine erbarmungslose Nacktheit von Schwarz, Weiß und Grau. Es gibt haufenweise sinnlose Kriege in dieser Ära willkürlicher Gewalt, allumfassender Korruption und allem zugrundeliegender Angst. Wo ist der Funken, die reiche Fülle der Lebensfreude? Wo ist eine Zukunft, in der wir als ekstatische Wesen voller Liebe und Optimismus leben können?

**Eines ist sicher:
Innerhalb des alten Schemas der Dualität
werden wir unsere Zukunft
oder unsere Erfüllung nicht mehr finden.**

Wir werden die Sicherheit, die wir suchen, nicht mehr in unserem zerbröckelnden Wertesystem finden. Wir werden da nicht die tiefe Liebe oder die Beziehungen voller Geborgenheit finden, nach denen wir uns sehnen. Wir werden nicht einmal unser wahres Selbst finden – denn die Dualität ist das Land der Illusion. Hier in der Zeit der Vollendung stirbt die Dualität jeden Tag ein bißchen mehr. In diesen letzten Tagen wird vieles, was zuvor in den dunkelsten Abgründen unserer Seele und im kollektiven planetarischen Unbewußten verborgen war, an die Oberfläche gespült, um geläutert, geheilt und transformiert zu werden. Endlich wird der Nebel der Illusion vertrieben und erhellt.

Dies ist zweifelsohne eine Zeit größter Herausforderungen. Und doch wäre es gut, immer mal wieder daran zu denken, daß jeder von uns sich dafür entschieden hat, gerade jetzt zu leben, nicht nur um die letzten Tage der Dualität mitzuerleben, sondern um bei der Erneuerung des evolutionären Schemas des Planeten Erde dem Göttlichen als Hebamme und Werkzeug zu dienen. Wir sind hier, um den Quantensprung von der Dualität in die Einheit zu unterstützen.

Wie tun wir diesen Sprung in dieser so unwirklichen Welt? Zuerst müssen wir ihn in uns selber vollziehen. Wir müssen alles lösen und loslassen, was uns an die Zweiheit fesselt. Wir müssen die falschen Begrenzungen von Zeit und Raum abschütteln, unser Sein daraus losmachen, so daß wir im ewigen Zustand der Nicht-Zeit leben können. Wir müssen das Karma transzendieren, indem wir in unsere Unendlichkeit hineingehen. Was am wichtigsten ist: Wir müssen eine tiefere, wahrere Ebene von Liebe verkörpern – die des Einen Herzens.

Eine neue Welt wartet darauf, geboren zu werden

Wir müssen sie in unserem physischen Körper auf diesem physischen Planeten erleben. Und sie wartet darauf, daß wir sie zur Welt bringen. Die neue Welt ist als die Größere Wirklichkeit bekannt. Sie liegt in einem Frequenzbereich der Energie, den wir das Unsichtbare nennen. Das Unsichtbare ist JETZT überall um uns. Wenn wir unsere neue Zukunft entdecken wollen, wenn wir voller Leben und Liebe sein wollen, wenn wir als Neue Wesen im Neuen leben wollen, müssen wir lernen, das Unsichtbare zu erforschen.

Die Spirale der Dualität

Die Spirale der Dualität ist der evolutionäre Weg, den wir seit unserer Ankunft auf diesem Planeten gegangen sind

Die Evolutionsspirale wird durch die Parameter der Dualität definiert, das heißt, wir sind den Gesetzen und Begrenzungen der Zeit, des Raumes, der Polaritäten, der Getrenntheit und des Karmas unterworfen. Polarisierung ist der Schlüssel. Alles definiert sich durch seinen Gegenpol: männlich und weiblich, Tag und Nacht, gut und schlecht, Liebe und Haß, schwarz und weiß, reich und arm, glücklich und traurig, Täter und Opfer, gewinnen und verlieren.

Wir sind so sehr in die Polaritäten der Zweiheit eingebettet, daß die meisten von uns sie für wahr halten. Wir haben das Gefühl, daß wir, wenn uns etwas Gutes geschieht, unweigerlich später für unser Glück bezahlen müssen, indem uns etwas Schlimmes zustößt. Polaritäten sind die Eckpfeiler der Dualität. Das ist unfraglich wahr; viele von uns erkennen jedoch nicht, daß es Realitätsebenen gibt, die *weit jenseits der Dualität* liegen und die uns jetzt zur Verfügung stehen. Und in diesen höheren Bereichen existiert die Dualität nur als verblaßte Erinnerungen innerhalb eines viel größeren Ganzen.

Ein weiteres Erkennungsmerkmal der Spirale der Dualität besteht darin, daß alles von den physischen Bereichen der Materie aus betrachtet wird. *„Wenn es im Physischen vorhanden ist, ist es wirklich.“* Auch das Gegenstück dazu wird als wahr betrachtet: *„Wenn es nicht physisch vorhanden ist, ist es nicht wirklich."*

Die physische Manifestation ist die vorherrschende Definition der Wirklichkeit für die Spirale der Dualität. Man hat den Blickwinkel eines Menschen, der auf der Erdoberfläche steht und horizontal nach außen schaut. Wir sind weder auf die Erde noch die Sterne ausgerichtet. Unsere ganze Aufmerksamkeit richtet sich fast ausschließlich auf andere physische Erscheinungen. Erfolg und Glück werden auf dieser Spirale oft an dem gemessen, was wir in den physischen Bereichen anhäufen können: Geld, Karriere, Familie, einen attraktiven oder erfolgreichen Partner, Haus, Auto, Besitz und unsere eigene körperliche Erscheinung. Wir verwenden viel Aufmerksamkeit darauf, diese Wunschziele zu erreichen und zu halten.

Die Spiritualität der Dualität

Unsere horizontale Sichtweise ändert sich manchmal, wenn wir „spirituelle" Erfahrungen machen. Wenn wir beispielsweise beten, schauen wir nach oben, wir gehen aus uns heraus zu einer höheren Quelle; wenn wir meditieren, schauen wir nach innen; wenn wir Einkehr halten, bekommen wir eine Übersicht. Die meisten alten, etablierten Religionen auf der Spirale der Dualität dienen dazu, uns innerhalb des festgesetzten Rahmens Seelenfrieden oder teilweise sogar Erleuchtung zu bringen. Viele von ihnen geben uns einfach Anweisungen, damit wir nicht selbst zu denken brauchen. *Die Grundmotivation organisierter Religion ist nicht, uns von der Dualität zu befreien, sondern die Dualität als vorherrschendes Paradigma der Realität aufrechtzuerhalten.* Dasselbe läßt sich auch von vielem sagen, was als „New Age"-Spiritualität bezeichnet wird. Ihr Ziel ist nicht, uns zu wahrer Einheit zu erwecken, sondern uns aus einem Traum in eine andere Illusion zu überführen.

Planetarische Aktivierung

Das Große Erwachen: zu was?

Im August 1987 fand eine massive planetarische Aktivierung statt, Harmonische Konvergenz genannt. Hunderttausende von Menschen auf der ganzen Welt trugen dazu bei, die vierte Dimension auf der Erde zu verankern. Viele erwachten anläßlich dieses Ereignisses zu bislang unerforschten Dimensionen und Bewußtseinsebenen. Um diese Zeit herum geschah geradezu eine Explosion von New Age-Philosophien. Alle möglichen Leute begannen alles mögliche zu channeln – von ihrem eigenen Höheren Selbst bis zu unverkörperten Wesenheiten, Delphinen, Engeln, Wesen aus dem Raume, alten Kriegern und Aufgestiegenen Meistern.

Plötzlich mußte man mit unzähligen neuen Lehren, Prozessen und Informationen fertigwerden. Viele von uns hatten ihre Unterscheidungsfähigkeit noch nicht geschliffen und hießen in ihrer großen Begeisterung über das Erwachen mit enthusiastischer Offenheit alles willkommen und vergaßen, es durch ihre eigenen individuellen Wahrheitsfilter laufen zu lassen. Ja, wir gehörten zum Ashtar-Kommando, zur Großen Weißen Bruderschaft, zu Michaels Heerscharen! Auch wir waren Engel, inkarnierte Einhörner, Befehlshaber von Raumschiffen, Götter und Göttinnen, Schamanen und wer weiß was alles!

Es wurde allmählich verwirrend...

So lange hatten wir uns an den horizontalen Energien von Wissen aus zweiter Hand orientiert, und nun öffneten wir uns für die neuen vertikalen Energien und wurden damit überfrachtet! Vielen von uns war nicht klar, daß durch die Verschmelzung der vierten mit der dritten Dimension vieles von den neuen Informationen, die da einströmten, aus den astralen Ebenen der Illusion kam. Manchen war es klar, aber es war ihnen einerlei, da diese neuen Energien so unendlich viel interessanter waren als das, was sie vorher gekannt hatten.

Inmitten dieses Hagels von übersinnlichen Botschaften und dieses spirituellen Wiedererwachens kamen Informationen über unseren bevorstehenden Aufstieg. Viele Leute vergessen, daß gechannelte Informationen nur die Bewußtseinsebene ihrer Quelle wiedergeben können. Selbst wenn sie vom *Höchsten* oder von Gott selber kommen, entspringt dann dieses *Höchste* der Spirale der Dualität oder der Einheit?

Viel hängt also von der Klarheit und dem Bewußtsein des Menschen ab, der channelt. Auch wenn er mit einer reinen Quelle in Kontakt steht, hängt es vollkommen von der Bewußtseinsebene des Empfängers ab, wie diese Energie interpretiert, heruntertransformiert und ins Physische übersetzt wird. Dies ist ein Bereich, in dem die Informationen sehr stark verzerrt oder falsch gedeutet werden können. Wißt ihr noch, wie wir als Kinder „Telefon" spielten und eine Botschaft im Kreis herum von Ohr zu Ohr geflüstert wurde? Wenn sie wieder beim Absender ankam, hatte sie sich völlig verändert. Kein Wunder, daß viele von uns wirre Botschaften hören!

Mit den Jahren hat mir dieses Übermaß an übersinnlichen Phänomenen immer größere Besorgnis bereitet. Wir haben nämlich wirklich eine unglaubliche Gelegenheit vor uns, aufzusteigen, heimzukehren, aus der Dualität herauszuwachsen und durch und durch lebendig zu werden! Der Aufstieg ist ganz real. Da jedoch so viele Fehlinformationen die Runde machen, ist es gut möglich, daß der Größere Aufstieg dabei in den mannigfaltigen Ebenen der Illusion einfach untergeht.

In dieser Zeit steht uns mehr als eine Ebene des Aufstiegs zur Verfügung.

Aufstieg ist auf vielen verschiedenen Bewußtseinsebenen möglich. Es ist von äußerster Wichtigkeit, daß wir uns über das Ziel unseres Aufstiegs im klaren sind und daß wir bewußt entscheiden, wohin wir gelangen wollen. Andernfalls entdecken wir vielleicht, daß wir zwar aufgestiegen, aber womöglich nicht da gelandet sind, wohin wir zu kommen glaubten.

11 : 11

Ein Auslöser der Erinnerung:

Seit Jahren erscheinen weltweit vielen Menschen auf geheimnisvolle Weise immer wieder die Zahlen 11 : 11. Oft tauchen sie auf Digitaluhren auf, und offenbar geschieht es in Zeiten erhöhten Bewußtseins und hat eine sehr starke Wirkung auf die Betreffenden. Es löst nämlich eine Reaktivierung unserer Zellgedächtnisbänke aus. Tief innen rührt sich etwas, eine Erinnerung an etwas lang Vergessenes wird wach. Wenn die 11 : 11 erscheint, ist das auch eine mächtige Bestätigung dafür, daß wir auf dem richtigen Wege sind, in Einklang mit unserer höchsten Wahrheit stehen.

In all den Jahren habe ich persönlich Tausende von Menschen getroffen, die wiederholt der 11 : 11 begegnet sind. Sie alle wollen wissen, was mit ihnen geschieht und aus welchem Grunde. Was bedeutet die 11 : 11?

> *11 : 11 ist ein vorkodierter Auslöser, der vor unserem Abstieg in die Materie unserem Zellgedächtnis eingeprägt wurde,und der, wenn aktiviert, bedeutet, daß die Zeit unserer Vollendung nahe ist.*

Das bezieht sich auf die Vollendung der Dualität. Wenn dir die 11 : 11 erscheint, ruft sie dich zum Erwachen. Ein direkter Kanal öffnet sich zwischen dir und dem Unsichtbaren.

Die 11 : 11 ist ein Punkt,
wo die Größere Wirklichkeit in den
Augenblick der Gegenwart eintritt.

Wenn dies geschieht, ist es Zeit, alles, was du gerade tust, stehen und liegen zu lassen und dich nach innen zu konzentrieren. Es ist eine Übertragung im Gange. Du kannst in diesem Augenblick in die Zone der Nicht-Zeit eintreten und Samen für deine Zukunft aussäen, und es kann auch sein, daß das Unsichtbare seine Samen in dich legt. Du kannst für irgendeinen Bereich deines Lebens um Hilfe bitten oder einfach still in dich hineinhorchen und eine Offenbarung empfangen.

Wenn die 11 : 11 erscheint, handelt es sich immer um einen Gnadenakt des Göttlichen, der dir sagt, daß es Zeit ist, dich einmal genau umzuschauen und zu sehen, was wirklich vor sich geht. Es ist Zeit, die Schleier der Illusion zu zerreißen, die uns an eine unwirkliche Welt gebunden halten. Du bist erwählt worden, *weil du bereit bist,* in die Größere Wirklichkeit einzutreten. Um den anderen den Weg in eine neue Lebensweise, in eine Größere Liebe zu zeigen. Um von der Dualität in die Einheit aufzusteigen.

Die 11 : 11 ist die Brücke
zwischen Zweiheit und Einheit.
Sie ist unser Weg ins Unbekannte.

Am 11. Januar 1992 fand eine weitere große planetarische Aktivierung statt, die 11 : 11. Wieder nahmen über hunderttausend Menschen in aller Welt daran teil. Die 11 : 11 war insofern einzigartig, als zu drei im voraus festgelegten Zeiten eine Reihe einheitlicher Bewegungen ausgeführt wurde. Die Teilnehmer trugen Weiß, um die Reinheit der innewohnenden Einheit zu symbolisieren. Niemals zuvor ist auf der Erde eine synchronisierte Einheit dieser Art erreicht worden.

Das Ziel dieser Aktivierung war, das Tor 11 : 11 zu öffnen. Dieses Tor ist die Übergangszone oder Brücke zwischen zwei sehr verschiedenen Evolutionsspiralen, der der Zweiheit und der der Einheit. Jede Spirale ist auf verschiedene große Sonnensysteme der Zentralsonne ausgerichtet. Während der Zeremonie der 11 : 11 überlappten sich diese beiden Spiralen und griffen ineinander, so daß sie angekoppelt werden konnten. Diese Überlappungszone ist das eigentliche Tor von 11:11. Die Spiralen bleiben in dieser überlappenden Position, bis sich die 11 : 11 am 31. Dezember 2011 schließt, wenn sich die beiden Evolutionsspiralen wieder trennen. Wir haben also einen Zeitraum von zwanzig Jahren zur Verfügung, um aus der Dualität herauszuwachsen und in die Einheit aufzusteigen.

Die 11 : 11 ist nur eine von mehreren Aufstiegsebenen, die uns im Moment zur Verfügung stehen. Soviel ich weiß, ist sie jedoch diejenige, die uns auf unserer Heimreise am weitesten bringt und die es uns ermöglicht, uns von dem dimensionalen Muster der Dualität zu befreien, das in unserem gegenwärtigen Großen Zentralsonnensystem herrscht.

Der Aufstieg ist ein Prozeß und kein einmaliges Ereignis!

Das bedeutet, daß wir, wenn wir wirklich aufsteigen wollen, wenn wir uns danach sehnen heimzukehren, zuerst die notwendige Verwandlung in uns selbst vornehmen müssen. Es reicht nicht, einfach nur bei den letzten planetarischen Aktivierungen mitzurennen, den neuesten metaphysischen Trends hinterherzuhetzen oder dem schicksten New Age-Guru zuzuhören. All dies sind Ablenkungen von dem, was wirklich vor sich geht. Der Aufstieg ist ein Prozeß, kein einmaliges Ereignis.

Der wahre Aufstieg findet im Kern unseres eigenen Seins statt und in den Zellen unseres physischen Körpers. Er ist absolut wirklich! Wir müssen ganze, heile Wesen werden, die ihre Wurzeln sowohl in der Erde als auch in den Sternen haben. Wir müssen durch und durch lebendig werden! Wir müssen lernen, was Liebe wirklich ist und sie so natürlich verkörpern, wie wir atmen.

Wenn du dich bewußt dafür entscheidest, lieber in der Dualität zu bleiben oder dich von einem Raumschiff mitnehmen zu lassen, in die fünfte, siebte oder was für eine Dimension auch immer aufzusteigen, so ist das in Ordnung, solange du dir deines Zieles *bewußt* bist. Es gibt keinen richtigen oder falschen Aufstieg; es gibt nur verschiedene Möglichkeiten, die zu verschiedenen Zielen führen. Vieleicht ist es nicht jedermanns Sache, zu dieser Zeit den Quantensprung durch die 11 : 11 in die Einheit zu tun. Aber es ist wichtig, daß du dir selbst darüber klar bist, was die verschiedenen Ziele bedeuten, damit du dich bestmöglich entscheiden kannst.

Zu meiner Funktion als Seherin gehört es, unsere Heimreise durch das Tor von 11:11 zu erkunden und Einzelheiten darüber mitzuteilen. Die 11 : 11 ist kein Sternentor in eine andere Dimension; *sie ist eine Brücke des Aufstiegs in eine neue Evolutionsspirale, die in der Einheit verankert ist.* Ich möchte andere Aufstiegsebenen nicht kritisieren, sondern nur klarstellen, was es mit der 11 : 11 auf sich hat, so daß sie nicht als etwas, das „früher einmal geschehen und jetzt abgeschlossen ist", in der allgemeinen Verwirrung untergeht.

Die 11 : 11 ist real, und sie wirkt noch immer.

Unser nächster Schritt ins Unsichtbare geht durch das Tor von 11:11. *(Und um Klarheit zu schaffen, möchte ich außerdem sagen, daß darauffolgende Aktivierungen wie zum Beispiel die, die 12: 12 genannt wird, ganz eigene Ereignisse sind, die zu einer vollkommen anderen Aufstiegsebene gehören. Sie haben keinerlei Verbindung mit der 11 : 11.)* Wir haben uns so sehr bemüht, das Tor von 11:11 zu öffnen; bitte laßt uns nun auch wirklich hindurchgehen!

Ich weiß, daß jede Aktivierung auf diesem Planeten, ob groß oder klein, öffentlich oder privat und unabhängig von der Bewußtseinsebene, auf der sie stattfindet, dazu dient, unser Erwachen zu beschleunigen und die Starre der Dualität zu lockern. Ich bin allen, die ihre volle Integrität auf diese Art einsetzen, zutiefst dankbar. Es ist jedoch notwendig, sich im klaren darüber zu sein, worauf man sich konzentrieren will, und sich einen Überblick über das ganze Bild zu verschaffen, das alle Teile der großen Karte des Aufstiegs enthält.

Die elf Tore

Um von der Zweiheit in die Einheit überzuwechseln, müssen wir schrittweise immer höhere Energiefrequenzen durchlaufen. Dieser Energietransfer ist nicht in einem Augenblick zu erreichen; unsere auf Dualität beruhenden Wesen könnten sich den beschleunigten Energien nicht anpassen und würden einfach verbrennen. Deshalb haben wir zwanzig Jahre Zeit, um durch die 11 : 11 zu gehen. Wir werden all diese Zeit brauchen, um unser Wesen neu zu ordnen und zu lernen, unbegrenzt auf unserem begrenzten Planeten zu leben.

Innerhalb des Durchgangs der 11 : 11 gibt es elf Tore. Jedes Tor ist eine Station, in der die Energie auf einen neuen Frequenzbereich gehoben wird. Sie sind so etwas wie Schleusentore. Sobald ein Tor aktiviert ist und wir eingetreten sind, taucht unser Wesen in ein neues Frequenzmuster ein, und es beginnt ein intensiver Transformations- und Einweihungsprozeß. Wir bewegen uns dann in diesem Frequenzbereich der Energie und meistern die Lektionen dieses Tores, bis wir das nächste Tor erreichen. Jedes Tor hat eine ganz bestimmte Schwingungsnote, mit der wir in einen Zustand harmonischer Resonanz gelangen müssen. Dieser Einstimmungsprozeß führt zu den nötigen Einweihungen und Feineinstellungen, die das Fortschreiten ermöglichen.

Das Erste Tor

Heilung unserer Herzen:

Wir durchschreiten das Erste Tor, sobald wir in die 11 : 11 eintreten. Wir verlassen die alte Landkarte und betreten die geheimnisvollen, unerforschten Bereiche des Unbekannten. Wasserströme umwogen uns, wenn das Unsichtbare sich zu enthüllen anschickt. Die Luft fühlt sich an wie eine wäßrige Substanz. Hier geht es um die Heilung unserer Gefühle. Das erfordert ein ständiges Loslassen, eine stete Neueinschätzung unserer alten Art des Fühlens, Denkens und Lebens. Auf unserer Reise durch das Erste Tor werden viele Beziehungen umgeschichtet oder lösen sich auf. Durch die Heilung unseres Herzens wird unser Eines Herz aktiviert und ein neuer Emotionalkörper geboren.

Oft begegnen wir während unseres Durchgangs durch das Erste Tor jemandem, der unsere Wahre Liebe verkörpert. Dann überflutet uns das ungeheure Gefühl einer neuen, stärkeren Liebe, das, durch unsere tiefe Ausrichtung auf die Essenz ausgelöst, uns mit höchster Ekstase erfüllt und unseren Emotionalkörper noch weiter verwandelt. Es kann beinahe überwältigend sein, denn an eine so machtvolle Liebe sind wir nicht gewöhnt. Viele dieser Beziehungen der Wahren Liebe während des ersten Durchgangs bringen so viele unerlöste Knoten aus unserem alten Emotionalkörper ans Licht, daß sie niemals Wurzeln schlagen und blühen können. Sie zeigen uns nur das Potential einer tieferen Liebe und weisen darauf hin, wo wir noch immer in die Dualität verstrickt sind. Dies schürt das Feuer unseres Transformationsprozesses und liefert uns hervorragende Gelegenheiten, alles anzuschauen und aufzulösen, was uns daran hindert, starke und gesunde Beziehungen zu haben.

Die heilende Gegenwart von A•Qua•La A•Wa•La dient uns als Führer durch diese wirbelnden Wasser der Emotionen. Sie ist die Elohim der Ozeane und die Heilerin der Emotionen und eines der letzten dieser personifizierten Wesen, denen wir begegnen werden. Mit ihr sind die Delphine, die uns daran gemahnen, auf unserer Reise spielerisch zu sein, und die Wale, die uns an längst Vergessenes erinnern. Die Wale hüten auch den lange verlorenen Phallus des Osiris, der der Menschheit endlich zurückerstattet wird. Das wird den Männern helfen, ihre wahre Männlichkeit, und den Frauen, ihre wahre Weiblichkeit wiederzuentdecken und so die Bühne für den Eintritt in das Zweite Tor vorzubereiten.

Das Zweite Tor

Die Aktivierung des Zweiten Tores fand am 5. Juli 1993 statt. Überall auf dem Planeten wurden Zeremonien durchgeführt, wobei sich der Meisterzylinder direkt auf dem Äquator im Inneren des Vulkans Pululahua in Ecuador befand. Der 5. Juli 1993 war das Datum der Aktivierung des Zweiten Tores, aber wir müssen wissen, daß wir alle einem ganz persönlichen Zeitplan für unsere Transformation unterliegen.

Ein Tor kann zwar nicht betreten werden, bevor es aktiviert ist, aber nicht jeder betritt es zur gleichen Zeit. Viele Menschen befinden sich noch auf ihrem Wege durch das Erste Tor, während andere noch gar nicht in die 11 : 11 eingetreten sind. Die Erweiterung unseres Wesens durch die offenen Tore ist ein ganz natürlicher Vorgang, und wir haben die Zeit, die wir brauchen, um uns zu transformieren und neu zu ordnen. Dieser Durchgang läßt sich nicht beschleunigen und schon garnicht erzwingen, und man kann auch nicht so tun als ob.

Das Zweite Tor steht für die Verschmelzung unserer tiefsten Herzenswünsche mit unseren höchsten spirituellen Zielen. Die Erfüllung unserer Herzenswünsche ist der nächste Schritt auf unserem spirituellen Weg. Die vorhergehende Trennung des *Persönlichen* vom *Spirituellen* wird hierdurch transzendiert.

Und die zwei sollen zu Einem werden.

Isis und Osiris sind die Hüter des Zweiten Tores. Es ist ihr letzter Dienst als getrennte Wesenheiten, denn im Akt des

Offenhaltens des Zweiten Tores werden sie zu Einem Wesen. Ihre Legende vollendet sich, und sie beginnen ein völlig neues Sein.

Die Grundnote des Zweiten Tores ist die der zwei, die Eins werden. Das bringt einen intensiven Prozeß mit sich, in dem alle unseren inneren Polaritäten vereint werden: das innere Männliche und das innere Weibliche, Sonne und Mond, Erde und Stern. Unsere neuen Emotionalkörper werden gestärkt und verankern das Eine Herz noch tiefer. Wir verkörpern jetzt die Liebenden von jenseits der Sterne – eine tiefere, größere Liebe, als wir sie als Wahre Liebende je erfahren haben. Die Wiedervereinigung der *Liebenden von jenseits der Sterne* in Einem Wesen bringt uns zu einer höheren Ebene der Liebe, der Größeren Liebe.

Dies neugeborene Eine Wesen,
das die Größere Liebe verkörpert,
ist bereit, unsere neue Zukunft anzutreten,
die im Unsichtbaren verankert ist.

Unsere Reise durch das Zweite Tor wird über drei Jahre in Anspruch nehmen. Danach werden wir uns sehr verwandelt fühlen, wir es uns jetzt noch gar nicht vorstellen können. Wir werden ganz neue Ebenen der Liebe erleben. Die Veränderungen des Zweiten Tores sind viel größer als irgend etwas, das wir bislang erlebt haben. Wir dürfen jedoch nicht vergessen, daß dies nur ein Anfang ist. Den folgenden Teil der Reise müssen wir erst noch erleben und erkunden.

• Das Dritte Tor •

Das Dritte Tor wird 1997 aktiviert werden. Seine Grundnote ist die Errichtung neuer Beziehungsmuster. Es werden sehr erweiterte Formen von Beziehung sein, ganz anders als alles, was wir bis jetzt erlebt haben. Bezeichnend dafür wird die Auflösung exklusiver Beziehungen zwischen zwei Menschen sein. Wo zuvor „zwei eine Gesellschaft, aber drei eine breite Masse“ waren, können wir uns jetzt in einer unbegrenzten Zahl von Menschen zusammenschließen und Ein Wesen miteinander bilden. Wir werden unsere ganzherzige Liebe nicht mehr einschränken, sondern sie allumfassend werden lassen.

Die Aktivierung des Dritten Tores gibt uns auch grünes Licht für die Erschaffung bewußter Gemeinschaften, die das Unsichtbare im Physischen verankern, unsere Inseln des Lichts.

Wo
sind
wir?

Dies ist die Karte des Unsichtbaren.

Die schwarze Spirale

ist der Weg der Dualität.

Viele von uns befinden sich

in der Mitte dieser Spirale.

Es ist die Vollendung des alten Weges.

Wir stehen kurz davor,

die Dualität zu meistern.

Das ist der Grund,

weshalb unsere Zukunft

außer Sicht ist;

weshalb unsere bestangelegten Pläne

nicht mehr zum Tragen kommen;

weshalb uns die Kontrolle

entglitten ist.

Das Nichts

steht vor uns

am Ende

der alten Straße.

•

Hat sich unsere Zukunft in Nichts aufgelöst?

Wo ist der nächste Schritt?

Hier ist alles anders.

Wir bewegen uns

auf einem völlig neuen Terrain.

•

Schau dir jetzt noch einmal

die Karte des Unsichtbaren an.

Schau jenseits der schwarzen Spirale

der Dualität.

Nimm die verborgene Spirale

in den Zwischenräumen wahr.

Du siehst, daß es eine viel größere Spirale ist,

und sie war schon die ganze Zeit da.

•

Dies ist die Spirale des Unsichtbaren.

Sie ist in der Einheit verankert.

Dorthin geht unsere Reise.

•

•

Hier finden wir unsere Zukunft,

unseren nächsten Schritt,

unsere Inseln des Lichts

und die Beziehungen,

nach denen wir uns sehnen,

verankert in der Größeren Liebe.

•

Etwas

geschieht,

und es ist

sehr,

sehr wirklich.

Etwas geschieht hier,
und es ist wirklicher,
als irgend jemand von uns
es sich vorstellen kann.

Dieses Buch ist für uns alle, die wir wissen, daß etwas Tiefgreifendes im Gange ist und daß in unserem inneren Wesen eine Verwandlung ohnegleichen vor sich geht. Es ist ein Führer in die unerforschten Bereiche des Unsichtbaren. Es ist ein Eingang in ein neues Land und dein Reisepaß dafür.

Es ist nicht mehr wichtig, auf welchem Wege du bis hierher gelangt bist. Er war nur deine Fortbewegungsart, die kosmische Mohrrübe, die dich vorwärtsgelockt hat. Unsere Reise hat uns genau die Erfahrungen geliefert, die wir brauchten, um bis hierher zu kommen, ins JETZT, wo wir am Eingang zum Unbekannten stehen. Bereit, die alte Landkarte gegen eine neue einzutauschen, bereit, alles hinter uns zu lassen, was wir bisher kannten.

Wenn du weiterreisen willst, mach dich bereit, dein altes Glaubenssystem abzustreifen. Mach dich bereit, dich von der *Vergangenheit, die niemals war,* zu befreien. Mach dich bereit, an einen Ort zu gehen, wo wenige vorher waren...

Wir werden in eine neue Matrix eingewoben.

Wenn wir das Unsichtbare betreten, lockern sich die Bande, die uns ans Schema der Dualität gebunden hielten. Die Fäden der alten Matrix lösen sich allmählich auf und befreien uns von dem alten Muster. Wir sind nicht länger von unseren früheren Definitionen unseres Selbst gebunden, von alten Rollen, Prägungen und Einschränkungen abhängig.

Alle Grenzen sind gelöscht. Das kommt daher, weil sich die erhöhten und dadurch beschleunigten Frequenzen in unserem innersten Kern nicht mehr mit den trägen Schwingungen der Matrix der Dualität vertragen.

Wir sind einfach zu groß geworden,
um noch in unser früheres Leben hineinzupassen.

An diesem Punkt ist es leichter festzustellen, was nicht ist, als was ist. Ein Großteil von dem, was uns früher wichtig war, ist jetzt blutleer und unwirklich geworden. Wie sehr wir uns auch bemühen, unser normales Leben weiterzuleben, es gelingt uns nicht so recht. Etwas in uns ist unwiederbringlich verwandelt. Wir passen nicht mehr in den alten Rahmen. Etwas bestürzt versuchen wir, uns an unseren alten Sicherheitssystemen festzuhalten, nur um zu entdecken, daß sie uns keinen Schutz und keinen Trost mehr bieten. Wir stauben unsere schon sehr abgegriffenen spirituellen Übungen ab, aber sie bringen uns nichts Neues mehr. Wir klammern uns an unsere Beziehungen und merken, daß sie auseinanderbrechen. Wir holen unsere alten Werkzeuge hervor, aber sie funktionieren nicht. Wir greifen nach unseren bejahrten Vorstellungen und Philosophien und entdecken lediglich, daß sie gar nichts erklären. Dann konzentrieren wir uns darauf, unsere göttliche Mission zu erfüllen und merken natürlich, daß auch deren Zeit vorbei ist.

Wir geraten immer mehr in Panik. Wir wissen, was wir alles nicht sind, aber was sind wir dann? Wie können wir nichts sein? Ein alles durchdringendes Gefühl der Leere umgibt uns. Haben wir den Weg verloren? Wieso funktioniert nichts mehr so wie früher? Was ist mit unserer Vision los, mit unserer Gewißheit, mit unserer Kontrolle? Wo ist unsere Klarheit? Wir schauen uns um, ob uns irgend jemand helfen kann, suchen Leute, Bücher oder sonst etwas, das uns den Weg zeigt. Es gibt nichts... Wir halten unsere Landkarte hoch und finden keine vertrauten Wegweiser mehr.

Wir sind aus der Landkarte des Bekannten herausgetreten.

Was macht man, wenn man das Ende der Spirale der Dualität erreicht hat? Wenn die Straße vor dir eine riesige Sackgasse ist? Es gibt nur eins: ins Unbekannte zu springen. Ins Unsichtbare einzutauchen. Und das tust du also...

Was wir entdecken, nachdem wir gesprungen sind, ist nur noch mehr Leere. Wir sehen gar nichts! Unser Wesen ist weit offen und undefiniert. Wie unbequem! Wie ungemütlich und unsicher! Vielleicht sollten wir doch lieber zum Bekannten zurückkehren? Aber wenn du es versuchst, merkst du, daß es nicht geht. Du bist zu groß geworden, um noch in den alten Rahmen zu passen. Was machst du nun?

Dies ist der Augenblick, wo du mit allem aufhören mußt. Hör auf zu denken; hör auf, sehen zu wollen, wo du stehst. Wende dich deinem Herzen zu und fühle. Du kannst nichts sehen, also beginne vorsichtig, die Energien um dich herum zu erspüren. Fühle die wogenden Ströme der feinen Energien. Ah... die Luft ist wie Wasser. Fließe in diesen feinen Strömen des Unsichtbaren und fühle, wie tröstlich das ist. Du schwimmst in flüssiger Liebe im Zentrum des Einen Herzens.

Willkommen in der Einheit!

Die Schlüssel

zum

Unsichtbaren

Der erste Schlüssel:

Die Kunst des Wellenreitens

Die Kunst des Wellenreitens...

Wellenreiten ist angesagt!

Wellenreiten auf den feinen Strömungen des Unsichtbaren gleicht dem Wellenreiten auf den Wogen des Meeres. Es ist an diesem Punkt überaus nützlich, es zu können. Zuerst wollen wir lernen, zu untersuchen, wie die Bedingungen sind. Da die feinen Strömungen sich ständig verändern, müssen wir uns ständig ihren Bewegungen anpassen. Lege dich hin und werde ganz still, bis du die wogenden Wellen überall um dich her spüren kannst. Wenn du sehr still bist, müßtest du auch spüren, wie sich die wäßrigen Ströme im Inneren deines Körpers langsam verändern. Laß jetzt die feinen Strömungen innen und außen zusammenfließen. Das bringt dich tiefer in Harmonie mit dem Unsichtbaren.

Wie ist das Surfen auf den feinen Strömungen? Wie würdest du es beschreiben? Ruhig oder unruhig, wild oder stockend? Lerne die verschiedenen Arten der Bewegung kennen, so daß du in jedem Augenblick genau sagen kannst, was mit dir geschieht. Besonders am Morgen nach dem Aufwachen ist das sehr nützlich. Es sagt dir einiges über die Energien dieses Tages. Als nächstes mußt du dich auf die Brandung einstellen. Das ist sehr wichtig, wenn du *mit* den Energien durch deinen Tag fließen willst und nicht gegen sie. *Hier ein paar Beispiele:*

• Ruhiges Wellenreiten •

Ein guter Tag, um Schritt für Schritt friedlich und mit Ausdauer zu tun, was zu tun ist. Ein heiterer Tag voll positiver Energie und Liebe.

• Wildes Wellenreiten •

Es gibt viele Varianten in dieser Kategorie. Wenn du dich gut auf das wilde Surfen einstellst, kannst du viel erreichen. Es gibt dir Leidenschaft, Energie und sehr viel Schwung. Es ist eine Zeit klaren, entschlossenen Handelns, mühelos und ohne Kampf.

• Stoßendes Wellenreiten •

Das ist eine rauhe Art des Wellenreitens. Sei freundlich zu dir und anderen. Bleibe so still wie möglich, bis es sich ändert. Gehe Auseinandersetzungen aus dem Wege. Es ist ganz gewiß nicht der Tag, um auszuziehen und sein Glück zu erzwingen. Geh lieber nach Hause und mach es dir mit einem Buch gemütlich.

• Böiges Wellenreiten •

Das ist eine Art des Wellenreitens, die unvorhersehbar in jede Richtung gehen kann. Sicherlich hast du den Kopf voll wilder, unkontrollierbarer Gedanken, die meisten davon völlig unrealistisch. Triff jetzt keine Entscheidungen, denn du bist dafür nicht klar genug. Versuche besonders wachsam und geerdet zu sein, sonst könnten dir Unfälle zustoßen. Das Beste, was man in dieser Art von böigem Wetter tun kann, sind die kleinen alltäglichen Handreichungen. Ein guter Tag, um aufzuräumen, die Wäsche zu machen oder im Garten zu arbeiten: alle körperlichen Aktivitäten, die dich nicht weiter fordern, aber deinem verqueren Kopf etwas geben, worauf er sich konzentrieren kann. Wenn du das tust, kommen die verrückten Energien zur Ruhe und die Böen legen sich von selbst.

• Platschendes Wellenreiten •

Eine schwierige, emotionale Art des Wellenreitens. Es fördert eine ganze Reihe oberflächlicher Emotionen zutage. In einem Augenblick bist du glücklich, dann traurig, dann wieder wütend. Keines dieser Gefühle ist sehr tief oder dauerhaft, also laß sie einfach durch dich hindurchgehen. Sich auf platschendes Surfen einzustellen ist schwierig, aber wenn es dir gelingt, glätten sich die Wogen deiner Emotionen. Es hilft, wenn du dir bewußt machst, daß diese Gefühle keine persönlichen Gründe haben. Du erlebst einfach kollektive planetarische Emotionen, die verwandelt werden wollen.

• Regloses Wellenreiten •

Diese Art des Gleitens geht still, fast reglos vor sich. Wenn du dich in der Flaute befindest, dann zwinge dich nicht dazu, etwas zu tun. Bleibe einfach so ruhig wie möglich. Zieh dich zurück, geh in dich. Die Zeit ist wie geschaffen zur Einkehr, zur Auslotung seiner eigenen Tiefen. Auch zum Studieren oder Forschen ist diese Zeit gut geeignet. Wenn du nach draußen oder mit Leuten sprechen mußt, bleibe dabei so still wie möglich. Es ist jetzt nicht so leicht, auf der körperlichen Ebene etwas zu schaffen oder zu erledigen. Wenn du arbeiten mußt, wirst du am erfolgreichsten sein, wenn du langsam und gründlich an die Dinge herangehst.

• Wellenreiten in der Kalmenzone •

Beim Wellenreiten kannst du jederzeit in eine Windstille geraten. Auf der Erde ist die Kalmenzone ein Gürtel völliger Windstille über den Meeren in der Nähe des Äquators; wenn Segelschiffe hier in eine Flaute geraten, kommen sie manchmal monatelang nicht mehr aus ihr heraus. Der Aufenthalt in der Kalmenzone unterscheidet sich vom Reglosen

Wellenreiten durch ein alles durchdringendes Gefühl der Schwere. Wenn wir in die Kalmenzone geraten, scheint in unserem Leben nichts mehr zu funktionieren. Alles liegt am Boden. Es gibt überhaupt kein Wellenreiten mehr. Wenn dies geschieht, ist es Zeit für eine Veränderung. Tu etwas Radikales – ändere dich, pfeif auf irgendeinen langgehegten Glaubenssatz oder gib dich einfach ganz und gar hin. Das müßte dich aus der Kalmenzone befreien und dir einen überraschenden Durchbruch verschaffen.

• Kabbeliges Wellenreiten •

Es scheint eine ruhige Art des Wellenreitens zu sein, enthält aber verborgene Gefahren durch Strudel, die dich unvermittelt in eine ganz neue Situation schleudern können. Wir verwechseln diese Art anfänglich oft mit dem Ruhigen Wellenreiten, bis wir von dramatischen Schicksalswendungen überrascht werden. Mit der Zeit lernen wir, das kabbelige Wellenreiten zu meistern, bevor es uns mitreißt.

• Berauschendes Wellenreiten •

Berauschendes Wellenreiten ist voll konzentrierter Liebesenergie. Ekstatischer Liebesenergie. Hochverzückter Liebesenergie. Beim Berauschenden Surfen brauchst du weder Essen noch Schlaf; du bist eindeutig losgelöst von Zeit und Raum. Eine zauberhafte Zeit, in der Wunder geschehen können. Liebe liegt in der Luft und schmilzt jeden, dem sie begegnet. Brauchen wir noch mehr zu sagen?

• Quantensurfen •

Dies ist eine besondere Art des Wellenreitens, im Einklang mit den Wogen der Himmlischen Meere. Hier branden die wirklich GROSSEN WELLEN. Riesige, unübersehbare Wellen... Wenn Quantensurfen angesagt ist, dann spring aufs Brett und laß dich tragen! Jetzt gibt es Quantensprünge und wichtige Durchbrüche, Unmögliches kann wahr werden. Laß alles stehen und liegen und reite auf diesen Wellen, so weit du kannst.

Wenn die Flut hereinkommt, reite auf den Wellen. Bei Ebbe kannst du Muscheln sammeln.

Wenn du die Bedingungen des Wellenreitens durchschaut hast, kannst du deinen Tag mit größtmöglicher Effektivität beginnen. Vergiß jedoch nie, daß die Brandung sich jeden Augenblick ändern kann. Lerne die feinen Strömungen den ganzen Tag über regelmäßig zu überprüfen und dich neu einzustellen, wenn sie sich verändert haben.

Je vertrauter du mit den Arten des Surfens wirst und sie schließlich meisterst, lernst du, umso rascher kannst du die Rauhheiten in deinem Leben glätten, da du mit den feinen Strömungen des Unsichtbaren gehst. Indem du lernst, die feinen Strömungen zu spüren und dich auf sie einzustellen, hast du schon den ersten Schlüssel zum Unsichtbaren erhalten.

Wähle deine Welle sorgfältig

Beim Surfen im Ozean ist es wichtig zu beobachten, wo die Wellen brechen, und dann die Welle auszuwählen, die du reiten willst. Wenn du die nimmst, die der Küste am nächsten ist, reitest du sicherlich die leichteste und zahmste Welle, aber sie bringt dich wieder genau dorthin, von wo du ausgegangen bist. Die zweite Welle ist größer und trägt dich weiter. Wenn du dich an die dritte Welle wagst, mußt du wahrscheinlich ein ganzes Stück hinauspaddeln und die Sicherheit des Ufers hinter dir lassen. Das ist die wildeste Welle, die dich am weitesten trägt.

Dasselbe läßt sich von den feinen Strömungen des Unsichtbaren sagen. Wenn du dich nicht ganz und gar auf sie einläßt, wirst du sicherlich sehr schnell dahin zurückkehren, von wo du ausgegangen bist. Mit der dritten Welle mußt du jedoch vorsichtig sein, denn wenn du zu weit hinauspaddelst, läufst du Gefahr, zu kentern und ins Meer hinausgespült zu werden. Lerne die Wellen kennen und wähle die, auf der du reiten willst, mit Weisheit und Unterscheidungsvermögen.

- Bleibe entschlossen, fest und ohne Wanken
  die ganze Welle durchzustehen.

- Sei immer bereit,
  deine Grenzen auszudehnen und
  über deine Komfortzone hinauszuwachsen.

- Wenn du es geschafft hast,
  mach deine Erfahrung sofort zu
  einem Teil von dir und erde dich wieder..

• Surfregeln! •

Diese Regeln bedeuten nichts anderes, als daß wir, einmal im Unsichtbaren, unser altes Gefühl, die Kontrolle zu haben, verlieren. Es geht nicht nur darum, die Kontrolle aufzugeben, wir haben einfach keine. Wenn es auch fraglich ist, ob wir sie je hatten. Aber wir meinten es zumindest. Jetzt haben wir eindeutig nicht die Spur einer Kontrolle mehr. Wir sind an einen völlig neuen Ort geraten, den wir nicht sehen können und der weit jenseits unserer früheren Erfahrungen und bekannten Grenzen liegt. Wir können lediglich fühlen, was für eine Art von Wellenreiten gerade angesagt ist, und uns auf die vorherrschenden Strömungen einstellen. Deshalb brauchen wir *Surfregeln!*

Wir tun an diesem Punkte gut daran, uns den Wellen einfach hinzugeben und uns tragen zu lassen, wohin immer sie wollen. Wir wissen ja nicht wirklich, wohin wir wollen, und sehen sowieso nicht, wo wir überhaupt sind. Ich persönlich habe ein starkes Vertrauen zu den Wellen des Unsichtbaren entwickelt und habe große Achtung vor ihnen. Sie haben mich niemals in die Irre oder irgendwohin geführt, wohin ich nicht wollte. Schwierigkeiten gab es nur dann, wenn ich nicht auf sie eingestellt war. *Surfregeln!*

• Die Überlappung der Wirklichkeiten •

Seit der Aktivierung der 11: 11 im Jahre 1992 überschneiden sich auf der Erde zwei gleichzeitig existierende Realitätssysteme. Es ist, als ob wir in zwei verschiedenen Welten gleichzeitig lebten. Das mag zuweilen verwirrend sein, aber es kann das Leben auch interessanter machen. Lerne, auf den Wellen dieser sich überschneidenden Welten und verschiedenen Dimensionen zu reiten. Es ist vielleicht manchmal wild, aber es wird dir nie langweilig sein!

Wenn du Groß genug bist, kann dein Wesen mehrere Wellen der Realität überspannen, und du kannst gleichzeitig mit ihnen allen im Austausch sein. Es ist jedoch wichtig, mit deinem Sein in jedem Augenblick in der Einheit verankert zu sein, damit du nicht in kleinere Welten gezogen wirst.

Bleibe Groß und reite die wildeste Welle!

Der zweite Schlüssel:

Sehen
ist Sein

Sehen ist Sein...

Hier reiten wir nun mehr oder weniger anmutig auf den Wellen des Unsichtbaren...

Unser nächster Schritt entwickelt neue Arten des Sehens, so daß wir ins Unsichtbare schauen können.

Auf der neuen Landkarte ist alles anders.

Das heißt, wir können alle Arten des Sehens loslassen, die im alten Schema für uns funktioniert haben. In der neuen Matrix ist alles in dem Einen Herzen miteinander verwoben. Es gibt keine Trennung mehr. Das Sehen ist zu einem *Sehen/Fühlen* geworden. Wir spüren mit unserem ganzen Sein, wie alles um uns her miteinander verbunden ist.

Um in das Unsichtbare zu sehen, wollen wir zuerst eine Einführungsreise durch die verschiedenen Ebenen des Sehens unternehmen, die uns gegenwärtig zur Verfügung stehen. Bitte versucht, auf dieser Reise jede Ebene des Sehens in eurem physischen Körper zu erleben. Hier sind ein paar der Haltestellen auf dem Weg:

• Unsere Möglichkeiten des Sehens •

Das Sehen innerhalb der Dualität

Die physischen Augen

Dies ist die erste Ebene des Sehens, von der wir von Geburt an lernen, es sei die einzige Art. Wenn wir durch unsere physischen Augen schauen, konzentrieren wir uns auf die physische Welt. Diese Art des Sehens ist wirklich gut, um getrennte Objekte auf der physischen Ebene wahrzunehmen. Die physischen Einzelheiten treten schärfer hervor, und die umgebende Energie wird unklar.

Das Dritte Auge

Aha, wir haben entdeckt, daß wir Chakras haben! Das Dritte Auge befindet sich in der Mitte unserer Stirn. Es ist ein sehr wichtiges Zentrum übersinnlicher Energie innerhalb der Spiritualität der Dualität. Wenn wir unser Drittes Auge aktiviert haben, können wir über das Physische hinaussehen. Eine ganz neue Welt tut sich auf. Wir können Auras, vergangene Leben, Krankheiten, karmische Muster und eine Menge anderes seltsames Zeug aus der Astralebene und der Vierten Dimension sehen. Wenn wir das Dritte Auge benutzen, verschwimmt die physische Ebene, und die umgebenden und zugrundeliegenden Energiemuster beginnen hervorzutreten.

Triangulation

Wenn wir das Sehen unserer physischen Augen mit unserem Dritten Auge verbinden, bilden ihre Energien ein Dreieck und eine neue Einheit. Dieses Dreieck von miteinander verschmolzener physischer und übersinnlicher Energie hat die Sehfähigkeit verstärkt. Du kannst es ausprobieren, indem du mit den Händen ein Dreieck formst und seine Spitze über das Dritte Auge hältst. Schaue jetzt mit deinem neuen vereinten Sehen hinaus und spüre den Unterschied.

Das Allsehende Auge des AN

Dies ist die höchste Form des Sehens innerhalb der Dualität. Da es in der Überlappungszone liegt, die die beiden sehr *verschiedenen* Evolutionsspiralen überbrückt, dient es auch als Grundlage oder Eingangspunkt für die neuen Arten des Sehens. Es ist der Punkt, von dem aus du ins Unsichtbare springen kannst.

Zum Allsehenden Auge kommst du folgendermaßen: *Bitte konzentriere dich bei der folgenden Übung auf die Veränderungen deiner Energie und nicht auf die Armbewegungen.* Stehe aufrecht und schaue nach außen. Hebe jetzt ganz langsam seitlich die Arme, bis die Handfläche deiner linken Hand flach auf deinem Kopf liegt. Der linke Ellbogen soll dabei seitlich nach rechts ausgestreckt sein. Hebe gleichzeitig den rechten Arm und und lege die rechte Handfläche auf den linken Handrücken, wobei der rechte Ellbogen seitlich nach außen zeigt. Im Spiegel betrachtet sollten deine Arme ein großes Auge bilden, in dem der Kopf der Mittelpunkt ist.

Fühle, wenn du diesen Vorgang wiederholst, wie stark sich deine Energie hebt. Schaue jetzt durch dein größeres Auge nach außen. Dies ist das Allsehende Auge des AN. AN wird hier deshalb erwähnt, weil dieser Vorgang zu einer Vereinigung deiner inneren Pole von Sonne und Mond zu Einem Wesen führt.

Wenn du dein Allsehendes Auge des AN benutzt, hast du einen viel größeren Blickwinkel als zuvor. Du siehst von einer viel weiteren, allumfassenderen Klarheit aus, die alle vorherigen Methoden des Sehens vereint und zu einer höheren Sicht zusammenführt.

Du kannst diese Übung auch als Partnerübung ausführen. Ihr steht euch gegenüber und öffnet euch in das Allsehende Auge. Ihr werdet euch sofort auf das Eine Bewußtsein einstellen. Dreht euch jetzt langsam um und schaut mit dem Gesicht nach außen. Ihr werdet spüren, daß ihr die beiden Augen eines größeren Wesens seid. Wendet euch einander wieder zu und spürt, wie die Einheit intensiver wird.

Ihr könnt diese Übung auch in einer Gruppe durchführen, die im Kreise steht. Sie ist eine der schnellsten Methoden, die ich kenne, um eine Gruppe von einander fremden Personen in die Einheit zu bringen.

Das Sehen innerhalb der Einheit

Das Eine Auge:

Jetzt sind wir bereit, auf eine unendlich viel weitere Ebene des Sehens überzuwechseln. In dem Maße, wie du das Eine Auge meisterst, wirst du in das Unsichtbare sehen können. Vergiß nicht, es handelt sich um ein *Sehen/Fühlen*, ein Gefühl, mit der Einheit verwoben zu sein. Du wirst alles um dich her als Teil deines größeren Selbst empfinden. Oft wirst du sehen können, was sich hinter dir oder hinter einer physischen Grenze, etwa einer Wand, befindet.

Stehe in der Haltung des Allsehenden Auges und schau durch dein großes Auge hinaus. Hebe jetzt sehr langsam die Hände vom Kopf nach oben, bringe sie dann nach außen und herunter, bis sie wieder an deinen Seiten zur Ruhe kommen. Schau dabei weiter nach außen. Fühle, wie dein Allsehendes Auge weiter wird, während es sich nach außen öffnet. Du siehst jetzt mit deinem ganzen Körper und auch mit dem ganzen Raum um dich her. Übe dies so lange, bis es dir zur normalen Art des Sehens wird.

Der dritte Schlüssel:

Ich bin,
was
ich nicht bin

Ich bin, was ich nicht bin…

Wenn wir mit dem Einen Auge sehen, spüren wir, daß wir mit allem verwoben sind.

Dies ist ein guter Anfang; aber was machen wir jetzt? Wer sind wir? Wohin gehen wir? Wie kommen wir hin?

Der Dritte Schlüssel bedeutet, offen zu bleiben, nicht festgelegt. Nimm das Unannehmbare an. Akzeptiere, daß du dich an einem völlig neuen Ort ohne jede Wegbeschreibung befindest. Versuche nicht, irgend etwas zu wissen. Versuche nicht, irgend etwas zu tun. Versuche nicht, irgend etwas zu erzwingen. Und laß dir vor allem Zeit damit, zu entdecken, wer du bist. Bleibe offen, undefiniert, ohne Schublade. Sei getrost –, wenn du nicht mehr weißt, wer du bist, mußt du es schon ganz gut machen! Es ist immerhin eine der Definitionen von Erleuchtung. Wenn du etwas wissen willst, dann schau dir all das an, was du nicht bist. Das sollte dir inzwischen ziemlich klar sein.

Diese Zeit ist wunderbar dazu geeignet, dich einmal sehr genau umzusehen und damit anzufangen, deinen Schuttberg abzutragen. Trenne dich von den Kleidungsstücken, die du doch nie wieder anziehen wirst, weil sie nicht mehr zu dir passen. Brauchst du wirklich alle die Bücher, die du schon gelesen hast? Diese alten Briefe? Geh alles durch und wirf den bedeutungslos gewordenen Plunder weg. Verkaufe oder verschenke alles, was du nicht mehr brauchst. Es ist jetzt besser, leer und dir selber treu als von all dem Kram der Vergangenheit umgeben zu sein.

Kläre deine Lebensgewohnheiten in derselben Weise. Womit stopfst du deine Tage voll? Welche bedeutungslosen Beschäftigungen kannst du vom Terminplan absetzen? Entledige dich aller Verpflichtungen, die auf Schuldgefühlen oder alten Mustern beruhen, oder die du tust, weil du es *solltest.* Unterziehe dein Leben einer Schlankheitskur, bis es wirklich, unlackiert und kompromißlos ist. Das bezieht sich auch auf Freunde, mit denen dich keine gemeinsamen Interessen mehr verbinden, und Beziehungen, die dich nicht nähren oder die nicht lebendig sind. Los, sei schonungslos und unerbittlich. Es fühlt sich sehr gut an, die Verstrickungen zu lösen, die dich in der Dualität gefangenhalten.

Als nächstes kannst du damit anfangen, dich von alten Urteilen und Annahmen zu trennen. Sie beruhen sämtlich auf einem alten Bezugsrahmen, den wir ablegen. Laß dich nicht mehr davon einschränken. Hülle dich in eine Decke der Vergebung. Vergib jedem Menschen, der dich jemals verletzt hat; vergib allen früheren Erfahrungen, und, was am wichtigsten ist, VERGIB DIR SELBST.

Lerne, zu sprechen, wenn du etwas zu sagen hast, und wenn nicht, still zu sein. Merze all die Plattitüden aus, all die Dinge, die du sagst und die nicht wirklich wahr sind. Sei real in deiner Kommunikation. Gesellschaftliches Geplauder und gedankenloses Geschwätz bringen nur das Bewußtsein in Unordnung und lassen die Energie stocken. Halte dich nicht mit gesellschaftlichen Verpflichtungen auf, laß dich nicht von Fernsehen, Tratsch, Zeitschriften, Sportschau, Sorgen um die Politik usw. in einen ständigen Zustand der Ablenkung manövrieren. Nimm dir sehr viel Zeit, um einfach offen, leer und still zu sein. In dieser Zeit vertiefst du dein Wesen und spürst das Unsichtbare am meisten. Verbringe so viel Zeit wie möglich draußen in der Natur. Wenn du die ständig neuen Muster des Wetters, den Himmel, die Bäume, die Berge und das Leben in der Wildnis betrachtest, werden dir wundersame Einsichten zuteil.

Nicht-Denken ist besser als dreidimensionales Denken.

Fürchte dich nicht davor, nicht zu wissen. Du brauchst nicht so tun, als ob du immer alles wüßtest. Niemand von uns hat mehr alle Antworten auf Lager. Ich kenne niemanden auf dem Planeten, von dem man das sagen könnte. Gewöhnlich sind die, die denken, sie wüßten alles, einfach nicht tief genug in das Unsichtbare hineingegangen. Die traditionellen alten Gurus haben vielleicht alle Antworten innerhalb der dualen Spiritualität, aber die meisten von ihnen sind über den Zustand der Erleuchtung nicht hinausgegangen, und der ist nicht so weit entwickelt, wie wir ursprünglich dachten. Es war immer so, daß wir, wenn wir die Fragen hatten, auch die Antworten bekommen konnten. Jetzt haben wir nicht einmal mehr genug Anhaltspunkte, um die richtigen Fragen zu stellen.

Vergiß nicht, daß wir uns auf das unerforschte Gebiet des großen Unbekannten begeben. Und rate mal, warum es das Unbekannte heißt? Weil wir an diesem Punkt nichts darüber wissen können. Es ist daher ganz in Ordnung und passend, nicht zu wissen, wer wir sind, wo wir sind und wohin wir gehen. An sich ist es ganz erfrischend, unsere alten Warenlager voll verstaubtem Wissen loszuwerden. Wenn dein Gedächtnis, wie bei vielen von uns, nachläßt, dann laß es gehen. Wir müssen sowieso das meiste von dem, was wir gelernt haben, vergessen. In deinem neuen Zustand des Nicht-Denkens mußt du dich vom *Wissen* zum *Fühlen* wenden. Denke mit dem Herzen – dem Einen Herzen. Laß dich jeden Tag von deiner reinsten, wahrsten Liebe führen.

Nicht-Denken ist ein Zustand wacher Leere.

Wenn wir uns in einem Zustand des Nicht-Denkens befinden, sind wir offener für das Eine. Alles kann zu seiner rechten Zeit erreicht werden. Wenn wir leer sind, werden wir frei für wahre Verantwortlichkeit. Es macht uns frei dafür, zu spüren und zu wissen. Es ähnelt der Informationsrevolution, die im Augenblick durch den Computer und das Internet geschieht. Mit den Computern haben wir jetzt Zugang zu unbegrenzten Mengen an Informationen. Wir können überall auf der Welt mit jedem sprechen. Wir können die größten Büchereien der Welt durchstöbern, weit entfernte Kunstsammlungen betrachten, die letzten Daten von Erdbeben erhalten und Informationen zu jedem erdenklichen Thema sammeln. Wir brauchen uns dazu nicht mehr mit sperrigen Lexika und Nachschlagewerken abzuschleppen. Alles schwebt im nebulösen Internet, einer unsichtbaren Welt, die im Physischen nicht existiert, aber vom Physischen aus erreichbar ist.

Dasselbe geschieht mit uns, wenn wir ins Nicht-Denken eintreten. Wir alle haben direkten, augenblicklichen Zugriff auf das gesamte Eine. Auch diese Welt ist eine Emanation des Unsichtbaren und kann und *muß* doch ins Physische gebracht werden, bis beide Reiche vollständig und unwiderruflich in der Einheit verschmolzen sind.

Nicht-Denken ist gut. Das Geschnatter in deinem Kopf auszuleeren ist ungeheuer befreiend. Na und? Was soll's, wenn du dich nicht mehr an alle die Telefonnummern oder die Namen entfernter Bekannter erinnern kannst. Laß die Vergangenheit los. Laß deine eigene persönliche Geschichte verschwinden. Das alles dient dazu, mehr dein Wahres Selbst zu werden.

- Wenn dir das, was du in deinem Leben einmal gewesen bist oder getan hast, nicht gefällt, dann mach dich frei davon, indem du dich änderst und nicht mehr derselbe Mensch bist, der du einmal warst.

- Akzeptiere, was du warst und was du nicht bist.

- Wir alle können die Großen Wesen sein, die wir im Innern sind.

- Wir alle können so erfüllt leben, wie wir gerne leben möchten.

- Sei einfach *unter allen Umständen* WIRKLICH und tauche ein in das Grenzenlose Leben!

Der vierte Schlüssel:

Keine Nachrichten sind gute Nachrichten

Keine Nachrichten sind gute Nachrichten...

Jetzt wollen wir uns aus den Medien ausklinken.

Überlassen wir die Welt eine Weile sich selber. Es ist ganz schön, informiert zu sein und all so was, aber das meiste, was sich *Nachrichten* nennt, ist nicht real. Es sind *die Nachrichten der Dualität.* Das heißt nicht, daß sie nicht wirklich geschehen. Natürlich geschieht das alles, aber ist das alles wirklich wichtig? Hat es irgendeine dauerhafte Bedeutung für uns?

Schau dir die subtilen Manipulationen, die unsere Medien der dritten Dimension ausüben, einmal ganz genau an. Immer gibt es irgendwo die *momentane Krise,* die uns davon ablenkt, zu sehen, was wirklich real ist. Die Dualität ist unheimlich schlau. Schlau genug, um an immer neuen Orten rund um den Globus einen ständigen Krisenzustand zu erschaffen, der von gefräßigen Medien ständig auch noch aufgebläht wird, so daß unsere Aufmerksamkeit von uns selber abgelenkt ist, weg von dem, was wirklich vor sich geht.

Etwas geschieht, und es ist wirklicher, als irgend jemand von uns sich vorstellen kann.

Wirklich witzig ist, daß tatsächlich etwas sehr Bedeutsames vor sich geht und so real ist, daß die Medien es nicht sehen können. Hier ist sie, die tollste Geschichte aller Zeiten, und es wird nichts davon berichtet. Wenn du dich ständig auf dieses und jenes Ereignis in den Zeitungen, auf den letzten Skandal irgendwelcher Berühmtheiten, auf die verstreuten Kriege der Dualität, die trügerischen Manöver egoistischer

Politiker und die wandelbaren Zustände einer falschen Weltwirtschaft konzentrierst, verpaßt du vielleicht die größere Geschichte aller Zeiten. Und wegen dieser größeren Geschichte sind wir hier; sie gibt unserem Leben Sinn.

Wir erschaffen die Wahren Nachrichten einfach durch unser Sein.

Wenn du an die Wahren Nachrichten angeschlossen sein willst, dann laß dich nicht von den kleineren Nachrichten einfangen, wie sie die etablierten Medien innerhalb des Rahmens der Dualität verbreiten, sondern schau dich selber an. Dasselbe trifft auch für die meisten *New Age*-Medien zu, denn das meiste, was sie verbreiten, ist ebenfalls illusorisch.

Hier ist die Große Geschichte, von der fast nichts zu hören ist:

Ein bedeutender Teil der Weltbevölkerung ist dabei, sich aus der Dualität zu verabschieden. Wir sind bedeutsam, denn wir sind die bewußteren Wesen, diejenigen, die bewußt einem höheren Ziele dienen, die wahren spirituellen Führer und mutigen Erforscher des Unbekannten. Was wird geschehen, wenn wir die Dualität gemeistert haben und in die Einheit eingetreten sind? Wie wird die Erde verwandelt werden, wenn sich das Unsichtbare im Physischen verankert? *Nun, das sind interessante Geschichten...* Und natürlich merken die Medien überhaupt nichts davon.

Die Geschichte der 11 : 11 ist also wahrscheinlich das größte, was der Erde in der letzten Zeit, und vielleicht jemals, widerfahren ist. Wie oft kommen wir an verschiedenen Orten überall auf dem Planeten zusammen, um zu synchronisierten Zeiten eine Reihe Vereinter Bewegungen zu vollziehen, die zwei verschiedene Evolutionsspiralen verbinden? Diese Geschichte ist so unglaublich groß, daß die meisten von uns sie nicht einmal annähernd begriffen haben. Auch nicht die, die tatsächlich an der 11 : 11- Aktivierung teilgenommen haben und immer noch denken, daß wir die Vierte Dimension verankert haben! Es ist so unendlich viel größer als das! Aber wie viele von uns wollen wirklich die Wahrheit wissen? Ist es nicht einfacher, sich abzulenken, von einer spirituellen Aktivität zur nächsten zu rennen, ohne wirklich zu verstehen, worum es eigentlich geht, und ohne die notwendigen Veränderungen in sich selbst vorzunehmen?

Wenn wir es leben wollen,
müssen wir selbst erst dazu werden.

Klar, oder? Wenn du wahre Liebe erfahren willst, dann mußt du Liebe zuerst verkörpern. Wenn wir im Neuen leben wollen, dann müssen unsere Zellen selbst auf die höheren Frequenzen der Größeren Realität eingestellt werden. Wir müssen Neue Wesen werden, indem wir unser Wahres Selbst gebären. *Wir sind die wirklichen Nachrichten;* wir sind die aufregendste Geschichte, die es gibt.

Lerne, • h i n t e r • die gängigen Nachrichten
zu blicken.

Wenn du noch immer in die Medien der Dualität eingeklinkt bleiben willst, dann ist es wichtig, daß du lernst, *hinter* die präsentierten Tatsachen zu schauen. Beobachte das Auf und Ab der vorherrschenden Energieströme. Was geschieht wirklich? Bleibe in einem weiteren Blickwinkel verankert. Betrachte alles aus einer größeren Perspektive. Was ist die Essenz der Geschichte? Sieh alles als das Spiel der Dualität und laß dich nicht in das Drama hineinziehen. Andernfalls schnappt dich die Dualität und zieht dich in ihre enge Perspektive zurück, in Überlebensängste, in ihre zahlreichen Illusionen. Beobachte ruhig die Geschehnisse dieser Welt von einem Standpunkt der Offenheit, der erweiterten Liebe und Freiheit aus. Wir können am besten dienen, wenn wir in der Einheit verankert bleiben.

Der fünfte Schlüssel:

Die Kunst der Hingabe

Die Kunst der Hingabe...

Um zu etwas Neuem zu gelangen,
muß man sich ergeben.

Als nächstes haben wir die Kunst des Loslassens zu meistern. So sehr wir uns das manchmal auch wünschen würden – das Loslassen läßt sich nicht umgehen. Ständig begegnen wir auf unserem Weg der Notwendigkeit, uns zu ergeben. Eine kleine Wahlmöglichkeit haben wir allerdings. Nicht ob wir uns ergeben oder nicht, nein, da gibt es keine Wahl, aber ob wir es anmutig tun oder ob wir uns das, was wir so hartnäckig festhalten, entreißen lassen, das ist der große Unterschied. Nachdem ich wiederholt beide Methoden praktiziert habe, empfehle ich dringend, sich für die anmutige Art zu entscheiden.

Woher wissen wir, wann es Zeit ist, loszulassen? Die Fingerzeige sind überall um uns und keineswegs subtil. Zunächst senkt sich ein Gefühl drückender Schwere über unser Leben. Es fühlt sich an, als wateten wir in dickem Schlamm. Alles scheint festgefahren und gänzlich freudlos. Wir sind in unseren überholten Einstellungen und Gewohnheiten erstarrt. Nichts geht mehr leicht.

Dann spricht eine kleine, feine Stimme in uns und versucht, unsere Aufmerksamkeit zu erringen. Wenn wir nicht bereits Meister der Hingabe sind, tun wir diese Stimme meist als das Ergebnis einer überspannten Phantasie ab. Außerdem haben wir zu viel zu tun oder hängen zu sehr an dem, von dem wir doch wissen, daß es verändert oder losgelassen werden muß.

Als nächstes kommt das *tipp tipp tipp* auf der Schulter. Es ist unverkennbar. Wir wissen, daß die Hingabe uns ruft. Allzu oft ziehen wir es jedoch vor, diesen Ruf zu ignorieren in der Hoffnung, daß er vielleicht wieder aufhört, wenn wir nicht darauf achten. *Wunschdenken!* Die Hingabe ist viel hartnäckiger als jeder von uns. Wenn wir *immer noch* nicht hören wollen, wird der nächste Schritt der große Schlag, der plötzliche Schock in unserem Leben sein, wenn die Veränderung uns aufgezwungen wird. *„Wie kann das Leben nur so grausam sein? Womit habe ich das verdient?“* klagen wir und fühlen uns von diesem harten Schicksal ungerecht behandelt.

All dies hätte sich vermeiden lassen, wenn wir zuerst die Kunst der Hingabe gemeistert hätten. Es gibt jedoch ein Geheimnis dabei, daß jetzt enthüllt werden soll. Wenn du es verstehst, *wenn du dir diese Wahrheit zu eigen machst,* brauchst du dich nie mehr vor der Hingabe zu fürchten.

Du kannst in aller Ruhe alles
• absolut alles •
furchtlos hingeben,
denn alles,
was mit deiner höchsten Wahrheit
in Einklang steht,
wird dir bleiben.

Wie das alte chinesische Sprichwort sagt: „Wenn es wirklich dein Pferd ist, kannst du es loslassen.“ Was dir wirklich gehört, kannst du nicht verlieren. *Unsere Angst gilt also Dingen, die nicht mehr zu unserer Höchsten Wahrheit passen.* Und wir könnten uns fragen, warum wir an Dingen festhalten wollen, die uns davon abhalten, unser Wahres Selbst zu sein?

Die andere Wahrheit über die Hingabe ist, daß wir uns *wirklich* ergeben müssen. Wir können nicht so tun als ob. Wir können auch keinen Kuhhandel abschließen etwa in der Art wie : „Ich lasse dies los, wenn ich das behalten kann.“ Ich weiß es, weil ich es versucht habe, und es hat nicht funktioniert. Die

Hingabe weiß, ob du dich hundertprozentig ergibst oder etwas hinter dem Rücken versteckst. Gib dir also keine Mühe, es zu versuchen. Wenn du dich ergibst, dann gib alles, was du hast.

*Hingabe ist der Schlüssel,
um zu etwas Größerem zu gelangen.*

Die Freude der Hingabe kommt, nachdem du es geschafft hast. Es erwartet dich ein wunderbares Gefühl der Erleichterung. Es ist so herrlich befreiend! Ein Weg tut sich vor dir auf, und wunderbare neue Dinge treten in dein Leben. Sie haben vermutlich nur darauf gewartet, daß genügend Platz für sie frei wurde. Sich ergeben ist kinderleicht und macht Spaß, wenn du es einmal begriffen hast. Du brauchst nicht einmal Mut dazu; vertraue einfach auf dich selbst und auf die Wogen des Unsichtbaren.

• Eine Übung zur Meisterung der Hingabe •

Wir beginnen damit, daß wir in der Mitte unseres Raumes ein riesiges symbolisches Freudenfeuer entfachen. Die Betonung liegt auf dem Wort symbolisch; es ist nicht nötig, dein Haus in Brand zu setzen. Dies ist das Feuer der Läuterung und Erneuerung. Es wird alles wegbrennen, was nicht in Einklang mit deiner Höchsten Wahrheit ist, deshalb behandle dein Feuer mit Achtung. Wir entzünden dieses Feuer mit einem Strahl der Großen Zentralen Sonne. Strecke einfach die Hand aus, ergreife einen Lichtstrahl und ziehe ihn herunter. Es ist wirklich so leicht. Verankere diesen Lichtstrahl jetzt im Erdenstern im Zentrum dieses Planeten, einfach um ihn schön stabil zu machen. Jetzt solltest du ein hell loderndes Feuer haben.

• Freudenfeuer eins •

Gib's weiter!

Für unser erstes Feuer stapeln wir alles, was wir nicht mehr brauchen, auf einen großen Haufen. Leg nicht nur die Sachen darauf, die du nicht mehr brauchst, sondern auch alle Beziehungen, die dich nicht nähren, alte Einstellungen, eingefleischte Gewohnheiten und selbstauferlegte Einschränkungen. Durchkämme dein Wesen sehr gründlich. Dies ist die große Gelegenheit, in den Schränken deines Lebens und Seins wirklich aufzuräumen. Wirf alle die alten Philosophien, spirituellen Praktiken, Glaubenssysteme, Ängste, Zweifel, Kompromisse usw. auf diesen Haufen.

Wenn du fertig bist, stelle dir vor, wie ein Posten nach dem anderen von deinem riesigen Stapel an Menschen und Orte weitergegeben werden, wo sie die beste Verwendung finden. Wenn irgend etwas übrigbleibt, dann lege es liebevoll ins Feuer. Fühle, um wieviel leichter du geworden bist...

• Freudenfeuer zwei •

Das Alte abschließen macht mich frei für das Neue!

Jetzt legen wir einen neuen Haufen an, auf den wir alles stapeln, was wir zu Ende bringen müssen. Dazu können familiäre Verpflichtungen gehören, ungeklärte Beziehungen, Ausbildungsfragen, Geschäftsvorhaben, Verkauf von Gütern, finanzielle Schulden usw. Alles, was dich davon abhält, ganz deine Höchste Wahrheit zu leben.

Stell dir jetzt vor, wie alle Dinge auf diesem Haufen mühelos zum Abschluß gebracht werden. Sieh dich in größere Freiheit voranschreiten...

• Freudenfeuer drei •

Schmilz die gebrochenen Herzen ein!

Dies ist der Stapel der Liebe nach dem alten Schema. Lege deine eigenen gebrochenen Herzen darauf und dazu die Herzen, die du selbst gebrochen hast. Deine Enttäuschungen, deinen tiefen Herzenskummer, die unerwiderten Lieben, Vertrauensbrüche und die tiefverwurzelten Dramen des Verlassenwerdens. Wühle deinen Emotionalkörper bis in seine Tiefen durch und lege alle verborgenen alten Verletzungen auf den Stapel. Vergib allen, die dich je verletzt haben, und, was am wichtigsten ist, vergib dir selber.

Nimm diesen Berg schmerzhafter alter Gefühle auf und lege ihn in tiefer Dankbarkeit für alles, was er dich gelehrt hat, in die Mitte des Feuers. Dein Herz ist jetzt gereinigt und auf die Aktivierung des Einen Herzens vorbereitet.

• Freudenfeuer vier •

Löse alte Definitionen auf!

Der nächste Stoß besteht aus den Gelübden, die wir abgelegt haben, seit wir uns zum erstenmal als Einzelwesen inkarnierten. Stapel alle deine alten Rollen darauf: die als Mutter, Vater, Bruder, Schwester, Kind, die als Ehemann oder -frau, Geliebte oder Geliebter, die als Lehrer, Heiler, Händler, Engel, Sternenkommandant, und was du je gewesen bist. Lege alle Religionszugehörigkeiten dazu, die du vielleicht auf deinem Weg angenommen hast, sicherheitshalber auch deine göttlichen Missionen. Oh, und hier ist noch was Schönes. Wirf deine persönliche Macht dazu. Ich weiß, du hast so lang gebraucht, um sie zu kriegen, aber wir brauchen sie wirklich jetzt nicht mehr. Persönliche Macht ist sehr einschränkend und hindert uns daran, wahre Macht zu bekommen, die eigentlich Nicht-Macht ist und jedem in Hülle und Fülle zur Verfügung steht.

Dies ist der Haufen, der am meisten Widerstand hervorruft. Wenn das so ist, dann schau dir an, was du ungern hingibst. Es wird dir viel Aufschluß über dich geben, einschließlich dessen, wo du noch in der Dualität festhängst. Wenn du jetzt nicht bereitwillig alles loslassen kannst, dann notiere dir, woran du noch festhältst, und warte auf den richtigen Augenblick, *hoffentlich bald,* wo du es loslassen kannst.

Nimm jetzt diesen Haufen von Rollen, Gelübden, Verantwortungen, Macht und Missionen und übergib ihn dem Feuer. Du kannst noch ein paar Maroni dazutun, wenn du willst, und zusehen, wie alles zu herrlicher Asche verbrennt. Fühlst du dich schon leichter?

• Freudenfeuer fünf •

Meine Lieblingssachen!

Das ist ein schwieriger Stapel. Schichte alles auf, was du gern behalten möchtest. Alle Eigenschaften, die du an dir am liebsten magst, das, was du am allerbesten kannst, spirituelle Überzeugungen, gesunde Beziehungen, deine Karierre, Familie und Lieblingstiere. Du kannst auch Besitztümer hinzufügen: dein Haus, dein Auto, den Computer, Gemälde, Kristalle, Stereoanlagen und Kleidung – was immer du hast und auch wirklich behalten möchtest.

Lege unbedingt auch deinen Namen dazu. Du wirst dich wundern, wie sehr die Menschen an ihrem Namen hängen. Ist dir je aufgefallen, wie viele Leute Dinge nach sich selbst benennen? Oder wie wichtig es ist, daß du für etwas, was du getan hast, anerkannt wirst? Wirf alle deine Namen und Titel auf den Haufen!

Was für einen schönen Stoß du aufgeschichtet hast! Das Beste von dir und deinem Leben liegt darauf. Du kannst ihn ein paar Minuten lang bewundern, wenn du willst, und dann übergib ihn liebevoll dem Feuer! Da verbrennt er...

• Freudenfeuer sechs •

Das letzte Hemd

An dieser Stelle meinst du vielleicht, daß es nichts mehr gibt, was du noch loswerden könntest, aber es gibt noch etwas. Du hast dich selbst vergessen. Wenn wir uns schon ergeben, können wir es auch gleich richtig tun, also steig hinein ins Feuer. Steh auf und geh mitten hinein und fühle, wie du bis aufs Mark verbrennst. Dann laß auch das Mark verbrennen. *Es brennt, es brennt, jetzt ist es weg...*

Nichts ist mehr als etwas.

Langsam brennt das Feuer nieder. Gestatte dir jetzt den Luxus, nichts zu sein und nichts mehr zu besitzen. Hab' keine Eile, dich gleich wieder festzulegen oder in alte Rollen schlüpfen. Bleibe offen, weit offen und frei. Und bewahre diese Haltung so lange wie möglich. Renne nicht herum und versuche herauszukriegen, was das Feuer übrigelassen hat. Warte, bis es von sich aus zu dir kommt. Behalte dich selbst im Auge, damit du nicht in alte Haltungen und Vorstellungen zurückfällst. Bleibe Neu. Das Beste kommt erst noch...

Der sechste Schlüssel:

Die Filter der Dualität

Die Filter der Dualität...

Alles, was wir bis jetzt auf der Erde erlebt haben, wurde durch die Filter der Dualität gesehen.

Alle unsere Wahrnehmungen waren bisher von Illusionen getrübt, auch das, was wir aus der Sicht unserer physischen Augen für unsere höchste spirituelle Wahrheit hielten. Wir haben im Rahmen eines reduzierten Realitätssystems und einer kleineren Wahrheit unser Leben gelebt, unsere Entscheidungen getroffen, unsere Beziehungen erschaffen und unsere Ziele verfolgt.

Es ist, als ob man an einem kleinen Tisch säße und sich nur auf die Gegenstände konzentrierte, die sich auf dem Tisch befinden. Ernsthaft bewegen wir die Objekte auf dem Tisch umher und versuchen, sie auf befriedigende Weise anzuordnen. Wir versuchen, Sinn aus dem Sinnlosen zu erschaffen. Wir schenken den kleinen Dingen soviel Aufmerksamkeit, daß uns entgeht, wie groß wir in Wahrheit sind. Weißt du noch, als wir Kinder waren und mit Spielzeugautos oder Puppen spielten? So ähnlich ist das. Selbst damals waren wir so viel größer als die Welten, die wir erschufen.

Nun, es ist Zeit, uns umzusehen, Zeit für eine erbauliche Überprüfung der Wirklichkeit. Als erstes bemerkst du vielleicht, daß du kein kleiner Gegenstand auf einem Tisch bist. Tatsächlich bist du viel *größer* als der Tisch. Du bist nicht nur größer, sondern du kannst die Gegenstände auf dem Tisch auch hinstellen, wo du willst. Du kannst sie sogar wegnehmen und durch andere ersetzen! Vielleicht sind wir gar nicht so unbedeutend und machtlos, wie wir dachten.

Schau jetzt einmal einen Moment lang von dem Tisch auf. *Nanu,* was siehst du da? Daß noch weit mehr da ist als dieser Tisch, der deine Aufmerksamkeit so lange in Anspruch genommen hat. Der Tisch steht in einem Raum, und, verglichen mit dem Tisch ist dieser Raum RIESIG. Sieh dich um im Raum, und schau dann wieder auf den Tisch. Sieh, wie klein er im Vergleich zu dem ist, wo du wirklich bist. Du hast gerade einen Quantensprung in eine andere Realität vollzogen.

Jetzt wollen wir unsere neuentdeckte Freiheit üben. Steh von deinem Stuhl auf. Du kannst den Tisch sich selber überlassen. Ohne dich geht dort nichts vor sich. Er braucht dich, damit er Leben hat. Ohne deine Aufmerksamkeit wird er statisch und unbeweglich. Dasselbe trifft auf die Dualität zu. Sie existiert nur deshalb, weil wir ihr Leben geben, weil wir an sie glauben. Und leben können wir in dieser Dualität nur deshalb, weil wir uns kleiner machen, als wir sind.

Wenn wir schon dabei sind, wollen wir jetzt in einen anderen Raum gehen. Hier wartet ein anderes Universum darauf, von uns entdeckt zu werden. Wir werden jetzt schon ganz gut darin, unsere multidimensionalen Realitäten zu erforschen. Deine Wohnung ist ein ganz gutes Modell für die zahlreichen Realitätssysteme, die uns in jedem Augenblick zur Verfügung stehen. Und wie du siehst, ist es nicht schwierig, zwischen den Welten hin und her zu gehen.

Wenn du zu einem weiteren Quantensprung bereit bist, tritt bitte hinaus in die unermeßliche Weite der Natur. Welch ehrfurchtgebietende Komplexität! Die Natur ist voller großer und kleiner Landkarten, die du erforschen kannst, wann immer du willst. Erinnere dich jetzt wieder an den Tisch. Wie wichtig er war, wie sehr du in dem gefangen warst, was du da machtest. Wie sich damals alles so real anfühlte.

Welten in Welten in Welten
warten darauf, erforscht zu werden.

Diese Welten sind sowohl in dir als auch außerhalb von dir zu finden. Sie sind immer da. Um sie zu entdecken, brauchst du nur deine Aufmerksamkeit von den kleineren Realitätssystemen zu lösen, dein Wesen zu öffnen und ins Unbekannte aufzubrechen.

Es ist immer unsere Wahl, in welchem Realitätssystem wir unser Leben leben wollen. Von Natur aus sind wir riesige Wesen, die in unzähligen gleichzeitig existierenden Realitäten oder in der Größeren Wirklichkeit selbst leben können. Wie traurig, daß so viele Leute in den Grenzen der Dualität eingeschlossen bleiben. Daß sie ihre Ängste vor dem Unbekannten über ihre beschränkten Parameter bestimmen lassen. Natürlich wird es immer schwieriger, klein zu bleiben, wenn du einmal Geschmack an der unendlichen Weite, die dir zur Verfügung steht, gefunden hast. Und bei wiederholtem Eintauchen in die berauschende, erregende Einheit werden wir so Groß, daß wir, so sehr wir uns auch mühen, nicht mehr in unsere enge, alte Welt passen.

Die Filter der Dualität verstärken
die Illusion der Getrenntheit.

Die physische Welt ist noch kein genauer Spiegel der Größeren Wirklichkeit. Das zu erkennen ist wichtig, wenn du die Filter der Dualität entfernen und die Dinge so sehen willst, wie sie wirklich sind. Da wir in ein Realitätssystem hineingeboren sind, das auf Dualität beruht, ist praktisch alles, was wir gelernt haben, verkehrt herum, verdreht.

Zum Beispiel:

Sind wir wirklich physische Wesen, die spirituelle Erfahrungen machen, oder ist es umgekehrt?
Wir werden als physische und spirituelle Wesen geboren. Beides ist gleich wichtig, und beides gehört zu unserem größeren Einen Sein. Unsere Aufgabe ist es, uns darauf zu konzentrieren, dieses Eine Sein zu verkörpern.

Es macht Angst, so groß zu sein; klein fühlt man sich sicherer.
Tatsächlich ist es viel furchterregender und unbequemer, nur ein Fragment des Wahren Selbst zu sein. Es gibts nichts, was sicherer wäre, als bewußt ins Eine eingewoben zu sein.

Ist der Tod wirklich das Ende unserer Existenz?
Geburt und Tod sind einfach Übergänge oder Tore in die physische Form oder aus ihr heraus. Unser Wahres Selbst ist ewig. Sterben ist, wie wenn wir abends schlafen gehen und morgens neu geboren werden.

Ist Gott ein von uns getrenntes Wesen?
Die Vorstellung Gottes als einer Personifizierung des Einen, die *von uns getrennt* ist, ist eine Verzerrung, die von den Filtern der Dualität herrührt. In der Einheit ist nichts getrennt vom Einen.

Haben wir unsere Heimat je verlassen?
Natürlich nicht! Wir müssen nur Groß genug werden, um zu sehen, wo wir sind. Wenn wir es sehen, merken wir, daß unsere Heimat überall ist, *hier und jetzt.*

Haben physische Wesen individuelle Seelen?
Nur in der Dualität. Wenn wir in die Einheit verwoben sind, sind wir Teil einer tieferen Harmonie, einer neuen Matrix. Unser Selbst hat noch immer eine einzigartige Perspektive, ein eigenes Muster, das auf seinem gegenwärtigen Blickpunkt

innerhalb der Ganzheit des Einen beruht, aber die Seelenhülle, die uns getrennt hält, löst sich auf.

Was ist der Unterschied zwischen einem Baum und einer Wildgans?

Eigentlich kaum einer. Ich möchte das mit einer Geschichte erklären: Vor ein paar Jahren besuchte ich ein Vogelschutzgebiet in New Mexico. Es war später Nachmittag, und wir hielten an einem See, um dem Sonnenuntergang zuzuschauen. Während ich so auf den See blickte, sah ich die üblichen Dinge – Bäume am Ufer, die sich im Wasser spiegelten, Gänse, die darüber flogen, Wolken am Himmel. Dann geschah etwas ganz Magisches und Unerwartetes; die Filter der Dualität fingen an, sich aufzulösen. Plötzlich war die ganze Szene vor mir wie verwandelt. Es war, als sähe ich sie zum ersten Mal. Voller Staunen begann ich zu lachen, aus der reinen Freude heraus, endlich klar zu sehen. Alles war von innen nach außen gekehrt.

Wir sind so programmiert, daß alles in dieser Welt eine separate Identität hat: Ein Baum ist ein Baum, eine Wolke ist eine Wolke. Aber jetzt sah ich, daß die Spiegelung die Gegenstände getreuer widergab, als wenn man sie für sich betrachtete. Das Wasser des Sees stellte das Eine Herz dar. In der stillen Oberfläche des Sees sah ich jetzt die Bäume-des-Einen, die Vögel-und-Wolken-des-Einen. Alles war Teil dieser Größeren Einheit.

Alles ist in dem Einen Herzen miteinander verwoben. Alle Lebewesen schicken leuchtende Liebesfäden aus, die sich so lange ausbreiten, bis sie auf andere Lebensströme treffen. Dann verweben sich ihre Fäden miteinander und bilden strahlende Mandalas aus Licht. Diese Muster sind ein kleiner Teil des Hologramms der Einheit. Alles schwingt in Einklang mit der harmonischen Resonanz der Neuen Matrix. Und selbst diese Neue Matrix ist nicht wirklich neu, sie war schon immer da, nur konnten wir sie nicht sehen, solange uns die Filter der Dualität blind machten.

Jeder Tag ist der Anfang eines neuen Lebens; jeden Tag werden wir neu geboren. Es ist wichtig, sich daran zu erinnern und danach zu handeln. Wir müssen alle unsere früheren Voraussetzungen loslassen und mit einem unbeschriebenen Blatt wieder neu beginnen. Schau stets alles mit ganz neuen Augen an. Sieh es wie zum ersten Mal.

Wenn du morgens aufstehst, dann hetze nicht gleich in die Küche, um dort das übliche Frühstück zuzubereiten. Geh in die Küche, als seist du noch niemals da gewesen, und schau, was dein Körper heute essen möchte. Vielleicht ist es das, was du immer ißt, vielleicht ist auch etwas ganz anderes. Begegne jeder Situation und jedem Menschen mit erhöhter Offenheit und Liebe.

Sei offen für Veränderung

Beobachte, wie du auf das reagierst, was dir begegnet. Reagierst du unbewußt, einfach so wie du es immer tust, oder betrachtest du jede Situation mit neuen Augen? Besonders in deinen Beziehungen ist das eine große Herausforderung. Es ist so leicht, hier in unsere vorgefertigten, begrenzten Rollen und Muster zu fallen, und es ist von größter Wichtigkeit, es nicht zu tun.

Beziehungen können uns wie sonst nichts in die Dualität verstrickt halten. Selbst wenn du dich in einer karmischen Beziehung mit einem Partner befindest, der fest in der Dualität verankert ist, brauchst *du* nicht auf die alte Weise zu reagieren. Mache die GO-Übung und verankere dein Wesen in der Einheit. Jetzt kannst du auf andere Weise reagieren.

Es gibt niemals mehr als Eins.

Sorge für einen größeren Überblick, das ist wichtig. TRAU DICH, GRENZENLOS ZU SEIN! Ein Großes Wesen, das mit der Welt aus einer höheren Sicht verkehrt. Ein großes

Wesen, das seine Verbundenheit mit der Größeren Einheit fühlt und sie in sein tägliches Leben integriert hat. Das mutig seine Freiheit von den Grenzen der kleinen, eingeschränkten Welt der Dualität in Anspruch nimmt. Wenn du das tust, werden sich die Filter der Dualität zunehmend auflösen.

Der siebente Schlüssel:

Achtung, fertig, GO!

Achtung, fertig, GO!...

Auf unserer Reise immer tiefer in das Unsichtbare müssen wir unser Wesen gut geerdet halten.

Dafür haben wir eine Übung entwickelt, die GO-Übung, die dir das nötige Gleichgewicht gibt, um die erhöhten Energien der Einheit in dich aufzunehmen. GO solltest du bei jedem Aufstehen durchführen, bis du es ganz automatisch tust. Es wird deine neue Alltagshaltung sein, die dir hilft, jeder Lebenslage mit Anmut, Kraft und Gleichgewicht zu begegnen. GO besteht aus drei Teilen. Jeder ist wichtig und sollte nicht ausgelassen werden. Auch die richtige Reihenfolge ist wichtig.

• Teil eins •

Den Erdenstern verankern

Steh auf und sende deine Energie nach unten in den Erdenstern, der sich im Kern des Planeten befindet. Wenn du beim Erdenstern angelangt bist, spürst du ein Einrasten. Wenn du es nicht spürst, mußt du tiefer gehen. Dies erweitert deine Energie in die Erde hinein und gibt dir die nötige Erdung.

• Teil zwei •

Den Strahl hereinholen

Strecke dich nach oben zur Größeren Zentralen Sonne aus und hole einen Lichtstrahl herunter. Schicke diesen

Lichtstrahl durch dein Wesen hinunter in die Erde und verankere ihn im Erdenstern. Das verwandelt dich in eine Lichtsäule. Spüre die Kraft, die es dir gibt, die tiefe Verbundenheit zwischen Erde und Stern.

• Teil drei •

Das Eine Herz aktivieren

Lege die Handflächen in Gebetshaltung zusammen; die Fingerspitzen zeigen nach oben. Bringe deine Hände in die Höhe des Herzens. Presse sie jetzt fest zusammen und drücke alle deine gebrochenen Herzen hinaus, alle Herzen, die du gebrochen hast, alle emotionalen Enttäuschungen, alle Verzerrungen der Liebe, die du in deinem gesamten Inkarnationszyklus erlebt hast. Laß Eifersucht, Besitzansprüche, Betrug und Verrat los. Drücke deine Hände so lange zusammen, bis nur die reinste Essenz Wahrer Liebe zurückbleibt.

Öffne nun langsam deine Hände und verbreite sehr bewußt und sorgfältig die Essenz Wahrer Liebe. Wenn du abschweifst, fang einfach wieder von vorne an. Gehe, während du deine Essenz Wahrer Liebe ausbreitest, über deine Bequemlichkeitszone hinaus, strecke deine Hände über deinen Körper hinaus aus. Wenn du deine Wahre Liebe vollständig ausgesandt hast, dann drehe die Handflächen nach außen. Spüre dein Herz, fühle mit der Offenheit deines Einen Herzens. Werde dir bewußt, wieviel größer und reiner deine Liebe geworden ist!

• GO im Sitzen •

GO kann auch im Sitzen durchgeführt werden. Es ist eine sehr gute Art zu sitzen, wenn du mit starken Energien zu tun hast. Ich benutze diese Haltung, wenn ich Seminare leite. Sie hält dich geerdet und im Gleichgewicht. Deine Füße müssen direkt auf dem Boden stehen, ohne daß du die Beine kreuzt. Lege jetzt die Hände mit den Handflächen nach unten auf die Beine und spüre, wie dies dein Wesen verankert.

GO ist unsere neue Haltung,
die uns hilft, das Unsichtbare
mit dem Physischen zu vereinen.

Du solltest diese neue Haltung immer wieder üben, bis die dir in Fleisch und Blut übergegangen ist. Wenn du die Energien des GO meisterst, brauchst du die Arme nicht mehr zu bewegen; das Ausstrecken und Ausbalancieren deiner Energie geschieht ganz von selbst. Dies wird das subtile GO genannt.

Der Meister-schlüssel:

Heilige Vereinigung

Heilige Vereinigung...

Der Meisterschlüssel zu unserer gesamten evolutionären Reise ist die Heilige Vereinigung.

Sowohl unsere geistige Evolutionsreise, während der wir immer mehr unsere ganze Weite verkörpern wollen, als auch unsere biologische Entwicklungsreise von einzelligen Wesen zu der menschlichen Form, die wir heute bewohnen, kommen aus dem Ur-Impuls, immer größere Tiefen Heiliger Vereinigung zu erleben.

Das Gefühl der Verlassenheit und der Schmerz der Getrenntheit, die wir seit unserer ersten Trennung von der *bewußten* Einheit empfanden, als wir in die Materie hinabstiegen, hat eine unleugbare Sehnsucht nach grenzenloser und vollkommener Vereinigung geschaffen. Es ist vor allem diese tiefe Sehnsucht, die uns auf unserer langen Reise des Erwachens und Ganzwerdens vorantreibt.

Die Heilige Vereinigung ist die bewußte Verschmelzung, die uns zurück zur Einheit führt.

Diese tiefe, unerfüllte Sehnsucht ist es, die uns auf die Suche nach dem vollkommenen Partner geführt hat, nach *unserer wahren Liebe* oder, wie Plato sagte, nach unserer *anderen Hälfte.* Dieser andere Teil von uns ist in Wirklichkeit unser Geliebter von jenseits der Sterne. Zusammen verkörpern wir das vereinte Eine Herz. Den Kern unserer Sehnsucht nach der Heiligen Vereinigung mit einem Partner bildet die noch tiefere Sehnsucht nach der *bewußten,* ewigen Vereinigung mit dem Einen. Diese Sehnsucht ist es, die uns ständig zur Heimreise anhält. Immer zieht uns der Ruf nach der heiligen Vereinigung vorwärts zu größerer Ganzheit und Einheit.

Welchen Weg wir auch gewählt haben,
welche Entscheidungen wir auch treffen
– bewußt oder unbewußt –
unser Ziel ist immer die Heilige Vereinigung.

In der Heiligen Vereinigung finden wir wahre Erfüllung und Ganzheit. Der gesamte Weg des Wiedererinnerns, des Einsammelns der vielen vergessenen Fragmente unseres Wesens, das Verschmelzen unseres kleinen Ich mit unsere Größeren Selbst ist die Reise zur Heiligen Vereinigung. Wenn wir unserer inneren männlichen und weiblichen Pole, Sonne und Mond, Erde und Stern, das Physische und das Spirituelle – wenn wir alle unseren inneren Polaritäten wieder in die Einheit zurückzubringen, dann werden wir Eins Sein mit aller Schöpfung.

Heilige Vereinigung vollzieht sich in diesem Augenblick überall rings um uns her. Lerne sie zu sehen; lerne sie in dir zu spüren. Wenn wir unser Sein in Einklang mit der immer gegenwärtigen Heiligen Vereinigung bringen, werden wir lebendig wie nie zuvor. Wir strahlen LIEBE und Einheit aus. Unser Wesen selbst dient dazu, die Versteinerungen der Dualität aufzulösen und die lange Herrschaft der Getrenntheit und Einsamkeit zu beenden.

Heilige Vereinigung ist der Meisterschlüssel zu allem. Sie schließt jede Pforte auf. Sie verhilft dir zu tiefstem Verstehen und hebt dich in Höhen der Liebe, die du dir im Augenblick noch nicht einmal vorzustellen vermagst.

Der achte Schlüssel:

Unsere Polaritäten vereinen

Unsere Polaritäten vereinen...

Die heilige Vereinigung beginnt im Inneren.

Im Inneren eines jeden von uns sind das Männliche und das Weibliche bereits in heiliger Vereinigung zusammengefunden. Diese beiden Polaritäten sind in physischer Form in unserem jetzigen Körper vereint. Deshalb müssen wir uns zuerst mit unserer inneren Männlichkeit und Weiblichkeit vertraut machen. Sie müssen im Gleichgewicht und Einklang stehen, bevor wir weiterschreiten können. Dies ist Teil der Vereinigung des AN, der Heiligen Verschmelzung unseres inneren Mondes mit unserer inneren Sonne.

Decke einmal deine eine Gesichtshälfte mit einem Blatt Papier ab. Schau in den Spiegel und betrachte eingehend, was du vor dir siehst. Decke dann die andere Gesichtshälfte ab. Deine männliche Polarität liegt auf der Körperseite, die bei dir vorherrschend ist. Wenn du also Rechtshänder bist, liegt deine männliche Polarität auch rechts.

Nimm die Gefühle wahr, die beim Betrachten der freien Gesichtshälfte in dir aufsteigen. Du kannst bei dieser Übung viel über dich erfahren. Ist die Polarität, die du gerade betrachtest, glücklich oder traurig, erschöpft oder boshaft? Lerne sie kennen, indem du dein Gesicht im Spiegel genau studierst. Vielleicht möchtest du aufschreiben, was du entdeckt hast. Nimm dir jetzt die andere Seite vor, deine andere Polarität. Schau dir genau an, welche Eigenschaften diese Seite zeigt. Schreib sie dir auf. Decke dann beide Seiten auf und beobachte, in welcher Beziehung die männliche und die weibliche Seite zueinander stehen. Schreib auch hier auf, was du siehst. Wie ergänzen sich deine Polaritäten? Welchen Grad der Ausgewogenheit haben sie?

Es ist wichtig, daß du dich mit deinen männlichen und weiblichen Polaritäten vertraut machst. Vielleicht brauchen sie Heilung oder Unterstützung? Wenn sie nicht glücklich in die Heilige Einheit verschmolzen sind und als Ein Wesen zusammenwirken, dann mußt du daran arbeiten. Du kannst dazu Visualisierungen benützen oder mit ihnen arbeiten, während du dein Gesicht betrachtest. Vielleicht sehnt sich deine männliche Seite nach mehr Weichheit oder deine weibliche Seite nach mehr Mut. Eine weitere Übung zur Heilung der Polaritäten befindet sich in meinem Buch *An die Sterngeborenen.* Wenn du daran arbeitest, den männlichen und weiblichen Pol in dir in Einklang zu bringen, erlebst du erstaunliche Veränderungen in deinem Leben, die sich dann auch auf der Landkarte deines Gesichtes bemerkbar machen.

• Der Körper muß auch mit •

Es ist wichtig, diese neuen Ebenen des Bewußtseins ständig im physischen Körper zu verankern. Denk daran, es gibt keine Trennung mehr zwischen dem Körperlichen und dem Spirituellen. Sie sind alle Teil des Einen Seins. Wir wollen also aufstehen und unsere männliche Polarität ihr Mudra zur Begrüßung der Sonne ausführen lassen *(ein Mudra ist eine heilige Geste, die mit den Armen ausgeführt wird).* Laß sie dann ihre Geliebte, den Mond, begrüßen. Schreite mit diesen Mudras den Gang der Sonne und dann den Gang der Sonne, die den Mond ehrt. Tu es so lange, bis du dich dabei anmutig und natürlich fühlst.

Dann wollen wir in unserer weiblichen Seite wohnen und sie ihre Mudras zur Begrüßung des Mondes ausführen lassen. Laß sie nun ihren Geliebten, die Sonne, ehren. Laß sie gehen und dabei ihre Mudras ausführen, bis es sich natürlich anfühlt. Der nächste Schritt ist, den Gang der Sonne und den des Mondes zu einer einzigen anmutig fließenden Bewegung zu vereinen. Laß ihre Mudras zu einer Bewegung zusammenfließen. Unternimm einen langen Spaziergang und fühle, wie gut Sonne und Mond in deinem Inneren verschmelzen. Du wirst dabei spüren, wie sich die Grenzen von männlich und weiblich auflösen und dein Eines Sein allmählich Form annimmt.

Wenn das geschieht, kannst du aufhören und ein ganz neues Mudra hervorbringen, das Mudra von Sonne und Mond, verschmolzen zur Einheit, zu AN. Dies ist die mächtigste heilige Bewegung. Jedesmal, wenn du sie ausführst, wird sie dir helfen, deine Pole miteinander in Einklang zu bringen. Übe sie oft, bis deine inneren Polaritäten ganz und gar zu einem geworden sind.

• •

Die Vereinigung unserer inneren Polaritäten ist ein wichtiger Teil in der Erschaffung der Grundlage unseres neuen wahren Selbst.

Unsere innere Sonne und unser innerer Mond müssen geheilt, ins Gleichgewicht gebracht und vereint werden, bevor wir die volle Heilige Vereinigung erleben können.

Wenn es geschieht, werden wir zu Verkörperungen der Energie, die AN genannt wird – Sonne und Mond zu Einem Sein verschmolzen. Es ist ein Quantensprung auf eine erhöhte Ebene des Bewußtseins, die über den Rahmen der Dualität hinausgeht. Wir können jetzt unser Wesen in der Einheit verankern und in die neue Matrix eingewoben werden.

Der neunte Schlüssel:

Das
Eine Herz

Das Eine Herz...

Das Eine Herz ist das Herz aller Dinge.

In dem Maße, wie wir in das Unsichtbare eintauchen, wird unser alter Emotionalkörper sehr stark verwandelt. Wir sind dabei, ihn vollkommen neu aufzubauen. Das ist nötig, damit wir die erweiterten, mächtigen Frequenzen der Liebe in der Spirale der Einheit aushalten können. Würden wir versuchen, die Größere Liebe mit unserem alten Emotionalkörper zu erfahren, würden wir einfach verbrennen. Unser altes Herzchakra ist einfach nicht stark genug, um solch beschleunigte Liebesfrequenzen zu übermitteln. Manche von uns haben es versucht und gemerkt, daß sie Herzbeschwerden bekamen – unregelmäßigen Herzschlag, Kurzatmigkeit, Herzrasen usw. Besser konzentriert man sich zunächst darauf, den neuen Emotionalkörper zu erschaffen, bevor man die Größere Liebe anruft.

Wir alle haben dasselbe Herz.

Nichts anderes bedeutet das Eine Herz. Dieses Herz, das wir alle gemeinsam haben, ist viel, viel größer und stärker als unsere einzelnen kleinen Herzen in unseren alten Emotionalkörpern. Um dir das Eine Herz vorzustellen, kannst du dich als Teil eines Kreises von Menschen sehen. Sieh den Raum in der Mitte deines Heiligen Kreises und sieh, daß er euer Eines Herz ist. Das bedeutet, daß ihr alle dasselbe Herz habt. Unser Eines Herz ist zu ungeheurer Liebe fähig. Es ist das Herz, das nicht gebrochen werden kann, denn es arbeitet auf einer ganz anderen Schwingungsfrequenz als unsere alten individuellen Herzchakras. Es sorgt für die harmonische Resonanz, dafür, daß die Größere Liebe aufgenommen werden kann.

Das Eine Herz ist vertrauter und offener als alles, was wir je zuvor erlebt haben. Es ist immer offen, weit offen. Wenn wir uns mit dem Einen Herzen in Einklang bringen, öffnen wir unser Wesen und werden zu Empfängern und Übermittlern der Größeren Liebe. Mit zunehmender Aktivierung verkörpern wir schließlich die Größere Liebe. Unsere neue Liebesfähigkeit und erhöhte Verletzlichkeit und Offenheit macht unsere Liebe stärker als je zuvor. In verletzlicher Offenheit liegt eine große Kraft, zu der wir jetzt Zugang haben. Wir haben keine Mauern mehr um unsere Herzen, und das bedeutet, daß wir mehr spüren als zuvor. Und doch sind wir losgelöst von den alten emotionalen Verzerrungen, was uns hilft, selbst während der größten Stürme und Dramen im Gleichgewicht zu bleiben.

Wenn wir aus dem Einen Herzen lieben, können wir mit unserem ganzen Sein lieben, rückhaltlos und schrankenlos. Wir können jetzt von ganzem Herzen Liebe geben und empfangen, frei von früheren Unsicherheiten, unberührt von den Liebesdramen der Dritten Dimension. Es ist so leicht, tief, grenzenlos und offen zu lieben und geliebt zu werden. Die alten Grenzen und Verzerrungen der Liebe haben sich verflüchtigt. Unsere neue Grundlage ist Allumfassende Liebe. Sie ist einfach das Eine Herz, das sich selbst liebt. Von hier ausgehend werden wir bald Ekstatische Liebe erfahren, die Liebe, die wir erleben, wenn wir die Liebenden von jenseits der Sterne verkörpern.

In dem Maße, wie wir unser individuelles Herz hingeben und in das Eine Herz schmelzen lassen, spüren wir die Größere Liebe. Sie übersteigt bei weitem alle früheren Erfahrungen von Liebe in der Dualität. Sie ist unendlich viel größer, tiefer, weiter, allumfassender, wahrer, als wir es je gekannt haben. Diese Liebe ist gleichzeitig geerdet und voll höchster Ekstase. Sie ist eine Liebe ohne Grenzen, die uns alle in bewußter Einheit zusammenführt und die Grundlage bildet, auf der wir zu Einem Sein werden können.

Die Einführung der erhöhten Liebesfrequenzen in das Innere des Einen Herzens liefert uns auch einige der größten

Herausforderungen. Was soll nun aus unseren bestehenden Beziehungen werden, die in der Dualität verwurzelt sind? Wie lassen wir unsere alten Beziehungsrollen, -reaktionen und -einstellungen los? Wie schaffen wir den Raum in unserem Wesen und Leben, um diese Größere Liebe jeden Tag erleben zu können? Die Antwort ist verblüffend einfach.

Wir verkörpern das Eine Herz, wir werden die neuen Meister der Liebe.

Indem wir das Eine Herz verkörpern und es zu unserem neuen Normalzustand machen, wird alles um uns her verwandelt.

Dies ist ein ständiger Prozeß, der uns sorgfältige Aufmerksamkeit abverlangt. Wir müssen lernen, in jedem Augenblick zu unterscheiden, ob wir aus der Dualität oder der Einheit heraus handeln, und uns sanft aus der Dualität lösen, wann immer es nötig ist. Wir müssen unser Eines Herz weiter und weiter werden lassen, bis wir alles und jedes in Einheit umfangen können. Und wir müssen uns immer wieder dabei ertappen, wenn wir in unbewußte Reaktionen zurückfallen, wie zum Beispiel: *„Ich kann ihn nicht ausstehen“ – „Ich mag diese Farbe nicht“ – „Ich mach das immer so“ „Mich kann man gar nicht lieben“ – „So viel Liebe verdiene ich nicht“ – „Du bist viel zu gut für mich“.*

Statt neuen Erfahrungen, Einstellungen und Reaktionen die Tür vor der Nase zuzuschlagen, indem wir an unserer überholten Meinung festhalten, können wir auch offen bleiben und erwarten, daß etwas ganz Neues zu uns kommt. Neu? Wenn du nicht aus deinen alten, beschränkten Einstellungen und Reaktionen ausbrichst, wirst du vermutlich in Langeweile ersticken, wenn sich *dasselbe alte, dasselbe alte, dasselbe alte Zeug* immer wiederholt. Gestatte dir, deine Muster umzukrempeln, erlaube dir eine neue Feineinstellung im Einklang mit der Einheit. Du kannst zum Beispiel jede Situation mit neuen Augen betrachten, als ob du soeben erst auf dem Planeten gelandet wärst. Überprüfe jede Situation und schau, ob sie der Dualität oder der Einheit entsprungen ist. Achte auf deine Reaktionen. Sind sie automatisch und unbewußt, oder reagierst du aus dem Einen Herzen?

Wenn du dies zu einem Teil deines Lebens machst, merkst du, wie sich dein Sein erweitert. Frühere Begrenzungen lösen sich vor deinen Augen auf. Plötzlich fühlst du dich freier als je zuvor. Ein neues Gefühl der Leichtigkeit durchdringt alle Bereiche deines Lebens. Und die Ebenen der Liebe, die du erfährst, weiten sich mit jedem Schritte aus. Weißt du, was das ist? Es ist der lang erwartete und viel diskutierte Aufstieg.

Aufstieg ist einfach die Bewußtseinsverschiebung von der Dualität zur Einheit.

Tut mir leid, er hat nichts mit Raumschiffen zu tun, die dich abholen kommen, oder mit noch mehr Durchgaben von den aufgestiegenen Meistern. Der Aufstieg ist etwas, was in uns, nicht außerhalb von uns geschieht. Er ist unsere bewußte Selbstbefreiung von den Fallstricken der Dualität – unser Aufsteigen in die Einheit.

Der zehnte Schlüssel:

Erde und Stern

Erde und Stern...

Wir sind die heilige Vereinigung von Erde und Stern.

Der physische und der spirituelle Bereich des Seins sind auf ganz natürliche Weise in uns vermählt. Indem wir das Unsichtbare im Physischen verankern, werden wir heile, ganze Wesen. Indem wir unsere unendliche Weite mit unserem physischen Körper verschmelzen, setzen wir das volle Potential belebter Wesen frei. Es gibt keine Trennung mehr zwischen dem *Physischen* und dem *Spirituellen.* Wir sind nicht länger Erden- *oder* Sternenwesen, sondern echte Erd-Stern-Wesen.

Dazu bedarf es zunächst einmal des Zugangs zu unserem Ur-Kern – zu unserem physischen, instinkthaften, irdischen Selbst. Es ist der wilde und ungezähmte, der natürliche Teil von uns, der sich in das Herz der Materie eingebettet hat. Wir müssen unser irdisches Selbst zuinnerst kennenlernen und diesen wichtigen irdischen Teil auch akzeptieren. Jeder von uns ist ein irdischer Mikrokosmos. Unsere DNS enthält die Samen und Wurzeln der gesamten Biologie. Unser Körper besteht aus organischer Materie – unser Atem ist der Wind – unsere Haut sind die Blätter – unsere Augen Sonne und Mond. Fühle dich selbst als Planet. Dein Herzschlag ist der der ganzen Schöpfung.

Sieh dich nun als die sternenbesäte Unendlichkeit. Verankere dein Sein darin. Fühle dich von Licht erfüllt, das die Grenzen deiner physischen Form wegschmilzt. Du bist das Universum ohne Ende, du erstreckst dich über die Unendlichkeit hinaus. Werde zu dem Einen, umfange alles in deinem Einen Herzen. Dein Körper ist zur Karte des gesamten Kosmos geworden, der Myriaden von Welten in Welten enthält.

Diese beiden Punkte – Erde und Stern – stehen für die größten Extreme in unserem Sein. Sie sind die Beschreibung unseres bekannten Universums. Es ist wichtig für uns, mit ihnen vertraut zu sein, sie jederzeit erreichen zu können. Wir sind herausgefordert, unser Sein gleichzeitig in diesen beiden äußersten Punkten zu verankern. Finde deinen Mittelpunkt sowohl im Kern der physischen Materie als auch am anderen Ende jenseits der Sterne.

Manchmal hilft es, dies mit Armbewegungen zu tun. Strecke einen Arm hoch über den Kopf nach oben; deine Fingerspitzen sind der Sternenpol. Bringe dann den anderen Arm nach unten,mit den Fingerspitzen zur Erde. Dies ist dein Erdenpol.

Bleibe auf die Pole von Stern und Erde konzentriert und werde dir jetzt langsam der Räume zwischen ihnen bewußt. Wenn wir uns so ausrichten, erreichen wir noch eine weitere Ebene der Heiligen Vereinigung. Du wirst jetzt, während du dein Bewußtsein gleichzeitig auf beide Polaritäten gerichtet hältst, spüren, wie die dazwischenliegenden Räume allmählich belebt und angeregt werden.

Erde ruft Stern: Befreie mich!
Stern ruft Erde: Gib mir Form!

Die Sehnsucht von Erde und Stern wird intensiver und tiefer und sendet Wogen der Liebe durch alle Zwischenräume. (*Benutze deinen Körper als Landkarte und spüre diese Wogen in dir.)* Während sich ihre Energien allmählich vermischen, wird der Stern im Kern der Erde verankert und überflutet den Planeten mit Licht, löst die Verhärtungen der Materie durch erhöhte Liebesfrequenzen auf.

Diese erhöhte Liebe breitet sich aus, durchflutet alles, was zwischen den beiden Polen liegt, und bringt es in eine tiefere Heilige Vereinigung. Indem das Formlose mit der Form verschmilzt, wird das Unsichtbare sichtbar. *Wir sind der Behälter, der Inhalt und der grenzenlose Raum darum.* Wenn dies einmal erreicht ist, wird ein neues, größeres Wesen geboren.

Das Profane heilig machen

Das Verschmelzen von Erde und Stern in unserem Inneren beendet die künstliche Trennung zwischen dem *Physischen* und dem *Spirituellen.* Alles ist heilig. Selbst die profanste, kleinste Einzelheit unseres alltäglichen Lebens ist heilig. Es ist wie in dem alten Sprichwort: „Ja, wir bauen das Tadsch Mahal, reich mir den nächsten Stein!" Unsere höchsten Ideale werden durch Kleinigkeitenen erreicht, durch winzige, aber stetige Handlungen, in die wir uns ganz einbringen. Deshalb ist es so wichtig, daß wir stets in allem, was wir uns vornehmen, unser Bestes geben – daß wir immer unser Herz weit offen halten – und das Leben voll und ganz leben, ohne Kompromisse oder selbstauferlegte Einschränkungen.

Erde und Stern, das *Physische* und das *Spirituelle,* sind keine gegensätzlichen Kräfte. Sie sind Liebes- und Ehepartner, *ausgewogene, gleichwertige Ergänzungen,* die einander genau das schenken, was gebraucht wird, um eine neue Ebene der Ganzheit herbeizuführen. Wenn diese Heilige Vereinigung einmal in dir stattgefunden hat, wird sich dein physischer Körper gewaltig verändern. Die Schwingungsfrequenz wird sich erhöhen, deine physische Energie wird sehr stark zunehmen, und du wirst von unbezähmbarer Freude erfüllt sein! Du wirst sowohl geerdet sein als auch frei. So wird das Unsichtbare in der Erde verankert und die Erde von der Dualität befreit.

Der elfte Schlüssel:

Ein Sein

Ein Sein...

Wir sind alle Teil
eines viel, viel größeren Seins.

Um unser Eins-Sein zu aktivieren, müssen wir von unserer Verhaftung mit uns selbst als einer individualisierten Einheit des Bewußtseins loslassen und umfassender schauen. Wir müssen unsere vorherrschende Identifizierung mit uns selbst als getrennten Wesen aufgeben und uns als Teil eines viel größeren Ganzen sehen. Wenn wir das tun, erkennen wir, daß wir alle Teil eines viel größeren Seins sind. Mein alter Vergleich, in dem wir die Zacken eines riesigen Sternes der Einheit bilden, ist hier nützlich. Der Stern ist die Landkarte unseres Einen Seins.

Wenn wir zu Einem Sein werden, entdecken wir, daß wir endlich vieles von unserem nervtötenden, egoistischen Ich überwunden haben, den lauten kleinen Teil in uns, der so anfällig für die Dualität war. Viele fürchten sich noch vor diesem Prozeß, haben Angst, daß sie sich verlieren, wenn sie zu höheren Ebenen der Einheit aufsteigen. Man hört jedoch nicht auf, ein Individuum zu sein, wenn man Ein Sein wird. Wir behalten noch immer unsere Einzigartigkeit, die unser Geschenk an das Eine ist. Tatsächlich kommen wir mehr in Einklang mit unserem wahren innersten Selbst.

Diese Erweiterung ins Eine Sein ist wie das Aufblasen eines Luftballons. Wir begeben uns auf eine viel größere und umfassendere Ebene unseres wahren Selbst. Es ist ein wunderbares und ganz natürliches Gefühl, tröstlich und unendlich befreiend, als ob man eine schwere, verkrustete alte Haut ablegte. Wir fühlen uns so durch und durch lebendig wie nie zuvor. Es kommt zu einer beispiellosen Ausweitung der Liebe. Wir lassen alle früheren Grenzen und Beschränkungen hinter uns.

Es gibt niemals mehr als Eins.

Mit jeder Reise in das Eine Sein erfahren wir mehr von unserer angeborenen inneren Weite. Wir bekommen Zugang zu bisher unzugänglichen Bereichen des Unsichtbaren. Unser Eines Sein erschafft das Behältnis, in das die höheren Energien eintreten können. Es dient als Gebärmutter und Geburtskanal für unser Neues Selbst, das bereits mit der neuen Matrix verwoben ist. Gleichzeitig erweitern wir auch unsere Grundlage, schaffen eine neue Basis, von der aus wir ein Grenzenloses Leben führen können.

Es ist möglich, mit beliebig vielen Wesen zu Einem Sein zusammenzufließen. Wir können mit einem Menschen anfangen oder mit einer großen Gruppe. Wir können mit Tieren, Felsen, Bergen, Bäumen oder dem Planeten selbst zu Einem Sein verschmelzen. Ist uns das nur ein einziges Mal gelungen, können wir nie mehr zu dem alten Gefühl begrenzter Getrenntheit mit ihnen zurückkehren. Usere innerste Essenz ist zusammengeflossen; unser Eines Herz ist aktiviert. Zusammen als Eins haben wir unsere früheren Grenzen hinter uns gelassen. Die Membran unserer individuellen Seelenhülle hat sich aufgelöst, um uns eine unendlich viel größere Einheit zu enthüllen.

Unser Eines Sein liebt mit dem Einen Herzen.

Wenn wir in das Eine Sein aufsteigen, können wir durch unser aktiviertes Eines Herz eine stärkere, reinere Liebe spüren als je zuvor. Wir sind Ein Vereintes Wesen geworden, das durch Ein Vereintes Herz liebt. Der Emotionalkörper unseres Einen Wesens ist ungleich größer als unsere alten getrennten Herzchakras zusammen. Das erweitert und vergrößert unendlich unsere Fähigkeit, zu lieben und LIEBE ZU SEIN.

Wenn wir einmal Ein Wesen sind, erfahren unsere Reaktionsweisen und Einstellungen eine dramatische Veränderung. Die Bande zwischen den einzelnen Bestandteilen unseres Einen Seins sind tief und wahr. Sie beruhen auf Liebe,

Vertrauen, Offenheit und Achtung. Es herrscht ein natürliches und tröstliches Gefühl gegenseitiger Unterstützung, tiefer Liebe und müheloser Vertrautheit. Unsere tiefinnersten Wesen sind in ekstatischer Heiliger Vereinigung zusammengeflossen. Wir sind hier, um einander mit all unserem Sein zu dienen. Wir sind bereit, alles zu geben und gleichzeitig alles zu empfangen.

Bei unseren Versammlungen und Meisterkursen haben viele diese Erweiterung erlebt. Auf diese Weise erreichen wir neue Energieebenen, die wir nie zuvor erfahren haben, und können ständig das Neue zur Welt bringen. Hüter müssen erst zu einem Wesen werden, bevor sie ihren Platz einnehmen und die erhöhte Energie für die ganze Gruppe aufrechterhalten können.

Ich habe es jahrelang getan und konnte auf diese Weise hoch eingestellte Bewußtseinsebenen erreichen. Wann immer ich in einem Saal voll fremder Menschen spreche, suche ich zuerst im Publikum nach Personen, mit denen ich mich leicht zu Einem Sein verbinden kann. Es sind immer ein paar da; sie sitzen entweder im letzten Winkel des Saales oder vorn in der ersten Reihe. Augenblicklich werde ich dann weiter, und meine Grundlage dehnt sich aus. Der nächste Schritt ist dann natürlich, das Eine Herz in Gang zu setzen und alle zusammen in die Einheit zu führen.

Wir haben ständig Gelegenheit, unser Eines Sein zu aktivieren. Ich habe es im Flugzeug getan, bei Elternbeiratssitzungen in der Schule meiner Kinder, bei langweiligen Geschäftstreffen, in Gerichtssälen, wenn ich in der Schlange stand und im Restaurant saß – wo immer Menschen versammelt sind. Man kann es auf der Stelle tun und braucht einander nicht einmal vorgestellt zu sein.Das Leben in dieser unwirklichen Welt wird viel lustiger, und du wirst dich wundern, was es alles bewirkt. Achte einfach auf den neuen Geist der Zusammenarbeit, der sich entwickelt, wenn alle ihr Herz öffnen und unser Eines Sein lebendig wird.

Der zwölfte Schlüssel:

Neutrale Zonen

Neutrale Zonen...

Neutrale Zonen
sind Stufen ins Unsichtbare.

Es gibt Inseln neutralisierter Energie, die überall in der planetarischen Energiematrix verstreut liegen. Es handelt sich um Orte, an denen man sich wohl und sicher fühlt, und ohne Eigenmerkmale sind. Alle neutralen Zonen fühlen sich gewissermaßen gleich an. Die Energie ist frei von äußeren Störungen, frei von unsichtbaren Resten. Hier herrschen eine Gleichförmigkeit und ein Gleichgewicht, wie sie nirgends sonst zu finden sind – ein überwältigendes Gefühl von Neutralität. Neutrale Zonen sind überall auf dem Planeten anzutreffen. Wir sollten sie so oft wie möglich aufsuchen und benutzen.

In einer Neutralen Zone kannst du
das Unsichtbare verankern.

Neutrale Zonen sind frei von alten Energien, von übersinnlicher Wirrnis und den Mustern der Dualität. Sie sind wie ein weißes Blatt, das darauf wartet, beschrieben zu werden. In einer solchen Atmosphäre kannst du leicht Zugang zum Unsichtbaren bekommen, denn es ist nichts da, was es am Eintreten hindert. Da Neutrale Zonen die Ausgangsbasen unserer zukünftigen Unternehmungen sind, ist es wichtig, sie als solche zu erkennen. Das geschieht am besten dadurch, daß du die Energie sondierst und spürst, ob sie leer oder voll alter Energien ist.

Neutrale Zonen liegen an verschiedenen Orten. Du kannst sie draußen in der Natur entdecken oder auch in einem Hotelzimmer. Ich wohne oft in modernen, für Geschäftsleute gedachten Hotels von einer sauberen, beinahe kargen Einfachheit, wenn ich auf Reisen bin. Hier finde ich meist eine neutrale Zone vor. An Orten, wo viele Antiquitäten oder Nippes herumstehen, findest du sie für gewöhnlich nicht. Der Platz muß ruhig und sauber sein, voll ungestörter, frischer Energien.

Da ich oft auf Reisen bin und in unzähligen Hotelzimmern übernachte, habe ich größte Hochachtung vor der Arbeit der Zimmermädchen. Ich finde, sie erweisen uns einen beachtlichen Dienst. Es ist faszinierend zu sehen, wie sie einen Raum voll wirrer, persönlicher Energien betreten und ihn ganz ruhig neutralisieren. Zimmermädchen sind Meister des Neutralisierens. Es ist eine wichtige Fähigkeit, also versuche ich, von ihnen zu lernen. Sie wischen alles sauber, nicht nur den Raum, sondern irgendwie gelingt es ihnen auch, gleichzeitig die Energie zu glätten. Wenn sie fertig sind, ist der Raum wieder wie neu, wie ein leerer Behälter, der darauf wartet, gefüllt zu werden.

Wenn möglich, solltest du mindestens einen deiner Räume, wenn nicht alle, zu einer neutralen Zone machen. Er wird dir zur Oase werden. Es ist leicht, hier die Einheit zu verankern und deine Klarheit zu behalten. Fang damit an, daß du die Unordnung beseitigst, denn Unordnung spiegelt ein unordentliches Denken wider. Wirf das Alte weg; es müssen ja nicht deine Lieblingssachen sein! Bring alles auf Hochglanz. Was du behältst, ordne sinnvoll an. Verbreite Schönheit und innere Ordnung um dich. Um deine neutrale Zone zu erhalten, mußt du die Energie täglich glätten und erneuern.

Neutrale Zonen in der Natur kommen selten in der Nähe großer Kraftorte und Hauptenergiewirbel vor. Hier sind zu viele Energien konzentriert, als daß es jene ruhige, klare Einfachheit geben könnte, die in einer neutralen Zone erforderlich ist. Sie sind auch nicht in Gebieten zu finden, auf denen noch Reste von Traumata lagern, wie etwa in Wäldern, die brutal abgeholzt wurden und seitdem nachgewachsen sind, oder auf früheren Schlachtfeldern. Suche statt dessen die verborgenen Winkel mit klarer Energie, die überall um uns her sind. Es sind gewöhnlich nicht die Orte von atemberaubender Schönheit, sondern die von ruhiger Heiterkeit.

Lerne die neutralen Zonen in deiner Gegend kennen. Und wenn du auf Reisen bist, versuche so oft wie möglich von einer neutralen Zone in die nächste zu gelangen. Es wird dich sehr darin unterstützen, grenzenlos zu leben.

Uralte Unschuld

In dem Maße, wie du tiefer in das Unsichtbare eindringst, wird dein eigenes Wesen zu einer neutralen Zone werden. Das geschieht, wenn du von deinen persönlichen Wünschen abläßt und in einen Zustand kommst, den wir uralte Unschuld nennen. Du erreichst ihn, wenn du die Reise von der kindlichen Unschuld durch Erfahrung und Weisheit hinter dir hast und eine neue Ebene des Staunens erreichst. Es ist ein Staunen, das auf dem Loslassen all dessen beruht, was du früher wußtest und erfahren hast. Wenn du selbst zu einer neutralen Zone geworden bist, strahlst du Heiterkeit und Liebe aus, und das trägt dazu bei, die Energie zu glätten, wo immer du bist.

Der dreizehnte Schlüssel:

Nullzonen

Nullzonen...

Nullzonen erschaffen die Gebärmutter für das Neue.

Eine Nullzone entsteht, wenn die Energie zunächst voll nach außen gerichtet ist und dabei irgendeine Art von Schlag oder Schock erhält, so daß sie in sich zusammenbricht. Die alten, festgesetzten Energiemuster sind jetzt zerschlagen und finden nicht mehr zu ihrer alten Form zurück. Sie sind unwiderruflich verändert. Die Energie einer Nullzone fühlt sich ausgefranst und rauh an, wund und sehr schmerzhaft. Sie ist der Zusammenbruch einer Welt oder eines Glaubenssystems, eines langgehegten Wunsches oder manchmal auch einer wichtigen Beziehung. Dieser Zusammenbruch erschafft die vollkommene Grundlage für etwas ganz Neues. Die Asche der Nullzone enthält ein enormes Potential zur Neugeburt.

Nullzonen können innerhalb eines bestimmten geographischen Gebietes, zum Beispiel eines Landes, einer Stadt oder eines Landstrichs, entstehen. Ein Krieg erschafft immer eine Nullzone, ebenso wie ein politischer Umsturz, wirtschaftliches Elend, Hungersnot oder Krankheit. Einige der geographischen Nullzonen des Planeten liegen im früheren Jugoslawien, in der früheren Sowjetunion, im früheren Mitteldeutschland und auch in Ruanda, Burundi, Somalia und Algerien. Länder wie Kambodscha, Libanon, Tibet, Afghanistan, Haiti, Nordirland, China und Äthiopien sind immer noch dabei, sich von den eben durchlaufenen Nullzonen zu erholen. Vietnam, Tschechien, Peru und Chile sind gute Beispiele für Länder, die eine Nullzone erlebt haben und jetzt dabei sind, neu geboren zu werden. Potentielle zukünftige Nullzonen liegen in den Vereinigten Staaten von Amerika, in Mexiko, Ägypten, Israel, Frankreich und Indien.

Eine geophysische Nullzone wird zu einer Art Schwarzem Loch, das magnetisch Energie anzieht. Alle Mißklänge, die möglicherweise in ihnen vorhanden sind, werden von einer solchen Nullzone verstärkt und aufgerüttelt. Deshalb ist es von äußerster Wichtigkeit, daß das Eine Herz an den Rändern dieser Nullzonen verankert ist. Aus diesem Grunde bin ich in den vergangenen Jahren mehrfach nach Finnland, Deutschland, Slowenien und Kroatien gereist. Es gibt jetzt starke, aktivierte Gruppen von wunderbaren, eifrigen Menschen, die das Eine Herz in den ersten dreien dieser Länder verankern. Diese mächtige Verankerung der Einheit gebietet der Weiterverbreitung der Nullzonen in diesen Teilen der Welt Einhalt.

Es gibt auch Nullzonen, die durch natürliche Phänomene entstehen, wie zum Beispiel durch ein Erdbeben, einen Wirbelsturm, eine Überschwemmung, einen Vulkanausbruch und andere sogenannte *Strafen Gottes.* Auch wenn sie auf der physischen Ebene verheerend sein mögen, führen sie oft nicht zu so anhaltendem Schmerz und tiefer Zerstörung der Energien wie die Nullzonen, die der Mensch erschafft. Die alten Muster werden vielleicht zeitweise zum Stillstand gebracht, aber nicht immer unwiderbringlich zerschmettert. Gewöhnlich bauen die Menschen, die von einer Naturkatastrophe betroffen sind, das Zerstörte unerschüttert wieder auf und halten sich dabei so gut wie möglich an die alten Muster. Dabei sind diese Arten von Nullzonen äußerst nützliche Gelegenheiten, unser Wachstum zu beschleunigen, denn sie können unsere innere Einstellung, unser Wertesystem und unsere äußeren Gewohnheiten und Muster verändern. Eine Naturkatastrophe zu erleben ist eine wunderbare Gelegenheit, die Kunst der Hingabe zu meistern und einen Durchbruch in etwas Neues zu erfahren.

Manchmal ist es der Tod eines Führers, der eine Nullzone hervorruft, wie zum Beispiel 1963 die Ermordung Präsident Kennedys in den Vereinigten Staaten. Sie brachte zwar dem Lande keine Nullzone, aber unserer Unschuld und unserem Idealismus. Auch der Tod des Hauptes einer Organisation oder ein Skandal, in den sie verwickelt ist, kann eine ganze Gruppe in die Nullzone bringen. Familien können in eine Nullzone geraten, wenn etwas ihre Einheit zerstört. Vergiß nicht, eine Nullzone ist nicht nur eine vorübergehende Krise, sondern ein Zusammenbruch der etablierten Energiemuster.

Die meisten, wenn nicht alle großen Städte haben Nullzonengebiete. Diese innerstädtischen Nullzonen sind wie schmerzhafte offene Wunden, welche die ganze Umgebung anstecken. Wenn die Bewohner der ganzen Stadt dies nur erkennen würden, dann könnten sie sehen, wie wichtig es ist, das Leid in ihrer Mitte zu heilen. Wenn ein hungriger, heimatloser Mensch draußen in der Kälte steht, dann spiegelt er jenen Teil von uns, der sich verlassen fühlt. Wir alle sind Teil des Größeren Wesens. Und wenn ein Teil des Größeren Wesens leidet, fühlen wir es alle. Es ist, wie wenn wir Zahnschmerzen haben: Das ist nicht nur das Problem des einen Zahnes, sondern etwas, was unseren ganzen Körper beeinträchtigt. Wir können nicht erwarten, daß der Zahn zum Zahnarzt geht und sich in Ordnung bringen läßt; wir müssen uns zusammentun und unseren ganzen Körper einsetzen, um die nötige Heilung zu manifestieren.

Nullzonen können auch in unserem eigenen Sein entstehen.

Was bringt uns in eine Nullzone? So ziemlich dasselbe wie in der äußeren Welt: das Zusammenbrechen eines langgehegten Ideals, die Auflösung einer wichtigen Beziehung, eine plötzliche verheerende Erschütterung unseres vorherrschenden Glaubenssystems, Drogenmißbrauch, Arbeitsverlust, eine ernste Krankheit; mentale, emotionale oder körperliche Traumata, und so fort. Wenn irgend etwas davon geschieht, bricht die Welt um dich und in dir selbst zusammen.

Eine andere Art von Nullzone kann auftreten, wenn du dein Sein tief in das Unsichtbare hinein erweitert hast. Sie wird durch einen plötzlichen und unerwarteten Einbruch der

Dualität hervorgerufen, wenn du in einem höchst empfindsamen Zustand und so aufgelöst und erweitert bist, daß du kaum noch existierst. Dies ist die schmerzhafteste Art von Nullzone. Sie fühlt sich an, als ob alle die Welten in den Welten über dir und in dir zusammenstürzen, *fallen, fallen* – wie ein gigantisches Kartenhaus. Bis jetzt habe ich noch nicht gelernt, das zu verhindern, obwohl ich mir sicherlich Mühe gegeben habe.

Was geschieht nach einer Nullzone? Deine Welt ist eingestürzt, und du bist voller Schmerz. Du sitzt inmitten der scharfen Splitter dessen, was du einmal kanntest und an was du geglaubt hast. Alles ist entweder zerbrochen oder nicht mehr da. Erlaube dir zu weinen und über den Verlust des Alten zu trauern. Das gehört dazu und beschleunigt tatsächlich das volle Durchleben der Nullzone. Ziehe in diesem Moment nicht einmal in Betracht, die Dinge wieder dahin zurückzubringen, wo sie waren. Das wäre nicht nur unklug, sondern absolut unmöglich. Stell dir vor, du versuchtest, die tausend Scherben einer außerordentlich komplizierten Skulptur aus hauchfeinen Fasern mundgeblasenen Glases wieder zusammenzukleben. Selbst wenn es dir gelänge, ein paar Teile zusammenzusetzen, hättest du keine Freude mehr daran. Und es wäre ganz gewiß nicht mehr dieselbe Skulptur, die du vorher hattest.

Nimm deine Nullzone an.

Akzeptiere, daß die Vergangenheit dahin ist, daß sie jetzt zu der *Vergangenheit, die niemals war,* gehört. Deine mögliche Zukunft ist auch verschwunden, ist Teil der *Zukunft, die niemals sein wird,* geworden. Und bitte vergiß nicht, daß Nullzonen aus einem bestimmten Grund geschehen. Sie treten tatsächlich auf, um uns zu helfen, aus alten, überholten Mustern auszubrechen; sie bieten uns die einzigartige Gelegenheit zu einem Quantensprung in einen tieferen Bereich des Unbekannten. Nullzonen sind die Gebärmutter des Neuen.

Der Phönix wird aus der Asche geboren.

Er wird aus der Asche geboren, nicht aus einem Blumenbeet, nicht aus einer Idylle. Sieh dich mal um! Schau dir all die Asche der Überzeugungen von gestern an! Du befindest dich jetzt in einer idealen Position, um neugeboren zu werden! Und du brauchst es nicht eilig zu haben, deine Wirklichkeit wieder zu erschaffen. Damit würdest du versuchen, die Glasplastik wieder zusammenzukitten. Sei eine Zeitlang einfach leer. Sei am Boden zerstört. Sei aller Überzeugungen beraubt. Genieße aus ganzem Herzen deine Offenheit und Freiheit von der Vergangenheit. Halte an nichts fest. Das mag vielleicht recht ungemütlich sein; oft ist es das. Na und? Du bist über deine Komfortzone hinaus gestreckt worden, und das ist nie leicht oder angenehm. Nimm es so anmutig wie möglich hin.

Jetzt sieh dich einmal gut um und schau, was du für Möglichkeiten hast. Richtig, du hast keine! Du kannst nirgendwohin gehen, außer wo du noch nie gewesen bist – ins ganz Neue. Gratuliere, du bist echt gut. Vielleicht ist jetzt, da du dich in der Gebärmutter des Neuen befindest, der richtige Augenblick, dein wahres Selbst zur Welt zu bringen.

Der vierzehnte Schlüssel:

Ich erwarte

Ich erwarte...

„Ich erwarte" ist ein Zustand
erhöhter Annahmebereitschaft,
der in der Gebärmutter
des Unsichtbaren zu finden ist.

Diese erhöhte Annahmebereitschaft oder aktive Passivität brauchen wir, während wir in der Gebärmutter des Unsichtbaren darauf warten, daß das Neue Gestalt annnimmt. Es besteht ein riesiger Unterschied zwischen gewöhnlichem Warten und dem Zustand des „Ich erwarte". Und es kann dabei ganz gewiß keine Langeweile aufkommen. „Ich erwarte" ist eine elegante Leere. Es bedeutet weder, daß du dich lahm zurücklehnst und darauf hoffst, daß irgend etwas passieren wird, noch gehst du los, um irgend etwas zu erzwingen. Es ist vielmehr eine aktive Lebendigkeit, verbunden mit der totalen Bereitschaft, alles zu geben. Aus dieser erhöhten Offenheit heraus geben wir alles hin und tauchen in die Wogen des Unsichtbaren ein.

Hier werden wir zu Blättern auf dem Wasser, treibend auf den unsichtbaren Strömungen, die uns zu unserem nächsten Schritt führen. Wir fühlen diese riesige Woge des Unsichtbaren überall um uns her, die mitten durch uns hindurchrollt. Jeder Augenblick ist durchtränkt von steigender Erwartungsfreude. Wir spüren, daß wir zutiefst verwandelt werden, und doch scheint es so lange zu dauern, bis diese Veränderungen auf der physischen Ebene sichtbar werden. Wir sehnen uns danach, unser verwandeltes inneres Sein in Einklang mit einer physischen Realität zu bringen, denn wir haben entdeckt, daß unser neues Selbst nicht mehr in das beschränkte Muster unseres alten Lebens paßt.

Jetzt müssen wir nur noch unser Drängen aufgeben und alles seinem eigenen vollkommenen Zeitablauf überlassen. Gib dich wieder den Wellen hin. Laß dich treiben wie ein Blatt... Im „Ich erwarte"-Zustand bleiben wir wach und durch und durch lebendig. Unsere alten Welten sind zerbrochen und haben ihren langen Sterbeprozeß abgeschlossen. Wir treiben in der Gebärmutter dahin und erwarten die Geburt unseres Neuen Selbst und unserer Neuen Welt.

Jede Vollendung
enthält in sich
die Samen des Neuen.

Während wir auf das Neue warten, können wir uns mit den unzähligen Einzelheiten der Vollendung beschäftigen. Bald entdecken wir jedoch, daß die Vollendung selbst sich sehr verändert hat. Wenn wir zur Zeit der Dualität etwas vollendeten, dann vollendeten wir in der Erwartung, zu einem späteren Zeitpunkt einen Neuanfang zu erleben. Jetzt merken wir, daß Vollendung und Neubeginn in der Einheit unauflöslich miteinander verwoben sind. Jeder Akt der Vollendung trägt als Samen unseren Neuanfang in sich. Es gibt keine Trennung mehr. Das Vollenden und Beginnen ist zu *einem* Vorgang geworden. Das macht den Akt der Vollendung einfacher und sehr viel angenehmer.

Der fünfzehnte Schlüssel:

Sich
aus der Zeit
lösen

Sich aus der Zeit lösen...

Zeit und Raum sind illusionäre Maße der Dualität.

Das Kontinuum von Zeit und Raum diente unserem auf der Dualität beruhenden Wirklichkeitssystem als definitive Grenze. Es ist der Rahmen all unserer irdischen Unternehmungen. Diese illusionären, von der Dualität auferlegten Maße halten uns in der alten Spirale gefangen. Sie stellten unsere Aktivitäten innerhalb der Landkarte dar. Wir bauen unser Leben um diese falschen Einheiten auf, ohne sie zu hinterfragen. Wir entwickeln Gewohnheitsmuster, um ihre Realität zu stärken. Aber sind Raum und Zeit wirklich?

Die Erdenzeit ist einfach eine abstrakte, illusionäre Energie, die nach Wunsch ausgedehnt oder angehalten werden kann, solange wir aus reinster Absicht handeln. Wir sehen, daß das so ist. Diese Befreiung von den Grenzen der Zeit gibt uns unendlich viel mehr Gelegenheiten zum Grenzenlosen Leben, als wir sie je zuvor hatten. In unserem täglichen Leben gibt es dafür zahlreiche praktische Anwendungsmöglichkeiten. Zuerst mußt du jedoch lernen, die Zeit anzuhalten. Die Übung dafür steht in meinem Buch „11 : 11 – Jenseits des Tores“. Wenn du die Zeit anhältst, kommst du in die Zone der Nicht-Zeit.

„Die Zeit ist etwas, was über die Größere Realität gelegt wird, aber sie dient auch einem Zweck. Die Größere Wirklichkeit wiederzuerschaffen, während wir inmitten der Illusion der Zeit leben, ist unsere Herausforderung.

„Man kann Zeit und Raum als ein feines Raster betrachten, das erschaffen wurde, um die formlose Essenz auszusieben und zu filtern. Dieses Sieben der formlosen Essenz durch die Maschen von Zeit und Raum trennt die Elemente, die dazu bestimmt sind, zusammengefügt zu werden.

„Wenn die formlose Essenz durch das Maschengewebe von Zeit und Raum läuft und dabei die Illusion der Getrenntheit erfährt, entsteht eine erhöhte Sehnsucht danach, in die Einheit zurückzukehren. Diese Sehnsucht erschafft eine Beschleunigung in den individuellen Einheiten des Bewußtseins, die zu einer tiefgreifenden Verwandlung führt."... *aus dem Unsichtbaren Tempel.*

Nicht-Zeit ist das Maß
der Größeren Wirklichkeit.

Indem wir zu Meistern der Zeit werden, lernen wir, ständig in einem Zustand der Nicht-Zeit zu leben, jeden Augenblick eines jeden Tages in diesem erhöhten Zeitmaß zu leben, im Pool der unendlichen Möglichkeiten.

• Uns aus der Zeit lösen •

Uns aus den Grenzen von Zeit und Raum zu lösen ist eine der Vorbedingungen für Grenzenloses Leben. Nimm also deine Uhr ab und mach dich bereit, eine tiefere Ebene der Freiheit zu erleben. Laß uns damit beginnen, daß wir uns die Zeit einmal genauer ansehen. Wir haben diese Abschnitte von jeweils 24 Stunden, eingeteilt in den sogenannten Tag und die sogenannte Nacht. Der Tag wird im allgemeinen so definiert, daß der Himmel hell ist; Nacht ist es, wenn der Himmel dunkel ist. Auf einer mehr esoterischen Ebene kann man sie auch als Zeiten der Herrschaft entweder der Sonne oder des Mondes betrachten.

Von Geburt an haben wir gelernt, unser Tun dem Zyklus von Tag und Nacht anzupassen. Morgens steht man auf und nimmt eine Mahlzeit zu sich, die Frühstück genannt wird. Dann arbeiten wir bis zum Mittag und essen dann eine zweite Mahlzeit. Darauf folgt für gewöhnlich eine weitere aktive Phase, wenn auch manche Kulturen nach der Mittagsmahlzeit eine Ruhepause einlegen. Am Abend essen wir wieder und beschäftigen uns dann in unserer freien Zeit, bis wir für den Rest der Nacht schlafen gehen. Das ist mehr oder weniger der normale Ablauf. In dem Maße, wie wir unser Sein in dieses starre Schema einordnen, bleiben wir an das Kontinuum von Raum und Zeit gebunden.

Um dieses Kontinuum sind verschiedene Gewohnheiten und Glaubenssysteme entstanden.

Zum Beispiel:

- *Wir brauchen eine bestimmte Menge Schlaf, um fit zu sein.*

- *Wir müssen regelmäßig essen, um gesund zu bleiben.*

- *Tagsüber sind wir wach; nachts schlafen wir.*

- *Es ist nie genug Zeit für alles.*

Wir sind tatsächlich viel größere Wesen, als uns das bewußt ist, und sind an sich unabhängig von Zeit und Raum. Wir sind schon von jeher in der Größeren Wirklichkeit verankert und brauchen nur ein paar unserer Hüllen abzustreifen, um bei vollem Bewußtsein dort zu sein. Wenn wir uns aus Zeit und Raum lösen, können wir uns auch von unseren begrenzenden Gewohnheiten befreien.

Zunächst müssen wir alles mit neuen Augen betrachten, so als wären wir soeben erst auf dem Planeten gelandet. Nimm die Klammern ab, die dich in den Klauen von Zeit und Raum gehalten haben. Tu einen Moment lang so, als wärst du auf einem Planeten, dessen Tage und Nächte nur wenige Stunden dauern, so daß es dir unmöglich wird, deine normalen Tätigkeiten so auszuführen wie gewöhnlich. Da wir jetzt keinen ordentlichen Zeitplan mehr haben, müssen wir uns stattdessen von unseren natürlichen Neigungen leiten lassen und lernen zu essen, wenn wir hungrig sind, zu schlafen, wenn wir müde sind, schöpferisch zu sein, wenn wir eine Eingebung haben.

Wenn wir uns einmal gelöst haben, beschleunigt sich alles, und die Energien sind erhöht. Die Schwingungen haben sich unermeßlich beschleunigt. Wir sind in die ewige Nicht-Zeit der Größeren Realität eingetreten. Jetzt wollen wir unsere alten Vorstellungen einmal unter die Lupe nehmen:

- *Wir brauchen jede Nacht eine bestimmte Menge Schlaf, um fit zu sein.*

Wir können ganz gut ohne Schlaf auskommen, wenn es nötig ist. Wenn man sich in einem erhöhten Zustand der Losgelöstheit befindet, braucht man manchmal tagelang wenig oder gar keinen Schlaf und ist nicht einmal müde. *(Mein persönlicher Rekord sind acht Tage ohne Schlaf. In einigen Nächten während dieser Phase schlief ich ein bis zwei Stunden. Ich war die ganze Zeit hellwach, wenn auch eindeutig in einem veränderten Bewußtseinszustand.)* Manchmal braucht man dagegen sehr viel Schlaf, besonders in Zeiten der Verarbeitung und Neuordnung von Energien. Das ist in Ordnung; achte immer auf deine Bedürfnisse.

- *Tagsüber sind wir wach; nachts schlafen wir.*

Bitte meine nicht, wenn du dich einmal für die Nacht hingelegt hast, müßtest du auch bis zum Morgen im Bett bleiben. Wenn du mitten in der Nacht erwachst, hat das oft einen guten Grund. Spüre die Energien, wenn du aufwachst; was geschieht um dich herum? Vielleicht möchtest du einen Augenblick hinausgehen und in die Natur zu schauen. Oft werden wir geweckt, um etwas wirklich Mystisches am Himmel zu betrachten. Vielleicht ist es auch Zeit, aufzustehen und etwas Kreatives zu tun. Die Tiefe der Nacht ist eine ganz besondere Zeit.

Die Welt ist still; all die üblichen Mißklänge sind zur Ruhe gekommen. Es ist eine wunderbare Zeit zum Schreiben oder um das Unsichtbare zu betrachten oder zu erforschen. Lerne, deine Nächte zu öffnen und dein Wesen zu befreien.

Unsere gesamte Einstellung zum Schlaf ist in einer gründlichen Wandlung begriffen. Eine der Hauptfunktionen des Schlafes war die, uns Zeit zu geben, in unser Unbewußtes einzutauchen. In dem Maße, wie wir unser Unbewußtes mit unserem bewußten Wesen mischen und unser Wahres Selbst zum Ausdruck bringen, werden wir merken, daß wir weniger Schlaf brauchen. Dazu ist es nötig, daß wir uns jeden Tag Zeit nehmen, um die Kunst des Nicht-Tuns zu praktizieren – still zu sein, die Welt um uns loszulassen und in die Einheit zu schmelzen.

Wir können unser Wesen auch auf die Weise auffüllen, daß wir in die erhöhte Nicht-Zeit eintreten. Ich mache das oft, wenn ich müde bin und absolut keine Zeit habe, mich auszuruhen. Lege dich ein paar Minuten hin und löse dein Wesen vollständig in der Einheit auf. Schlaf nicht ein; laß einfach deine Moleküle in die Matrix der Einheit schmelzen, bis du keine körperliche Form mehr hast. Alles wird sehr abstrakt und schwebend.

Die Spannung, die daher rührt, daß du dich in einer körperlichen Form hältst, fließt vollständig ab. Dabei bleibt ein kleiner Teil von dir noch wach genug, um die Geräusche im Raum zu hören, während der Rest von dir nicht mehr als individuelles Wesen existiert. Du kannst scheinbar äonenlang so schweben und dann, wenn du zur Uhr schaust, merken, daß nur fünf Minuten vergangen sind. Wenn du aufstehst, bist du durch und durch erfrischt!

- *Wir müssen regelmäßig essen, um gesund zu bleiben.*

Wenn du auf den Wellen des Unsichtbaren reitest und dich von Zeit und Raum löst, brauchst du eigentlich keine physische Nahrung mehr. Du ernährst dich von den beschleunigten

Energien um dich her, von den Lichtfrequenzen und der Liebe. Es ist ähnlich wie bei deiner ersten Verliebtheit und ganz anders als das Fasten aus spiritueller Disziplin, das nichts anderes ist, als sich Nahrung vorzuenthalten, während man in einem normalen Bewußtseinszustand ist.

Wenn du Hunger bekommst, solltest du essen. Aber meine bitte nicht, du bräuchtest ein bestimmtes Essen, weil es gerade die entsprechende Tageszeit ist. Du kannst essen, was du willst und wann du willst. Wirf die Vorstellung von Frühstück, Mittagessen und Abendessen über Bord. Laß den Gedanken von drei Tagesmahlzeiten los. Iß mit offenem Bewußtsein und hungrigem Magen.

Es gibt Zeiten, wo du sehr viel essen willst. Oft geschieht das, wenn wir unter Schock stehen oder einen Mangel an Liebe oder Gesellschaft in unserem Leben empfinden. In diesen Fällen ändern und erweitern wir am besten unsere Einstellung zur Liebe und lernen zu sehen, daß die Liebe uns ständig umgibt. Wenn wir selbst die Große Liebe sind, hört die Gier nach Essen auf.

Ein starkes Verlangen nach Essen kann auch auf eine Zeit der inneren Neuordnung hinweisen, wenn wir zum Beispiel unser Wesen sehr erweitert haben und jetzt versuchen, diese Veränderungen in unser tägliches Leben einzubringen. In diesem Falle esse ich gewöhnlich ununterbrochen. Der Hunger hört auf, wenn die Energien integriert sind. Manchmal ißt man mehr, wenn man zusätzliche Erdung braucht. Du mußt nur aufpassen, daß dies nicht deine einzige Form der Erdung ist und daß deine Eßanfälle nur zeitweilig auftreten, dann ist alles in Ordnung.

Auch unsere Einstellung zum Essen befindet sich in einem grundlegenden Wandel. Etwas ganz Neues ist im Kommen. Ich weiß noch nicht, wie es sich manifestieren wird. Vielleicht werden neue Nahrungsmittel eingeführt, neue Arten, Nahrungsmittel zu kombinieren, oder vielleicht transzendieren wir das Essen überhaupt. In der Zwischenzeit, in dieser etwas verwirrenden Übergangsphase, ist es am besten, auf deinen Körper zu hören, der dir sagt, was am besten für dich ist. Für manche ist es gesunde Vollwertkost, manche müssen auch dichtere Nahrung zu sich nehmen, um geerdet zu bleiben. Was du auch wählst, tu es bewußt und dankbar. Und bleibe immer offen dafür, daß etwas Neues kommt.

- *Es ist nie genug Zeit für alles.*

Wenn wir die Zeit meistern, können wir sie ausdehen und alle Zeit der Welt bekommen. Wir können sie, wenn nötig, auch beschleunigen. Wir können die Zeit wie die flüssige Energie behandeln, die sie in Wahrheit ist, und uns dieser Energie bedienen, wenn wir sie brauchen.

Der sechzehnte Schlüssel:

Sich vom Raum lösen

Sich vom Raum lösen...

Der Raum ist das Maß der Entfernung zwischen getrennten Dingen auf der physischen Ebene.

Er wird definiert durch ein Gefühl von *hier und dort.* Um einen endgültigen Begriff von Raum zu bekommen, mußt du zuerst an die Illusion der Getrenntheit glauben. Wenn du dein Sein einmal in der Einheit verankert hast, löst sich das Gefühl der Getrenntheit auf. Der Raum wird größer und umfaßt alles. Es gibt keine Entfernung zwischen den Dingen, kein *hier und dort* mehr. Alles ist in der Einheit aufgehoben. Wenn wir in einem bestimmten Punkt in der Einheit stehen, haben wir unmittelbar Zugang zu allem anderen. Es ist wie ein Hologramm. Ist ein Teil des Hologramms zu sehen, hat man Zugang zu dem ganzen.

Wenn du das einmal verstehst, wirst du entdecken, daß du die Grenzen der Entfernung überwinden kannst, wenn du dich durch dein Grenzenloses Leben in deiner Unendlichkeit verankerst. Engen wir uns dagegen auf die dreidimensionale Perspektive ein, bleibt die Entfernung bestehen. Da wir jedoch viel mehr sind als rein körperliche Wesen, ist es ziemlich leicht, uns aus dem Raum zu lösen.

Losgelöst zu sein hat in unserem täglichen Leben zahlreiche praktische Vorteile. Wir können uns diese Fähigkeit bei Freundschaften mit Menschen zunutze machen, die weit entfernt leben. Wir spüren sie immer ganz nahe bei uns. Wir können wunderbaren Umgang miteinander haben und brauchen nicht einmal Briefe zu schreiben! Wenn du wissen willst, wie ein bestimmter Teil der Welt sich fühlt, stimme dich einfach auf ihn ein. Er ist hier, mit dir in die Matrix des Einen verwoben.

• Reisetips für Losgelöste •

Aus den Vorstellungen von Zeit und Raum gelöst zu sein, ist auf Reisen überaus nützlich. Ich reise in der Welt ganzen herum und benutze diese Techniken wo immer ich mich aufhalte. Sie funktionieren wirklich und machen das Reisen leicht und unendlich viel angenehmer.

Hier ein paar Beispiele:

• Flugzeuge •

Werde zuerst so groß wie das Flugzeug und verschmelze dann mit ihm zu Einem Wesen. Das steigert deine Sicherheit erheblich, denn das Flugzeug ist jetzt in die erhöhten Energien der Einheit eingewoben. Schließe jetzt alle deine Mitreisenden und die Besatzung in das Eine Herz ein. Aber Vorsicht: es hat manchmal eine sehr starke Wirkung. Ich war auf manchen Flügen so voller Liebe, daß ich nicht aussteigen wollte. Du wirst merken, daß diese Übung auch die Tüchtigkeit der Flugbegleiter erhöht. Die Mahlzeiten werden schnell serviert!

Lehne dich jetzt zurück, entspanne dich und tritt in die Nicht-Zeit ein. Du wirst einen klaren Lichtkanal bemerken, der sich zwischen deinem Abflugsort und dem Ziel deiner Reise aufspannt. Dein Flugzeug gleitet durch diesen Kanal und bringt dich mühelos ans Ziel. Du merkst gar nicht, wie die Stunden vergehen, denn du ruhst im zeitlosen Augenblick der Nicht-Zeit. Ich kann in Flugzeugen nicht schlafen, weil zu viel Energie in einen kleinen Raum gestopft ist, und diese Übung hilft mir wirklich, klar zu bleiben.

Wo wir gerade von Flugzeugen sprechen – hier ist eine kleine Übung, die ich entdeckt habe, um Turbulenzen zur Ruhe kommen zu lassen. Ich weiß nicht warum, aber sie scheint zu wirken. Wenn das Flugzeug zu rütteln anfängt, stelle deine Füße gerade auf den Boden. Lege die Hände mit den Handflächen nach unten auf die Oberschenkel. Jetzt hebe die Hände 12 bis 25 cm von den Beinen. Gib sehr viel Energie in deine Arme und Hände, bis sie fast steif werden. Sie werden jetzt zu einer Art Stabilisatoren für das Flugzeug. Laß immer weiter starke Energie in deine Unterarme und Hände fließen, bis das Flugzeug wieder ruhig fliegt. Viele von uns haben diese Prozedur ausprobiert, und sie wirkt!

• Autos •

Wenn du im Auto unterwegs bist, ist es wichtig, dich auf das Frequenzband der Energie einzustellen, das von deinem Ausgangspunkt zu deinem Ziel führt. Tu es, noch bevor du den Motor anläßt. Fühle die Wellen des Unsichtbaren, die zu deinem Ziele führen, und springe darauf. Dann lasse den Motor an. Auf den feinen Strömungen des Unsichtbaren zu fahren ist ein ganz neues Erlebnis. Es ist fast so, als führe man mit einem automatischen Piloten. Du kannst dich zurücklehnen und die Fahrt genießen.

Auf den feinen Energiewellen zu fahren ist besonders hilfreich, wenn du nicht mehr weißt, wo du bist. In einem solchen Falle ist es das Beste, nicht mehr zu denken und sich stark auf die Wellen einzustimmen. Folge ihnen bedingungslos, wohin sie dich auch führen, und schließlich landest du gerade vor der Tür, die du suchtest.

Ich sollte dich jedoch wahrscheinlich warnen, daß manchmal auch etwas Unerwartetes geschehen kann. Manchmal beschließen dein Auto oder die Wellen auch, daß du besser woanders hinfährst als zu deinem vorgegebenen Ziel. In diesem Falle kannst du entweder der Energie folgen und sehen, wohin sie dich führt, oder du mußt wach genug sein, die Abweichung von deiner gewählten Route zu bemerken und das Steuer wieder selbst in die Hand nehmen. Das hört sich vielleicht seltsam an, aber es kommt in den besten Familien vor. Ich persönlich hatte viele unerwartete Abenteuer, wenn die Wellen mich in eine andere Richtung zogen als in die, die ich zu fahren meinte. Ich habe einen Flohmarkt in Santa Fé besucht *(tolle Sachen gekauft)*, Filme gesehen, wenn ich dachte, ich sei auf dem Heimweg *(gefielen mir alle)* und bin in zahlreiche verrückte Abenteuer geraten.

Einmal in Patzcuaro, Mexiko, zogen mich die Energien von meinem angestrebten Ziel weg und führten mich ans Ufer eines Sees, aus meinem Auto heraus, auf ein Boot, das zu einer Insel in der Mitte des Sees fuhr, und dort auf einen Hügel hinauf, der sich mitten auf der Insel erhebt. Ich stand nun vor einer aus einem Steinblock gehauenen Statue eines Mannes, der die Faust zum Himmel reckte. Augenblicklich erschien ein kleines Indianermädchen, nahm mich bei der Hand und führte mich um den Sockel der Statue herum. Die ganze Zeit sang sie etwas für mich, ein bezauberndes Lied in einer alten Sprache. Als wir unseren Gang um die Statue beendet hatten, verbeugte sie sich vor mir und verschwand ohne ein Wort. Dann zogen mich die Energien den Hügel hinunter, an all den Geschäften vorbei, in die ich gern hineingegangen wäre, vorbei an Restaurants mit köstlich duftendem Essen, auf ein Boot, das gerade auslief und mich zurück zu meinem Auto brachte, wo ich eine Zeitlang in verblüfftem Schweigen sitzen blieb; mein ursprüngliches Ziel hatte ich völlig vergessen.

Beim Autofahren kann es auch geschehen, daß du Entfernungen einfach überspringst. Das heißt, daß du eine Entfernung, zu der du normalerweise sieben Stunden Fahrzeit brauchst, in der Hälfte der Zeit bewältigst. Es geschieht nicht dadurch, daß du Geschwindigkeitsrekorde brichst, sondern durch die Losgelöstheit. Reisen mit dem Auto wird auf jeden Fall leichter. Natürlich mußt du besonders wachsam sein, sonst saust du vielleicht an deinem Ziel vorbei, weil du denkst, du erreichst es erst in ein paar Stunden. Auch wenn du unterwegs irgendwelche Orte aufsuchen willst, ist es besser, sie vorher einzuprogrammieren, sonst liegen sie vielleicht gerade in dem Abschnitt, den du übersprungen hast. In diesem Fall wirst du nicht den geringsten Hinweis auf sie erblicken. Es ist, also ob es sie nie gegeben hätte. In einem losgelösten Zustand mit dem Auto unterwegs zu sein ist ein ständiges Abenteuer.

• Schiffe •

Schiffe sind ein Fall für sich, denn sie alle, groß oder klein, können dich ins Unsichtbare führen. Die Tatsache, daß du auf dem Wasser bist, wirkt wie ein Katalysator, der dich tiefer ins Unsichtbare hineintreibt. Sieh dich das nächste Mal, wenn du ein Schiff besteigst, auf einer himmlischen Barke, die dich tief ins Unsichtbare trägt. Dann spüre, was geschieht! Obwohl du dir deiner Umgebung ganz bewußt bleibst, wirst du auf deiner Reise faszinierende Erlebnisse und tiefe Offenbarungen haben.

Kilo O Kalani Nui I Mamao

Schiffsreisen erwecken oft tiefsitzende Erinnerungen in uns. Besonders bei Segelschiffen und Kanus ist das so. Viele unserer alten Wanderungen auf dem Planeten sind per Schiff geschehen. Die eingeborenen Völker des Pazifischen Ozeans haben viel Erfahrung in dieser Art von Reisen, besonders die Polynesier und Mikronesier. Manche von ihnen besitzen noch ein fortgeschrittenes Wissen um die himmlische Navigation auf den feinen Strömungen. Sie sind Meister der Wogen und wissen, wie man sich den vorherrschenden Strömungen und der Stellung bestimmter Sternensysteme anpaßt. Manche von ihnen hüten noch Geschichten ihrer ersten Wanderung auf diesen Planeten durch die Sternenwogen von *jenseits des Jenseits.* Und ich habe gehört, daß die Seefahrer der frühesten Zeit weit geöffnet ihre Kanus bestiegen; bevor sie vom Ufer abstießen, sangen sie ihrem Boot ihr Ziel vor. Das klingt sehr nach „Ich erwarte"!

Der siebzehnte Schlüssel:

Bezüglich Beziehungen

Bezüglich Beziehungen...

Beziehungen: Unsere höchste Herausforderung und äußerste Grenze

Beziehungen gehören seit je zu unserenr Schlüsselthemen, sie fordern uns am meisten heraus. Verzweifelt sehnen wir uns nach ihnen, und wenn wir sie dann haben, fühlen wir uns oft erstickt und enttäuscht. Das liegt daran, daß die meisten Beziehungen noch innerhalb der Grenzen der Dualität ablaufen. Das hat nahezu alle Aspekte von Beziehungen in Mitleidenschaft gezogen und verzerrt. Unser unzweckmäßiges Beziehungsmodell ist zur akzeptierten Norm geworden.

Die neuen Beziehungsebenen sind im Entstehen begriffen. Wieder einmal sind wir die Hebammen in diesem Prozeß. Und natürlich sind wir auch die Versuchskaninchen, die heruaszufinden haben, welcher Art diese neuen Formen von Beziehungen eigentlich sind. Das Leben im Versuchslabor der Liebe wird uns nicht langweilig werden, und zweifellos wird es uns zum Grenzenlosen Leben herausfordern.

Hier ein paar nützliche Hinweisefür den Anfang:

• Wie klar verhalten wir uns in Beziehungen? •

Wenn zwei oder mehr Menschen eine Beziehung eingehen, übertragen sie ihre Energien aufeinander und teilen ihre innere Essenz. Es kommt zu einer Vermischung ihrer Aurischen Felder. Es ist daher von höchster Wichtigkeit, so sauber und klar wie möglich miteinander umzugehen. Wir müssen in jedem Augenblick offen, ehrlich und äußerst achtsam sein.

Wir haben viele unklare Gewohnheiten angesammelt, die uns daran hindern, uns in Beziehungen klar zu verhalten. Die meisten von ihnen sind uns völlig unbewußt, daher ist es wichtig, sie aufzustöbern und mitleidlos auszurotten. Bitte überprüfe, ob du irgendeine der folgenden Angewohnheiten hast:

die Energieräuber:

Das sind solche, die sich dir nähern und sofort deine Energie anzapfen, um sie für sich zu verwenden. Vielleicht handelt es sich um Schamanen in der Ausbildung, die den einfachen Diebstahl üben, wo es doch von dieser Kraft in Wahrheit einen unerschöpflichen Vorrat gibt. Sie sagen: „Oh, ich bin verrückt nach deiner Energie!" während sie versuchen, sie dir abzuziehen. Als Gefangene der horizontalen Energie gefangen, nähren sie sich lieber aus zweiter Hand, als sich an die universale Energiequelle anzuschließen.

die Kraken:

Kraken sind extremer als normale Energieräuber. Sie haben ein äußerst vereinnahmendes Wesen. Sie kommen daher und heften sich an dich wie Parasiten. Es ist ein schreckliches Gefühl; ich denke dabei immer an Kreaturen der Tiefsee, mit Saugnäpfen an den Armen. Vielleicht suchen sie nichts anderes als Einheit, aber sie tun es auf zweifellos auf verdrehte Weise. Wenn sich eine Krake an dich geheftet hat, fühlst du ein dickes, schweres Gewicht, das an dir hängt. Es ist *kein* angenehmes Gefühl. Ich bemühe mich, Kraken aus dem Weg zu gehen, wo ich nur kann. Wenn ich trotzdem von einer eingefangen werde, schüttele ich sie augenblicklich ab. Es ist eine tiefe Energieinvasion, und du solltest aufpassen, daß du so etwas nicht mit irgend jemandem machst. Kraken sind sich nämlich gewöhnlich ihres Tuns gar nicht bewußt.

Matsch:

Das sind Menschen, die ständig ihre gestaute Energie um sich entladen. Diese abgestoßene Energie bleibt wie ein dicker

Matsch an allem kleben. Es ist eine ekelhafte, beinahe Übelkeit erregende Energie, wie ein verroteter Sumpf. Matsch wird oft durch Seufzen, Husten, Rülpsen und Furzen entladen. Wenn du Matsch mit dir herumschleppst, mußt du andere Methoden finden, um die Gifte aus deinem System auszuscheiden. Nimm irgendeine Art der Reinigung vor, wie zum Beispiel Fasten, Darmübungen, eine Ernährungsveränderung, und kombiniere sie mit regelmäßigen Körperübungen. Verbringe viel Zeit im Freien. Das wird dich von der gestauten Energie in dir befreien, und du wirst dich erheblich besser fühlen.

die Heuchler:

Heuchler tun so, als ob sie etwas wären, was sie nicht sind: Starke Leute geben vor, schwach und bedürftig zu sein; kluge Leut tun so, als wüßten sie nichts; unsichere Leute spiegeln Selbstvertrauen vor; Selbstbewußte Leute geben sich den Anschein der Unsicherheit, und so fort. Hast du dich je gefragt, warum du das tust? Vielleicht glaubst du, du würdest mehr gemocht, wenn du deine wahren Fähigkeiten vertuschst. Aber von wem wirst du dann mehr gemocht? Wenn die Zuneigung irgendeines Menschen davon abhängt, daß du etwas bist, was du nicht bist, dann läßt du den Betreffenden besser aus deinem Leben verschwinden und wirst wirklich! Es ist in Ordnung, stark, schwach, fähig oder zerbrechlich zu sein, solange es die Wahrheit ist. Sei ehrlich zu dir selbst, *bevor* du mit anderen eine Beziehung eingehst. Andernfalls bauen alle deine Beziehungen auf einer falschen Grundlage auf, und du wirst immer unterdrückt werden.

die Beeinflusser:

Beeinflusser können es einfach nicht lassen, zu versuchen, jemandes Energie zu verändern. Mit horizontaler Energie nähern sie sich uns, und mit einem kleinen Druck hier und einer feinen Berührung da versuchen sie, in den Code unseres Wesens einzubrechen. Das schlimmste ist, daß sich die meisten Beeinflusser überhaupt nicht darüber im klaren sind, was sie tun. Oft benutzen sie eine Reihe kurzer Klapse auf die Innenseite deiner Handgelenke oder auf deinen Rücken, um sich an deiner Energie zu schaffen zu machen. Ich glaube, diese Leute tragen eine Energie mit sich herum, die nicht ihre wahre Essenz ist und möglicherweise von einer fremden Wesenheit stammt. Heilung erfolgt dadurch, daß man sich selbst bis auf den innersten Kern entblößt, wo es keine andere Energie gibt als das eigene nackte Selbst. Und daß man da bleibt!

die Besitzer:

Besitzer wollen stets alles von dir, und das zu jeder Zeit. Sie wollen immer wissen, wo du dich gerade aufhältst. Sie sind von unkontrollierbarer Eifersucht und überwältigenden Ängsten getrieben, die mit dem Namen Liebe tarnen. Wie unsicher sie sind! Oft wütend und fordernd, haben Besitzer das Gefühl, daß sie die Beziehung verlieren, wenn sie nur einen Augenblick lang die Kontrolle aufgeben. So klammern sie immer mehr, bis das Objekt ihrer Zuneigung entweder erstickt, entflohen oder völlig kraftlos ist.

der Schwamm:

Schwämme definieren sich ausschließlich durch ihre Rolle in der Beziehung. „Ich bin Frau Charles Jabadar" – „Ich bin Ninas Mann." Sie haben ihre eigene Identität verloren. Sie essen, was ihr Partner ißt, hören die Musik, die ihr Partner hört,und so fort. Was immer ihr Partner tut, werden auch sie tun. Schwämme schrumpfen beinahe zu einem Anhängsel ihres Partners, so wie ein dritter Arm. Nun, meine Lieben, eines Tages werdet ihr euch der großen Frage stellen müssen – wer bin ich wirklich?

der Waschlappen:

Waschlappen sind gern abhängig. Sie haben ihre Unabhängigkeit vermutlich nie erprobt. Sie sitzen in den Ecken des Lebens herum und lassen die anderen für sich schaffen. Es ist, als wären sie ausgestiegen, bevor sie überhaupt eingestiegen sind. Da Waschlappen nicht gern eigene Energie aufbringen

(Energiebewahrung sozusagen!) brauchen sie sehr viel Zeit, Mühe und Energie von dir. Sei darauf vorbereitet, alle Entscheidungen zu treffen, alle Verantwortung auf dich zu nehmen und deinen schlaffen Partner mit dir herumzuschleppen. Wenn du ein Waschlappen bist, ist es an der Zeit, tief in dich zu gehen und die verborgene Verdrängung herauszufinden. Warum fürchtest du dich vor dem Leben? Vielleicht ist es, da du doch einen physischen Körper hast, an der Zeit, endlich zum Leben zu erwachen?

Wie du an dieser langen, aber keineswegs erschöpfenden Liste sehen kannst, ist es lebenswichtig, dir die Klarheit und Integrität deiner Energie zu erhalten. Wie kannst du eine gesunde Beziehung haben, wenn du in deiner Energie noch nicht klar und im Gleichgewicht bist?

Wir sollten uns auch die unbewußten, vorprogrammierten Reaktionen ansehen, die wir haben, wenn wir mit anderen in Beziehung treten. Manche von ihnen haben wir uns als „gesellschaftliche Umgangsformen“ zugelegt, zum Beispiel das Händeschütteln, wenn wir einander begrüßen und die Frage „Wie geht's?“, wenn es uns eigentlich völlig egal ist, wie es dem anderen geht. Oder wenn wir selbst gefragt werden, immer zu antworten: „Danke, gut“, weil es niemanden wirklich interessierte, wenn es dir nicht gut ginge.

Dann gibt es da noch das New Age-Benehmen, einander intensiv in die Augen zu starren. Stundenlang... Das sperrt dich in die Energien des Dritten Auges ein und bringt dich ganz gewiß nicht in eine tiefere Einheit.

Weniger ist immer mehr.

Wir arbeiten mit den feinen Energien des Unsichtbaren. *Weniger ist mehr.* Wir brauchen keine tiefen, herzlichen Umarmungen, um uns jemandem nahe zu fühlen. Eine leichte Berührung der Fingerspitzen ist viel stärker. Und sauberer! Noch einmal... SEI WIRKLICH. Sei Licht. Wenn deine Energie einmal klar ist, ist es Zeit, der Liebe Platz zu machen!

• Schaffe in deinem Leben Raum für Liebe •

Wenn dein Leben mit allen möglichen Aktivitäten und oberflächlichen Freundschaften vollgestopft ist, wenn du immer in der Gegend herumrennst, wenn du keinen Augenblick für dich hast, wie wirst du da in eine Beziehung hineinpassen? Eine Partnerschaft ist wie ein Garten; sie braucht viel Platz zum Wachsen. Sie braucht Sonne, Nahrung und Aufmerksamkeit. Ganz zu schweigen vom ständigen Unkrautjäten. Hast du Zeit für eine Beziehung?

Wenn nicht, und wenn du gern eine Beziehung hättest, dann solltest du jetzt anfangen, Raum für sie zu schaffen, *bevor* sie in dein Leben tritt. (Wenn du eine bereits bestehende Beziehung neu ordnen willst, trifft dasselbe zu.) Denk daran: Das Neue wird aus der Leere geboren, nicht aus einem vollgestopften Raum. Es ist eine schwangere Leere, die bedeutet, daß du die nötige Arbeit an dir getan hast und bereit bist, zu gehen, wohin immer die Wogen dich tragen.

Wenn du eine leere Offenheit um dich geschaffen hast, dann verharre in der erhöhten Annahmebereitschaft des „Ich Erwarte“. Bis diese Beziehung sich manifestiert, kannst du dein Bewußtsein von Alleinsein auf All-Eins-Sein umschalten. Sei in alles verliebt!

• Sei die Liebe! •

Wenn wir wirkliche Liebe erleben wollen, müssen wir sie zunächst verkörpern. Werde ein Meister der Liebe. Wir müssen in einem ständigen Zustand der Liebe sein, jeden lieben, alles lieben, dem wir begegnen. LEBE DIE LIEBE. Verbreite diese Liebe um dich, wann immer du in die Welt hinausgehst. Das umfaßt auch die Bedienung im Restaurant, die Bankangestellten, den Mann an der Tankstelle, und vergiß nicht die Fremden, an denen du auf der Straße vorbeigehst! Liebe sie!

Und beschränke deine Liebe nicht auf Menschen. Liebe auch die wilden Geschöpfe, sogar die Fliegen und die Spinnen.

Liebe den Regen, die Steine, die Straßen, deine Bratpfanne, die Bäume, die Möbel. Ich habe einmal eine wunderbare Geschichte über C.G. Jung gelesen, der wirklich ein brillanter Mensch war, und wie er jeden Morgen, wenn er in die Küche kam, alle seine Kochtöpfe begrüßte. Er hatte den richtigen Gedanken und wußte, daß sogar die sogenannten unbelebten Gegenstände Lebenskraft enthalten. Alles und jedes hier auf Erden braucht Liebe.

• Bringe zuerst dein wahres Selbst zur Welt •

Wir wollen *neue* Arten von Beziehungen erleben, stimmt's? Du weißt, was das heißt, nicht wahr? Es setzt voraus, daß wir, bevor wir im Neuen leben können, zu Neuen Wesen werden müssen. Andernfalls könnte uns hier und jetzt der traumhafteste Partner vorgestellt werden, und wir wüßten nicht, was mit ihm anfangen! Wir würden bloß unsere alten Beziehungsmuster wieder hervorholen, die wir aus der Dualität kennen.

Deshalb mache dich zuerst von der Dualität frei, verwandle deinen Emotionalkörper und stelle ihn auf das Eine Herz ein, lerne Grenzenlos zu Leben und bringe dein Neues Selbst zur Welt. Das erhöht deine Chancen zu einer erfolgreichen Beziehung ungemein.

Gleichwertige Partnerschaften sind die Grundlage der Neuen Beziehungen.

Jetzt wollen wir über die Übereinstimmung mit deinem Partner in dieser Neuen Beziehung sprechen. Wenn du bereits einen Partner hast, ist es Zeit, dir einmal genau anzusehen, wen du da gewählt hast. Bist du noch solo, dann laß uns mal unsere Maßstäbe für einen Partner betrachten. Was für eine Art von Mensch zieht dich an? Ist er hilfsbedürftig oder abhängig? Kann er ohne dich leben? Oder brauchst du ihn, damit er dich rettet, unterstützt oder beschützt? *Hoppla, Vorsicht!* Wenn einer von euch beiden nicht stark, klar, ganz und unabhängig ist, wenn er bedürftig oder im Mangel ist, dann wird es nicht die Art von Neuer Beziehung werden, die du möchtest. Wenn du noch immer die Rolle des unerschütterlichen Retters oder des hilflosen Opfers spielst, das gerettet werden muß, dann solltest du sie augenblicklich fallenlassen.

Wie sehr unterstützt ihr die Ziele, Werte und spirituellen Bestreben des anderen? Besteht gegenseitige Achtung in eurer Beziehung? Mögt ihr euch wirklich? All dies sind wichtige Komponenten einer Neuen Beziehung.

Zwei Ganze bilden gemeinsam eine größere Ganzheit.

Gleichberechtigung in einer Partnerschaft ist lebenswichtig. Jeder von uns muß in sich selbst ein ganzes Wesen sein, bevor er beginnen kann, eine gesunde und reale Beziehung aufzubauen, die in dem Einen Herzen verwurzelt ist. Zwischen den Partnern müssen auf der physischen, mentalen und spirituellen Ebene Gleichgewicht, Gleichheit und Symmetrie herrschen. Wir können nur so viel von unserem Wesen teilen, wie der andere bereit oder in der Lage ist, auch anzunehmen.

• Auf der körperlichen Ebene •

Wir wollen uns die verschiedenen Ebenen unseres Wesens vornehmen und prüfen, ob sie im Gleichgewicht sind. Betrachten wir zunächst die körperliche Ebene. Wie sieht euer Energieniveau aus, wenn ihr euch vergleicht? Wenn der eine vor Vitalität strotzt und der andere ständig müde ist, dann herrscht offensichtlich ein Ungleichgewicht. Manchmal bedeutet es, daß der eine Partner den anderen auslaugt oder daß einer von beiden ein Leck in seiner Aura hat. Du und dein Partner könnt ganz unterschiedliche Persönlichkeiten haben und trotzdem gut miteinander auskommen, aber es hilft, wenn ihr über ein ähnliches Niveau körperlicher Vitalität und Lebendigkeit verfügt. Noch besser ist es, wenn ihr auch denselben Sinn für Humor habt!

Wenn ein Partner übergewichtig ist und der andere superschlank, kann das bedeuten, daß der eine mehr als seinen Anteil aus der Beziehung nimmt. Es kann auch auf ein Ungleichgewicht auf der emotionalen Ebene hinweisen. Einer der Partner unterdrückt vielleicht seine Emotionen, und der andere kompensiert sein Gefühl, nicht geliebt zu werden. Beide empfinden großen emotionalen Schmerz.

Es gibt so viele Ebenen, die in einer gleichwertigen Beziehung im Gleichgewicht sein müssen. Da gibt es auch die Frage der Verantwortung. Versichert euch, daß nicht einer der Partner ständig die ganze Last trägt, während der andere sich zurücklehnt und die Fahrt genießt; wenn das so ist, herrscht offensichtlich ein Ungleichgewicht.

Wie natürlich fühlt ihr euch, wenn ihr zusammen seid? Ist es euch angenehm, miteinander nackt zu sein? Mögt ihr den natürlichen Geruch des anderen? Fühlt ihr euch anziehend, wenn ihr mit dem anderen zusammen seid? All dies sind wichtige Überlegungen.

Dann ist da die Sache mit den Wertsystemen. Sind sie sich ähnlich, passen sie zusammen? Erwartet ihr beide dasselbe vom Leben? Was ist jedem von euch wichtig? Sind es dauerhafte oder materielle Dinge? Wenn der eine sich einen glitzernden kosmopolitischen Lebensstil erträumt und der andere ganz einfach auf einem Bauernhof leben möchte, wie sollen sie da je miteinander glücklich werden? Es ist wichtig, daß die Wertsysteme zusammenpassen.

• Auf der emotionalen Ebene •

Schau dir jetzt eure Emotionalkörper an. Seid ihr beide im Einen Herzen verankert? Wenn einer von euch es nicht ist, dann werdet ihr im Ausdruck eurer Liebe sehr behindert sein. Es ist, als wollte man versuchen, den Ozean in eine kleine Tasse zu gießen. Sicherlich weißt du, wie es ist, jemandem offen deine Liebe zu geben, der sie nicht annehmen kann oder vor dem Ausmaß deiner Gefühle Angst bekommt. Manche Menschen haben auch Angst vor der Tiefe ihrer eigenen Gefühle und halten sie fest unter Verschluß. Dies sind all die Ungleichgewichte des *kleinen Herz/kleine Liebe – Syndroms* der Dualität. Im Einen Herzen zu lieben beendet all die ungleichgewichtigen Beziehungen zwischen *Gebern* und den *Empfängern.* Jetzt können wir beides: alles geben und alles empfangen. Welch erstaunlicher Unterschied!

• Auf der mentalen Ebene •

Auf der mentalen Ebene im Gleichgewicht zu sein ist äußerst wichtig. Das bedeutet nicht, daß ihr dasselbe wissen oder dasselbe denken müßt. Oft verhelfen uns gerade die Wissensunterschiede oder sogar unsere verschiedenen Lernansätze zu einen enorm beflügelnden schöpferischen Funken. Egal auf welchem Weg ihr zu eurem Wissen gelangt seid – er sollte euch jedoch, auch wenn eure Wege ganz verschieden waren, zu einer vergelichbaren Ebene des Verstehens gebracht haben. Ich weiß, daß manche Leute die alte Art von Lehrer-Schüler-Beziehung ganz gern mögen, aber dies sind auf keinen Fall gleichwertige Partnerschaften. Sie basieren oft auf Kontrolle und Überheblichkeit und fallen für gewöhnlich auseinander, wenn der Schüler eine Ebene erreicht, wo er merkt, daß er ohne seinen Lehrer weiter kommt. Sich von seinem Lehrer zu befreien ist tatsächlich der größte Durchbruch, den er schaffen kann.

Beziehungen von Überlegenheit und Unterlegenheit sind von Anfang an zum Scheitern verurteilt. Und sie sind oft ziemlich ungerecht und schmerzhaft für denjenigen in der Schülerrolle, der sich unbewußt nach Gleichheit sehnt, aber weiß, daß er sie mit seinem erfahreneren oder fortgeschritteneren Partner niemals erreichen kann. Das hält ihn in einem ständigen Zustand von Minderwertigkeits- und Machtlosigkeitsgefühlen. Wäre er jedoch in einer gleichwertigen Beziehung mit jemandem, der sich auf einer ähnlichen Verständnisebene befindet, würden diese Minderwertigkeitsgefühle rasch verschwinden.

Wenn man sich dafür entscheidet, die Rolle des Überlegenen zu spielen, besteht oft eine verborgene Angst vor einer gleichwertigen Partnerschaft, die man als herausfordernd und unbequem empfindet. Ein Schüler-Partner stellt deine eingefahrenen Gewohnheiten und Glaubenssysteme gar nicht erst in Frage, niemand schubst dich aus deiner Bequemlichkeitszone. Das aber brauchst du am meisten! Lehrer-Schüler-Beziehungen machen also beide Partner zu Verlierern; sie gehören zu den unnatürlichen Partnerschaften, die euch in der Dualität verankert halten.

• Auf der spirituellen Ebene •

Gleichwertige Partnerschaft setzt unabdingbar voraus, auf die Essenz in unserem Innersten Selbst ausgerichtet zu sein und in der spirituellen Bewußtheit und Praxis dieselbe Ebene erreicht zu haben. Überprüft eure Glaubenssysteme und seht, wie sie zusammenpassen. Wenn einer der Partner ein eifriger Kirchgänger ist und der andere auszieht, das Unsichtbare zu erforschen, wie sollen sie sich da über den Abgrund der verschiedenen Glaubensvorstellungen hinweg miteinander verständigen? Wir können unser spirituelles Leben natürlich für uns behalten, aber haben wir das nicht schon immer getan? Ist es nicht Zeit, unsere tiefste und höchste Wahrheit offen zu leben?

Diese Übereinstimmung der spirituellen Glaubenssysteme ist noch nie so wichtig gewesen wie jetzt. Wenn dir an einer erweiterten Beziehung im Neuen gelegen ist, müssen beide von euch zuerst in der Einheit verankert sein. Diesen Entschluß, aus der Dualität herauszutreten, müssen beide unabhängig voneinander gefaßt haben, denn dazu sind sie wirklich aufgerufen, und es ist kein Schritt, den man um einer Beziehung willen vortäuschen kann.

Neue Beziehungen passen nicht in alte Muster.

Worüber wir uns auch bewußt sein sollten, das sind die überholten Beziehungsmuster, an denen wir so hängen. Als

Auswuchs der Dualität ist unser gegenwärtiges Beziehungsmodell zum Scheitern verurteilt, wie sehr wir uns auch um eine erfolgreiche Partnerschaft bemühen. Zunächst sind da all die alten Rollen, die wir angenommen haben, die eingefleischten Verhaltensmuster, die mit den Rollen von (Ehe)mann und (Ehe)frau verbunden sind. Viele dieser Rollen müssen wir über Bord werfen, um mit einem völlig unbeschriebenen Blatt wieder neu beginnen zu können. Dann sind da auch die Beziehungsgewohnheiten, die wir durch frühere Erfahrungen erworben haben und die ausgetilgt werden müssen.

Sieh dir deine Beziehung auch genau auf karmische Verpflichtungen an. Die überwältigende Mehrheit der heute auf der Erde bestehenden Beziehungen versucht noch immer, alte karmische Schulden und Versprechen zu begleichen oder vergangene Ungerechtigkeiten zu rächen. Einer Partnerschaft in der Dualität mag das als brauchbare Grundlage dienen, aber im Neuen ist sie das ganz gewiß nicht. Nicht, wenn du dir eine Partnerschaft wünschst, die wirklich gesund, ausgewogen und erfüllend ist! In der Einheit existiert kein Karma, also verankere dein Sein in der Einheit und laß das Karma los! Es ist sowieso nur eine Illusion. *Du schuldest niemandem etwas, außer vielleicht deinem eigenen Höheren Selbst.* Und du bist für niemandes Glück verantwortlich außer deinem eigenen. Sei in jedem Augenblick deinem Innersten treu, strahle Liebe und Wahrheit aus und folge deinem Herzen. Sei wirklich. Sei wach. Sei lebendig. SEI DIE LIEBE.

Etwas ganz Neues kommt in unsere Beziehungen...

Völlig neue Formen von Beziehungen sind im Entstehen. Niemand von uns weiß schon genau, wie sie sein werden, aber wir können es spüren. Und wir wissen sicherlich ganz gut, wie sie nicht sein werden. Diese neuen Beziehungsformen werden in unserem Leben akut werden, wenn 1997 das

Dritte Tor aktiviert wird, denn um sie geht es beim Dritten Tor. Sie werden ganz anders sein, viel weiter und allumfassender als früher. Wir werden nicht mehr darauf beschränkt sein, nur ein Wesen zu lieben.

Schon jetzt stehen viele von uns vor dem Dilemma, mehr als einen Menschen zu lieben. Was ist da zu tun? Wie sollen wir zwischen zwei starken Lieben wählen? Wie handeln wir integer, ohne in die alten Muster zurückzufallen? Wir geraten in solche Situationen, damit wir unsere Liebe ausdehnen und allumfassend werden können. Wir sind herausgefordert, unsere Liebe für alle offen zu halten. Das bedeutet nicht, daß wir auch körperlich intim werden, aber wir sollten in der Lage sein, von ganzem Herzen zu lieben, ohne unsere bestehenden Beziehungen in Gefahr zu bringen.

Unsere Liebe wird eine so klare und reine Schwingung haben, daß jeder die volle Kraft unserer Liebe spürt. Denk daran: Das Eine Herz ist unendliche Liebe. Für jeden ist unbegrenzt viel Liebe da. Unsere Entdeckungsreise hat erst begonnen.

• Sich im Unsichtbaren lieben •

Auch unsere Sexualität wird sehr stark transformiert werden. Die Neuen Partnerschaften sind weit offen, nackt bis ins Innerste, leidenschaftlich, verletzlich, offenherzig und verblüffend tröstlich. Wir können nichts zurückbehalten und wollen es auch nicht. Wir vereinigen uns in Liebe, Vertrauen, Offenheit, gegenseitiger Unterstützung und Achtung. In dem Maße, wie wir zu integrierten Erd-Stern-Wesen werden, werden wir so durch und durch lebendig wie nie zuvor. Und wir werden leidenschaftlich, wild, rein, tief und weit intimer lieben, als wir es uns jemals vorstellen konnten. Wir werden mit der ganzen Tiefe unseres Wesens lieben – von der Erde bis zum Stern.

Es ist seltsam paradox, aber in dem Maße, wie wir immer weiter und lebendiger werden, merken wir auch, daß wir offener und verletzlicher als früher werden. In dieser

Verletzlichkeit liegt jedoch eine unglaubliche Kraft. Wir lieben intimer und sind doch weniger verhaftet. Diese neue Losgelöstheit beruht darauf, daß wir in Einheit mit allem verwoben sind. Wir können einen winzigen Aspekt des Einen zutiefst lieben, aber gleichzeitig sind wir immer Teil des Größeren Einen. Dies eröffnet uns einen unendlich weiten Blickwinkel und damit natürlich einen viel größeren Überblick. In einem Menschen umarmen wir alle Wesen. Auf unsere Sexualität wird sich das so auswirken, daß die Betonung von den physischen Ebenen der körperlichen Liebe abrückt und sich neuen Arten der Intimität zuwendet, wo wir uns mit unserem vollen Sein in den Zwischenräumen lieben. Wir werden uns in den subtilen Bereichen des Unsichtbaren lieben.

Die Betonung unserer körperlichen Liebe wird aus der physischen Arena, die gegenwärtig in unseren Sexualorganen zentriert ist, in eine unendlich viel weitere Sphäre rücken. Wir werden unsere körperliche Liebe noch immer im Körper spüren, aber sie wird nicht auf ihn begrenzt sein. Wir werden ihre Empfindungen nicht nur im physischen Körper wahrnehmen, sondern auch in unseren viel größeren feinstofflichen Körpern, und es wird uns noch mehr aus der Dualität befreien.

• Grenzenlos lieben •

Eine Einweihung für Männer:

Für Männer enthält dieser Übergang eine machtvolle Einweihung, die der Größere Phallus genannt wird. Sie müssen ihre Verhaftung an ihren körperlichen Phallus aufgeben und ihr ganzes Sein zum Größeren Phallus werden lassen. Wenn du dich körperlich vereinigst, dann tu es mit deinem Größeren Phallus. Sieh deinen ganzen physischen Körper als riesigen Phallus. Wenn du diese Aktivierung wirklich spürst, nimmst du eine pulsierende Lebendigkeit wahr, die dich mit mächtigen Empfindungen erfüllt. Geh jetzt noch weiter und umfange deine ganze Unendlichkeit – vom Kern der Erde bis zum Kern des Sterns. Dies ist dein größerer Körper. Es ist dein Größerer Phallus, und mit dem vereinigst du dich. Versuche es und entdecke, wie unglaublich anders das ist. Es ist ein riesiger Quantensprung in der körperlichen Liebe und der Schlüssel zum Grenzenlosen Lieben auf einem begrenzten Planeten.

Eine Einweihung für Frauen:

Wenn Männer ihren Größeren Phallus verkörpern, müssen die Frauen sich darauf vorbereiten, ihnen auf einer ähnlichen Ebene zu begegnen. Ansonsten werdet ihr keine wahre Heilige Vereinigung erleben können. Stell dir vor, ein Mann, der seinen Größeren Phallus aktiviert hat, versucht sich mit einer Frau zu vereinigen, die noch ihr persönliches, in der Dualität verankertes Ich verkörpert. Das wäre nicht nur unbefriedigend – es wäre eine Katastrophe! Dasselbe gilt umgekehrt für eine Frau, die mit ihrem ganzen Sein lieben möchte, wenn sie versucht, sich mit einem Mann zu vereinigen, der nur auf seine physischen Genitalien eingestellt ist.

Die körperliche Vereinigung ist eine Heilige Vereinigung.

Um bei der körperlichen Liebe die echte Heilige Vereinigung zu erfahren, ist es zweifellos nützlich, sich einen Partner auszusuchen, der sich auf derselben Bewußtseinsebene befindet. Es ist von äußerster Wichtigkeit. Es ist auch wichtig, den anderen wirklich zu lieben. Wenn du das nicht tust, warum vereinigst du dich dann mit ihm? Wenn du einfach nur Lust suchst, dann hängst du noch in der Dualität. Oder vielleicht hast du Angst vor wahrer Intimität, fürchtest dich davor, jemanden an den Kern deines Wesens rühren zu lassen. Natürlich ist das manchmal schwierig und immer mit Ängsten verbunden, aber was soll's? Alles Wirkliche ist mächtig und fordert dich heraus. Wenn wir nicht das Risiko eingehen, unsere bequemen alten Rahmen auszudehnen, wenn wir Angst davor haben, berührt zu werden oder Angst vor den Tiefen unserer Gefühle, dann werden wir niemals wissen, was es heißt, durch und durch lebendig zu sein!

Der achtzehnte Schlüssel:

Allumfassende Heilige Vereinigung

Allumfassende Heilige Vereinigung...

Wir alle wollen mehr Liebe in unserem Leben.

Oft definieren wir dieses Verlangen nach Liebe als Sehnsucht nach einem bestimmten Partner. Es wäre zwar wunderbar, eine erfüllende Liebesbeziehung zu haben, aber wir schränken uns ein, wenn wir meinen, daß die Liebe sich hauptsächlich auf diese Weise in unserem Leben ausdrücken kann.

Heilige Vereinigung ist unser natürlichster Seinszustand.

Heilige Vereinigung geschieht in jedem Augenblick überall um uns her. Sie umgibt und umfängt uns, wenn wir sie nur sehen wollten. Schau um dich und du wirst dich wundern, welch eine Überfülle von Heiliger Vereinigung ständig vor sich geht. Die Sonne entbrennt aus Liebe zum Himmel. Der Himmel entzückt die Erde. Die Erde umhegt die Pflanzen. Der Wind liebkost die Bäume. Das Meer umschmeichelt den Strand. Das ist die Natur in Wirklichkeit: ein weites Panorama der Liebe. Wenn du dir die Freiheit nimmst, es zu fühlen, wirst auch du von der allumfassenden Heiligen Vereinigung umfangen.

Die Reise der Liebe durch die Biologie.

Wir können unsere gesamte biologische Evolutionsreise auf dieser Erde als einen Prozeß der Heiligen Vereinigung betrachten. Sie begann mit der Schöpfung dieses Planeten. Welch ein Liebesakt! Dann begann das biologische Leben der einzelligen Lebewesen, die sich mit sich selbst vereinten.

Alles auf Gaia ist so unerhört fein und intim miteinander verwoben, so voneinander abhängig – nichts als Liebesakte, wohin man schaut! Trotz des gegenteiligen Anscheins ist dies ein Planet der Liebe.

Die ganze Zeit befinden wir uns in liebender Vereinigung.

Jetzt denkst du wahrscheinlich, ich gehe zu weit. Aber bleib noch ein paar Minuten da. Sitz still, während du liest. Sei ganz still. Jetzt spüre die Luft auf deinem Gesicht... Ganz recht, sie berührt dich, nicht wahr? Tatsächlich liebkost sie dich in diesem Augenblick. Erlaube dir, es zu spüren. Die Luft auf deiner Haut. Ganz süß, ganz fein umschmeichelt sie dich... Sehr gut. Was ist mit deinen Kleidern? Kannst du spüren, wie sie dich berühren? Sie lieben deine Haut. Spüre ihre Heilige Vereinigung mit dir.

Richte jetzt deine Aufmerksamkeit auf deinen Körper und deinen Stuhl. Was tun sie? Genau, noch mehr Heilige Vereinigung. Spüre, wie der Stuhl liebevoll deinen Körper stützt und wie dankbar dein Körper ist, gestützt zu werden. Wie angenehm sie ineinander übergehen. Stelle deine Füße auf den Boden und spüre, wie der Boden sich hebt, um deine Füße zu begrüßen, wie die Schwerkraft sie auf den Boden zieht. Wieder schlägt die Heilige Vereinigung zu!

Steh ganz langsam auf und laß dieses Gefühl der Heiligen Vereinigung stärker werden. Spüre die Luft rings um dich her, die dich ganz sanft liebkost. Gehe achtsam durch den Raum. Spüre bei jedem Schritt die Heilige Vereinigung zwischen deinen Füßen und dem Boden, deiner Haut und der Luft, deiner Kleidung und deiner Haut. Das ist Allumfassende Heilige Vereinigung, und sie ist schon immer da. Früher waren wir nur zu beschäftigt, um sie zu spüren.

Beginne die tausend und abertausend Weisen wahrzunehmen, wie Heilige Vereinigung stattfindet. Trinke ein Glas Wasser und fühle die flüssige Liebe in dir aufgehen. Wenn es das nächstemal regnet, geh hinaus und erlebe die Heilige

Vereinigung mit dem Regen. Beobachte die Wassertropfen auf den Pflanzen und sieh, was tatsächlich geschieht: Sie lieben sich. Geh schwimmen und fühle die ganze Wirkung. Oder liege in der Sonne und spüre, wie sie dich überall küßt.

Dies ist nur ein kleiner Geschmack der Größeren Liebe, die jetzt offenbart wird. Du findest mich vielleicht albern, aber geh und versuch es! Dann verstehst du, was ich meine. Öffne dich der Liebe; sie ist ständig um dich. Wenn du also immer gedacht hast, du wärst allein, versuche jetzt All-Ein zu sein.

Natürlich funktioniert das nur, wenn du ruhig und still genug bist, um die feinen Energien zu spüren. Wenn die Gedanken in deinem Kopf mit fünftausend Stundenkilometern dahinrasen oder du versäumt hast, dich auf die Wellen des Unsichtbaren einzustimmen, spürst du wahrscheinlich gar nichts. Ah, aber wenn du etwas spürst, dann wirst du entdecken, daß eine ganze Welt von Heiliger Vereinigung ununterbrochen auf dich wartet Du kannst in diese magische Welt der Liebe eintauchen und den Rest deines Lebens in ihr verbringen, wenn du willst. Und sie wird nur immer stärker werden.

Der neunzehnte Schlüssel:

Das Unmögliche integrieren

Das Unmögliche integrieren...

Höhere Erfahrungen werden zur Grundlage unserer Zukunft.

Wenn wir unser Sein ständig erweitern, stoßen wir auf neue Herausforderungen: nämlich, das Unmögliche zu integrieren. Jedesmal, wenn wir tiefer in das Unsichtbare eintauchen, müssen wir zu unserem Ausgangspunkt zurückkehren, nur um zu entdecken, daß auch dieser sich auf verblüffende Weise verwandelt hat. Selbst unsere Grundlage hat sich verändert, und wir können nicht mehr zu unserem alten Ausgangspunkt zurück. In dem Maße, wie wir uns erweitern, hebt sich auch unsere Grundlage auf eine immer neue Ebene.

Das liegt daran, daß wir uns auf einer doppelten Reise befinden. Nicht nur dringen wir ins Unsichtbare ein, sondern unsere Aufgabe ist auch, das Unsichtbare hierherzubringen, es im Physischen zu verankern. Vergiß nicht, wir sind jetzt Erd-Stern-Wesen. Das bedeutet, daß alle Polaritäten in der Einheit im Inneren unseres inneren Seins verschmolzen sind. Es gibt keine Trennung mehr zwischen Geist und Materie, zwischen Erde und Stern. Es gibt nur das Eine.

Unser Erweiterungprozeß ist gleicht dem Aufblasen eines Luftballons. Wenn höhere Energien da sind, wenn wir die Wellen reiten, blasen wir unseren Ballon größer auf als je zuvor. Es ist ein berauschendes und befreiendes Gefühl, so weit und unbeschränkt zu sein. Dann versuchen wir, in unsere früheren Bedingungen zurückzukehren und merken, daß sich alles verändert hat. Da wir uns so sehr verändert haben, sind unsere Schwingungen schneller geworden, und sie verändern unwiderruflich die alte Harmonie.

Die Erweiterung in eine höhere Wirklichkeit, gefolgt von einem Rückfall in unser früheres Realitätssystem, schafft eine tiefe Unsicherheit, denn das, worauf wir uns bis dahin gestützt haben, ist wirklich sehr wackelig geworden. Was tun wir jetzt? Mit steigender Panik fühlen wir die Luft aus unserem groß aufgeblasenen Ballon entweichen. Also, was jetzt? Schnell, wir müssen etwas tun, sonst landen wir in der Nullzone!

An diesem Punkt kann man Verschiedenes unternehmen:

• Sich krampfhaft an allem festhalten! •

Das ist eine sehr beliebte Reaktion auf unser Gefühl der Unsicherheit und Verletzlichkeit. Seit wir ins Unbekannte geworfen wurden, in dem es uns *sehr, sehr* unbehaglich ist (*deshalb wird es auch das Unbekannte genannt)* beschließen wir, uns an allem festzuhalten, was uns von unseren alten Glaubenssätzen noch tragfähig erscheint. Hartnäckig klammern wir uns an ihnen fest. Wir rechtfertigen das, indem wir uns und allen, die uns vielleicht fragend anschauen, immer wieder versichern: *„Das ist eben, was ich weiß; das kann ich gut. Wir müssen wieder in die Realität zurückkommen; wir können ja nicht in den Wolken leben, weißt du. Mein Leben ist völlig in Ordnung, so wie es ist. Ich brauche keine Veränderungen.“ Immer die alte Masche* hat noch nie so gut ausgesehen oder sich so tröstlich angefühlt wie jetzt.

Und was geschieht dann? Wir fangen an, eine Lüge zu leben, so zu tun, als wären wir kleine Wesen. Diese List mag nun einige Leute täuschen, besonders die, die ein Interesse daran haben, daß du dein altes Selbst bleibst, aber du selbst läßt dich davon ganz gewiß nicht täuschen! Und wie wirst du jetzt mit dir leben? Die Dinge gehen vielleicht eine Weile ganz gut, aber früher oder später wirst du mit jenem größeren Teil deines Größeren Selbstes, das du verleugnet hast, zusammenkrachen. Das ist nicht hübsch anzusehen und verursacht dir viel unnötigen Schmerz.

• Peng! macht der Ballon •

Bei dieser Möglichkeit kehren wir nach Hause zurück und entdecken, daß unsere frühere Wirklichkeit nicht wirklich war! Wir lebten ein vorgetäuschtes Leben in einer unwirklichen Welt. Diese Entdeckung schockiert uns derartig, daß der Ballon unserer Erweiterung zerplatzt. Wir geraten in eine Nullzone, und unsere ganze Welt stürzt über uns zusammen. Das ist nun nicht ganz so schlimm, wie es sich anhört; zumindest verdrängen wir nicht mehr. Natürlich hätte es sich vermeiden lassen, wenn wir unseren Ballon nicht so schnell losgelassen hätten, wenn wir mehr Vertrauen in uns selbst und in die Wogen des Unsichtbaren gehabt hätten.

Was tun wir jetzt? Schau dir zuerst deine Nullzone an und akzeptiere sie. Versuche nicht, dein altes Leben wieder aufzuklauben und zusammenzusetzen. Du könntest es sowieso nicht. Ehre deine Nullzone als einen wichtigen Prozeß in deinem Leben, denn sie erschafft die Gebärmutter für das Neue. Vielleicht ist es an der Zeit, dich der *Vergangenheit, die niemals war,* völlig zu ergeben. Dann richte deine ganze Aufmerksamkeit darauf, dein Neues Selbst zur Welt zu bringen.

• Die Grundlinie anheben •

Es gibt noch eine dritte Möglichkeit. Wenn du nach Hause kommst und entdeckst, daß nichts mehr so ist, wie es einmal war, dann nimm es einfach an. Ist es nicht genau das, worum es bei der Transformation geht? Haben wir nicht um einen Quantensprung gebeten? Akzeptiere, daß das Unbekannte im Augenblick einfach nicht bekannt ist. Akzeptiere, daß du auf neue Ebenen des Bewußtseins katapultiert worden bist. Wenn du merkst, daß du nicht mehr in alle Aspekte deines früheren Lebens hineinpaßt, dann versuche auch nicht, hineinzuschlüpfen. Es ist gut, anders zu sein, als du vorher warst. Jäte dein altes Leben und wirf alles hinaus, was nicht mehr mit der Höchsten Wahrheit deines Inneren Selbst übereinstimmt. Räume die Schränke leer. Laß die alten Beziehungen los oder verwandle sie. Gib deine früheren Sicherheitssysteme auf.

Ehre auf jeden Fall dein gerade erst weiter gewordenes Sein. Es ist ganz in Ordnung, verletzlich zu sein und nicht zu wissen, wer man bist. Was soll's, wenn du nichts mehr weißt! Bleib weit offen, zart und so ungeheuer verletzlich. Bleib dabei, bis es angenehm wird. Laß deine Liebe fließen. Eine große Freiheit ist im Kommen, ein neues Leben tritt gerade in dic Wclt.

Auf diese Weise machst du dir die Wahrheit deiner Erweiterung zu eigen, und in deinem innersten Wesenskern findet eine tiefe Integration statt, die in jede Zelle deines Körpers einfließt. Beobachte, wie deine Grundlinie sich anhebt und ein neues Fundament entsteht. Auf diese Weise integrieren wir das Unmögliche.

Der zwanzigste Schlüssel:

Sternensprache

Sternensprache...

Analita ki-yano kima ca'i:
Sternensprache ist die Sprache des Unsichtbaren.

Wir alle können von Natur aus Sternensprachen sprechen; es sind unsere ursprünglichen Sprachen. In der Sternensprache zu sprechen ist eigentlich eine viel natürlichere Ausdrucksweise als die unserer irdischen Sprachen. In Sternensprache können wir das Ungesprochene ausdrücken. Wir können aus dem Kern unseres Seins heraus kommunizieren. Wir können mühelos das ausdrücken, wovon wir noch nicht wissen, daß wir es wissen.

Es gibt unzählige Dialekte in der Sternensprache, genau wie es unzählige Sternensysteme gibt. Jeder von uns kann mehrere Dialekte sprechen, und obendrein können wir erstaunlicherweise auch jede Sternensprache verstehen, die wir hören. Sternensprache wird nicht mit dem Kopf verstanden, sondern vielmehr direkt in unsere Zellen übermittelt, wo sie die passenden Bereiche unserer Zellgedächtnisbänke öffnet. Wir verstehen sie also mit dem Herzen. Es gibt keine wörtliche Übersetzung, denn das wäre zu begrenzend. Statt dessen findet eine Übertragung von Essenz statt, bei der jeder Klang viel mehr Bedeutung übermittelt, als wir im Augenblick erfassen können. Jedes Wort der Sternensprache ist wie die Ecke eines Hologramms und offenbart ein Universum an Bedeutung.

Das bedeutet auch, daß wir die Sternensprache nicht erst mühsam auswendig lernen müssen. Sie ist eine fließende, lebendige, sich immer verändernde Kommunikationsweise. Welche Sternensprache ich in diesem Kapitel auch benutzt habe – sie dient lediglich dem Zweck, eine denkbare Klangreihe aus einem der mir zugänglichen Dialekte vorzustellen.

Sie soll keinesfalls auswendig gelernt werden, da sie beileibe nicht die einzige Art ist, diese Sätze in Sternensprache auszudrücken. Die einzelnen Laute der Sternensprache haben keine festen Bedeutungen. Es geht vielmehr darum, innerhalb der Matrix der Einheit die Kernessenz auf Klangfrequenzen auszurichten. Indem wir uns auf die Wogen des Unsichtbaren einstellen, können wir uns neuen Universen des Ausdrucks öffnen.

Sternennamen Ay•Ki•Na•Ma:

Unser Sternenname ist ein weiterer Aspekt der Sternensprache. Sternennamen entspringen der Einheit und bringen unsere innerste Essenz zum Ausdruck. Sie sind nicht in der Dualität verankert wie unsere alten irdischen Namen und haben auch keine karmische Geschichte. Denk einmal, was du mit dir herumschleppst, wenn du zum Beispiel nach der verrückten alten Tante Elisabeth benannt bist oder einen Namen hast wie Johannes Lindberg III. oder Cäsar Elvis Augustus Schmidt. Wir müssen dann nicht nur mit unserem Karma fertigwerden, sondern auch noch mit allen anderen, die diesen Namen getragen haben. Selbst unser Familienname schließt alle alten karmischen Muster der Familie ein. Das ist nur ein weiterer Grund, unsere Sternennamen zu benutzen und aus den Bereichen der Dualität herauszutreten.

Die ersten Sternennamen, die wir bekamen, bezeichneten unsere jeweilige Sternherkunft und waren oft recht lang. Viele von uns benutzen jetzt immer diese Namen, da sie in uns ein Schwingungsmuster von Offenheit, Freiheit und Einheit errichten, die Schwingung des Einen Herzens. In dem Maße, wie wir tiefer ins Unsichtbare eintauchen, entdecken wir, daß selbst diese Sternennamen sich allmählich verändern. Viele empfangen bereits Sternennamen, die tiefer, viel kürzer und außerordentlich einfach sind. Es sind beinahe Urlaute, und sie entstammen einem viel weiteren Raum als unsere ursprünglichen Sternennamen.

Eta ki-yano kivé ma

Viele der alten Ursprachen dieses Planeten enthalten noch die Samen der Sternensprache. Auch wenn ihnen jetzt bestimmte Bedeutungen zugeordnet sind, haben diese Worte der alten Sprachen eine natürliche Resonanz, die ihre gängige Bedeutung übersteigt. Der Klang der alten Wurzelwörter löst ganz von selbst Welten der Erinnerung in uns aus. Es ist auch interessant zu sehen, wie verblüffend ähnlich die Wurzellaute vieler Sprachen auf der Welt sind. Das kommt daher, daß sie alle von Sternensprachen herrühren.

Zum Beispiel das Wort TAWA:

Auf tibetisch heißt es *Mond,*
in der Hopisprache *Sonne.*
Im Quechua (der Inkasprache) bezeichnet es
die heilige Zahl vier,
auf afghanisch: *einer, der Kleider faltet,*
auf balinesisch: *einer, der auf dem Marktplatz feilscht;*
Ein Hindu versteht darunter: *Kessel, Kochtopf.*

Oder das Wort NANI:

Auf tibetisch heißt es: *Tochter,*
im Hindi: *Großmutter.*
Bei den Hawaiianern bedeutet es: *schön,*
im Nahuatl (der Sprache der Mayas): *die heilige Zahl vier,*
im Quechua: *Klarheit.*

In dem Maße, wie wir uns erweitern, ist es wichtig, zu bedeutungsvolleren Ausdrucksweisen zu finden. Die Sternensprache gibt uns eine neue Form der Kommunikation, die es uns ganz natürlich ermöglicht, unsere innere Größe zum Ausdruck zu bringen. Und sie ist ganz leicht zu lernen, da wir sie ja schon kennen. Wir haben die Sternensprache gelernt, bevor wir überhaupt auf diesen Planeten kamen. Wir brauchen nur hineinzuspringen und sie aus uns herausfließen zu lassen!

Sternensprache zu sprechen ist ungeheuer befreiend. Endlich haben wir ein Mittel, um auszudrücken, was so lange in unseren Tiefen aufgestaut war. Oft brechen wir, wenn wir zum erstenmal die Sternensprache sprechen, in unendliche Freude und Gelächter aus! Wir fühlen uns so frei! Sternensprache ist tief und zärtlich, *oft witzig,* immer zutiefst heilig und macht so viel Freude. Und wenn wir jetzt unsere Sternenfamilie aus anderen Ländern treffen, brauchen wir unsere Gespräche nicht mehr in die verschiedenen Erdensprachen zu übersetzen; wir können alle unsere verschiedenen Dialekte der Sternensprache sprechen und werden von allen verstanden.

• Praktische Anwendungen der Sternensprache •

Hier ist eine etwas spielerische, aber getreue Führung durch die verschiedenen Arten, wie du die Sternensprache in deinem täglichen Leben anwenden kannst:

• Geschäftsversammlungen •

Wir wollen mitten hineintauchen in etwas, was viele für einen sehr unwahrscheinlichen Schauplatz zur Anwendung der Sternensprache halten würden, nämlich in die Geschäftswelt. Wie viele langweilige Geschäftsversammlungen haben wir nicht über uns ergehen lassen müssen? Nun, damit ist jetzt Schluß! Ich habe viele „seriöse“ Geschäftsversammlungen belebt, indem ich meine Präsentation in der Sternensprache begann. Das veränderte augenblicklich die Energie und setzte das Treffen auf ein neues Gleis. Es zieht ganz gewiß den Egos der Leute den Teppich unter den Füßen weg und läßt sie sofort wissen, daß wir es mit der Größeren Wirklichkeit zu tun haben. Trau dich und probier es aus!

• Problemlösungen •

Hast du ein Problem? Vergeude keine Zeit damit, herumzusitzen und es in deiner normalen Sprache auszudiskutieren. Versuche es stattdessen mit Sternensprache. Ihre klare Schwingung wird direkt ins Mark treffen, ohne die Ängste, Sorgen und emotionalen Verzerrungen der Dualität. Nach einem kleinen Gespräch in Sternensprache wird die natürliche Lösung deines Problems zum Vorschein kommen.

• Beziehungen •

Fällt es dir schwer, dich intim mit deinem Partner auszutauschen? Liegen viele Gefühle tief in dir begraben, die du gerne zum Ausdruck bringen würdest? Hab keine Angst, es gibt die Sternensprache! Tauche einfach mit der Sternensprache mitten hinein, und du wirst merken, daß sie neue Türen der Kommunikation auftut und deine Beziehung in ungeahnte Tiefen führt. Sternensprache ist unglaublich leidenschaftlich und zart. Versuche, deine Liebe durch sie auszudrücken, und sieh, was geschieht!

In Deutschland habe ich sogar einmal eine ziemlich einzigartige Hochzeitszeremonie in Sternensprache durchgeführt. Es war nicht ganz einfach, denn es war die erste Trauung meines Lebens, und ich hatte nicht die geringste Ahnung, was ich tun sollte. Noch nervöser wurde ich, als ich merkte, daß das Hochzeitspaar sich gerade fürchterlich gestritten hatte und nicht miteinander reden wollte. Aber wie gewöhnlich kam mir die Sternensprache da zur Hilfe...

Zu Beginn ließ ich alle einen großen Kreis bilden und den Lotostanz tanzen. Dann bat ich die beiden, die sehr lieb waren, obwohl sie sich wütend anstarrten, in die Mitte unseres Kreises. Sie saßen sich gegenüber auf dem Boden, und ich deckte sie mit einem großen Tuch zu. *(Es war eigentlich ein magentafarbener Pareo aus Tahiti mit einem Muschelsaum. Sehr hüsch.)* Dann bat ich sie, ihrem Partner ihre wahren Gefühle in Sternensprache mitzuteilen.

Wir anderen hielten den Strahl, während wir den Lotostanz tanzten – ewig, wie es schien. Wir umgaben sie mit Liebe und horchten auf den donnernden Strom von Sternensprache, der unter dem Tuch hervorquoll. Immer weiter hielten wir den Strahl und tanzten und tanzten. Die Lotosblütenblätter atmeten ein und aus, während die Sternensprache unter dem Schutz des Tuches weiterging, aber ich spürte, daß sich die Probleme lösten. Endlich wurde der Klang der Stimmen milder und tiefer, und als das Tuch weggezogen wurde, waren sie in die Einheit zurückgekehrt; ihre Hochzeit hatte stattgefunden. Dann spielte Omashar *Spiral through the Stars,* und wir alle tanzten voller Hingabe. Es war eine vollkommene Hochzeit!

• Mit Kindern •

Sternensprache ist eine der tiefsten Möglichkeiten, mit Kindern zu kommunizieren. Sie lieben diese Sprache heiß und springen fließend und völlig mühelos hinein. Auch wenn es immer besser ist, gleich bei der Geburt damit anzufangen, sie in die Größere Wirklichkeit einzutauchen, bevor sie die schlechten Gewohnheiten der Dualität anzunehmen beginnen, kann die Sternensprache in jedem Alter eingeführt werden. Es macht Spaß und ist sehr wirkungsvoll. Wenn du also keine Lust mehr hast, dich mit deinen ungezogenen oder dickköpfigen Kindern herumzustreiten, insbesondere mit powervollen Sternenkindern, dann zieh deine Geheimwaffe – Sternensprache, und sieh, wie eure Kommunikation sich bessert!

• Mit anderen Gattungen •

Alle Lebewesen lieben es, in Sternensprache angeredet zu werden. Sie wissen, daß wir auf einer tieferen Ebene kommunizieren, von Essenz zu Essenz im Einen Herzen. Du kannst zum Beispiel mit den Haustieren anfangen. Statt zu sagen, „Komm, mein Hündchen“, versuch es einmal mit etwas wie: „Ki-e-neh, kuusch-ne." Dein Hund reagiert bestimmt darauf und hat für gewöhnlich dann mehr Respekt vor dir. *Achtung: Versuche diesen Satz nicht auf Katzen anzuwenden!*

Jetzt bist du soweit, daß du es mit etwas Größerem versuchen kannst, zum Beispiel mit einem Pferd, einer Kuh oder einem Elefanten. Sie haben gleich die Ohren gespitzt, als du in Sternensprache mit ihnen geredet hast, stimmt's? Ich kannte einmal einen Milchbauern, der sehr erfolgreich war, indem er seine Kühe auf die Sterne ausrichtete. Und nachdem er anfing, in Sternensprache mit ihnen zu reden, gaben sie viel mehr Milch.

Als nächses kannst du mit Vögeln oder anderen wilden Tieren sprechen. Du wirst entdecken, daß sie nicht weglaufen. Tatsächlich kommen sie oft näher und lauschen aufmerksamer mit gespitzten Ohren oder zur Seite gelegtem Kopf. Ich sage dir, sie alle *lieben* die Sternensprache. Und denk bloß, was für bedeutungsvolle Gespräche du mit ihnen führen kannst. Du kannst ihnen deine tiefste Liebe zum Ausdruck bringen und ihnen sagen, daß wir von der Dualität in die Einheit gehen und daß sie es den anderen sagen sollen.

Lebewesen haben eine Art Hauptarchetypus, den wir den Deva der Gattung nennen. Alle Mitglieder einer bestimmten Gattung sind mit ihrem Deva verbunden. Dieser Deva ist nicht wirklich ein personifiziertes Wesen, sondern eher der personifizierte Archetypus einer bestimmten Gattung. Wenn du also jemals Schwierigkeiten mit irgendeiner Gattung hast, wie zum Beispiel mit Mäusen in deiner Wohnung, zu viel Insekten usw., ist es oft wirksamer, sich direkt an den Deva zu wenden.

Das kann zahlreiche unerwartete Abenteuer mit sich bringen. Ich möchte hier nicht in meine persönlichen Geschichten eintauchen, aber ich möchte vor dem Skorpiondeva warnen. Wenn du je diesem unglaublichen Wesen begegnest, *und du solltest vielleicht lieber versuchen, es zu vermeiden,* wird es dir unvergeßlich bleiben. Ähnliche Bemerkungen habe ich auch über den Rattendeva gehört. Auf jeden Fall, um nicht abzuschweifen, wirst du dir, wann immer du mit dem Deva einer bestimmten Gattung zu tun hast, mehr Respekt verschaffen, wenn du in der Sternensprache mit ihm sprichst.

• Steine, Pflanzen, Meere, Berge usw. •

Wenn du das nächstemal draußen bist, kannst du versuchen, dich mit den Steinen, den Bergen und Hügeln in Sternensprache zu unterhalten. Sie werden dich verstehen wie nie zuvor. Auch Meere, Flüsse und Seen verstehen dich besser, besonders wenn du in der Sternensprache singst! Es macht nichts, wenn du nicht gut singen kannst; *in der Sternensprache kann jeder gut singen.* Geh jetzt in einen Wald und sing den Bäumen etwas vor. Paß gut auf, dann siehst du, wie ihre Blätter sich bewegen und dir antworten. Die ganze Natur hungert nach echter Kommunikation. Wir vergessen das oft und gehen munter unserer Wege, ohne die Gegenwart der großen Naturwesen um uns wahrzunehmen.

Dann sind da noch die Pflanzen. Versuche einmal, mit den Pflanzen in deinem Haus und Garten in Sternensprache zu reden. Sing ihnen etwas vor und laß deine Liebe auf sie niederregnen. Sie wachsen dadurch viel glücklicher und üppiger. Besonders Blumen lieben es, Komplimente für ihre Schönheit zu erhalten. Wenn wir in der Sternensprache mit anderen Gattungen sprechen, geben wir zu erkennen, daß wir bewußt mit ihnen verbunden sind – daß wir alle in der Einheit verwoben sind.

• Von Menschenhand gemachte Gegenstände •

Auch von Menschenhand gemachte Gegenstände reagieren gut auf Sternensprache, zum Beispiel Autos, Computer, Werkzeuge und Kochgeräte. Sie arbeiten alle harmonischer mit dir zusammen, wenn du mit ihnen redest. Jeder Gegenstand hat seine eigene Lebenskraft und auch seine eigene Persönlichkeit. Es lohnt sich sehr, dich mit den Gegenständen, die du täglich benutzt, anzufreunden. Es ist ein großer

Unterschied, wenn sie deine liebevollen Verbündeten sind, die als Ein Sein mit dir zusammenarbeiten. Auf diese Weise nimmt auch die Liebe um dich zu.

• Der schöpferische Prozeß •

Sternensprache stärkt und intensiviert den schöpferischen Prozeß. Ich singe oft in Sternensprache, wenn ich male. Es stärkt nicht nur meine Konzentration, sondern bringt auch das, was ich tue, auf eine tiefere Ebene. Viele Sänger haben entdeckt, daß viel mehr ausgedrückt werden kann, wenn sie in Sternensprache singen. Und ob du dich nun als Sänger betrachtest oder nicht – Singen in Sternensprache bringt dich auf eine tiefere Ebene. *Jeder* kann in Sternensprache singen.

• Heilen •

Wenn du ein Heiler bist, dann probiere in deiner nächsten Sitzung einmal aus, in Sternensprache zu sprechen, und sieh, was geschieht! Lehre deine Klienten die Sternensprache und hilf ihnen so, das Tor zu ihrem tiefen Inneren zu öffnen. Es verstärkt alles, was du tust, unermeßlich.

• Sich erinnern •

In der Sternensprache können wir vieles ausdrücken, was vormals unmöglich zu artikulieren war. Sie ist ein wunderbares Hilfsmittel, um an das Wissen zu kommen, das in Zellgedächtnisbänken ruht, um uns an Dinge zu erinnern, von denen wir nicht wußten, daß wir sie wissen. Wenn du dich an etwas erinnern willst, wird die Erinnerung, die in dir schläft, leicht zum Vorschein kommen.

Es ist auch lustig, in einer Gruppe von Freunden Geschichten in der Sternensprache zu erzählen. Sitzt im Kreis und beginnt mit der Geschichte. Wenn der erste aufhört, erzählt der nächste weiter, und so fort, immer im Kreis herum.

Ihr könnt die ganze Geschichte des Planeten auf diese Weise wiedergeben, ihr könnt euren nächsten Schritt skizzieren oder lustige Geschichten erfinden.

• Höhere spirituelle Erfahrungen •

Benutze die Sternensprache in deinen Gebeten und Zeremonien. Du kannst auch eines der Sternenkonzile anrufen. Die Sternensprache ist reiner und unendlich viel mächtiger als selbst die ältesten irdischen Sprachen. Sie ruft die Größere Wirklichkeit auf den Plan und bringt dich tiefer ins Unsichtbare.

• •

Inzwischen solltest du eigentlich so begeistert sein, daß du es kaum noch erwarten kannst, Sternensprache zu sprechen. Du kannst es sofort ausprobieren. Laß einfach deinen Verstand beiseite, mach den Mund auf und laß die Laute kommen. Mach dir keine Sorgen darum, wie sie wohl klingen werden. Manche Dialekte der Sternensprache klingen sehr seltsam, andere witzig, manche sind unglaublich schön. Es ist wirklich nicht wichtig. Wichtig ist, anzufangen.

Hier ist eine Übung, mit der du lernen kannst, wieder fließend Sternensprache zu sprechen:

• Energieräder: Ki•Yo•Toh•Ko •

Diese Übung gelingt in einer kleinen Gruppe am besten, aber du kannst es auch alleine probieren. Ist die Gruppe groß, dann bildet mehrere Kreise von jeweils sieben bis acht Personen. Der Gedanke ist, daß wir eine Art Energierad bilden und dieses Rad dann immer schneller drehen, bis es abhebt. Sitzt im Kreis, ziemlich dicht beieinander, aber ohne euch zu berühren. Wenn ihr auf Stühlen sitzt, dann stellt eure Füße in der sitzenden GO-Haltung fest auf den Boden. Überkreuzt die Beine und Füße nicht und legt die Hände mit den Handflächen nach unten auf die Oberschenkel. *Vorsicht:* Diese Übung kann zuweilen sehr witzig werden, deshalb bleibt fest in der sitzenden GO-Haltung verankert.

Wählt eine Person aus eurer Gruppe zum Anker eures Energierades. Mit ihr beginnt jede Runde, es folgt die Person zu ihrer Linken und dann geht es im Uhrzeigersinn weiter. Wenn alle geendet haben, öffnet euch in das Eine Herz. Versucht, euch so auszurichten, daß ihr Ein Wesen seid, so daß alle Arme gleichzeitig in die Höhe gehen. Fühlt, wie euer Eines Wesen mit jedem Mal intensiver wird. Wenn ihr bereit seid, die nächste Runde zu beginnen, senkt die Hände und legt sie in der sitzenden GO-Haltung auf die Oberschenkel.

Nur die ersten beiden Runden laufen sehr schnell mehrmals im Kreis herum, bis die Anker-Person das Gefühl hat, daß es Zeit ist anzuhalten. Immer wenn ihr an der Reihe seid, sprecht ihr rasch, ohne darüber nachzudenken, was ihr sagen werdet. Das hilft, das Energierad in Schwung zu bringen. Ab der dritten Runde geht es nur noch einmal im Kreis herum, und dann öffnen wir uns in das Eine Herz.

Denkt daran: Energieräder laufen nicht über den Kopf, deshalb laßt euer Denken beiseite bis wir fertig sind. In der Sternensprache können wir das Ungesprochene ausdrücken.

Erste Runde:

Gebt einer nach dem anderen einen kurzen, raschen Ton von euch *(zum Beispiel eh, uh, ho, iep oder dergleichen).* Werdet immer schneller, so daß die Energie zu kreisen beginnt.

Zweite Runde:

Sagt etwas Kurzes, Lustiges in Sternensprache, und dreht euer Rad schneller und schneller, bis der Anker die Runde beendet.

Dritte Runde:

Sagt, nur in Sternensprache sprechend, wer ihr wirklich seid. *Wenn alle gesprochen haben, öffnet euch dem Einen Herzen.*

Vierte Runde:

Warum seid ihr auf die Erde gekommen? Was ist hier euer Ziel? *Dann in das Eine Herz!*

Fünfte Runde:

Sprecht jetzt mit eurem Allergeliebtesten, und sagt ihm alles, was ihr jemals sagen wolltet. *Personifiziert diesen Geliebten nicht!*

Sechste Runde:

Was ist euer nächster Schritt?

Siebente Runde:

Was sind eure Schlüsselwörter für dieses Jahr?

Achte Runde:

Sprecht jetzt ein paar Worte in Sternensprache, die euch den Weg in die Zukunft freimachen. *Dies kann ein sehr starker Teil der Übung sein. Spürt, wie die Energie sich dabei verändert. Ihr werdet merken, wie sich vor euch etwas auftut. Oft erhaltet ihr Bilder oder Offenbarungen über eure Zukunft; paßt also gut auf.*

Neunte Runde:

Singt dem Planeten und allen Lebewesen darauf in Sternensprache etwas vor. Singt ihnen von der unendlichen Liebe in dem Einen Herzen. Und spürt beim Singen, wie eine große Heilung stattfindet, wie die Dualität wegschmilzt. *Wenn die Lieder zu Ende gehen, kommt ihr zurück in das Eine Herz und haltet die Energie.*

Das ist alles. Es ist nicht wirklich schwierig, unsere wahre Sprache zu erlernen. Und es ist ungeheuer befreiend! Ihr könnt diesem Vorgang noch weitere Runden hinzufügen, in denen ihr alles ausdrückt, was ihr möchtet. Mit Hilfe solcher Energieräder kann man Gruppen wunderbar auf die Einheit ausrichten und einen großen Durchbruch in der Beherrschung der Sternensprache erreichen.

Der einundzwanzigste Schlüssel:

Unser Tiefinnerstes Selbst

Unser Tiefinnerstes Selbst…

Nackt bis ins Mark

Um tiefer ins Unsichtbare vorzudringen, müssen wir unser Tiefinnerstes Selbst finden – das, was wir wirklich sind, ohne Dekor, ohne Rollen oder Masken, ohne unsere Persönlichkeit, unsere eingefahrenen Gewohnheiten oder Vorlieben. *Unser wahres innerstes Wesen, ohne jede Verbrämung.* Diese grundlegende, unverblümte Version unseres Selbst kommt ohne alle die Zutaten von Klugheit, Schönheit, Wissen, Erfahrung, erworbene Fähigkeiten, Charme und dergleichen aus. Unser tiefinnerstes Selbst ist nackt, empfindlich, echt, verletzlich und zart. Hört sich gut an, wie? Es ist auch nicht so übel, wenn wir einmal da angelangt sind. Möglicherweise ein bißchen unbequem, bis wir uns daran gewöhnt haben, aber von entscheidender Wichtigkeit.

Wie gelangen wir zu unserem Tiefinnersten Wesen? Einer der schnellsten Wege ist, irgend eine Art von Krise durchzumachen, die uns zwingt, unsere alten Muster und unsere Persönlichkeit aufzugeben, und uns ermöglicht, unsere unangetasteten, lange verborgenen Vorräte von Mut, Kraft und Tiefe zu erreichen. Eine Krise bringt immer ziemlich rasch zum Vorschein, was echt und wirklich und was Illusion ist. Eine weitere Methode besteht darin, eine dramatische, leidenschaftliche Beziehung einzugehen – eine Art von Beziehung, die dich völlig entblößt und in den Dreck wirft. Oder du könntest auch an einem fesselnden schöpferischen Projekt teilnehmen, auf das du dich mit deinem ganzen Wesen konzentrierst. Finde irgendeine Tätigkeit, die dir alles abverlangt, was du zu bieten hast. Gib alles, dehne dich dann noch weiter aus und gib *noch* mehr. Auch eine mächtige spirituelle Erfahrung wird dich bis aufs Mark entblößen.

Da uns vielleicht keine passende Krise, dramatische Beziehung, hohe spirituelle Erfahrung oder schöpferische Unternehmung ins Haus steht, wenn wir unser Tiefinnerstes Selbst zu finden wünschen, werden wir uns nach anderen Wegen umsehen, um zum Wesentlichen zu kommen. Dazu müssen wir fast alle Ablenkungen ablegen, die unsere Aufmerksamkeit gefangenhalten. Ein leichter Weg ist der der inneren Einkehr: Unternimm eine lange Wanderung oder geh einfach ganz allein an irgendeinen ruhigen Ort und laß deine Persönlichkeit zurück. Nimm Urlaub von deinem Alltags-Ich und entdecke, wer da wirklich ist. Wenn du nicht einfach losziehen kannst, mach es zu Hause, indem du dir eine sichere oder Neutrale Zone schaffst.

Trage langsam die verschiedenen Schichten deiner oberflächlichen Persönlichkeit ab, die du dir rein äußerlich angeeignet hast. Mach dich daran, dein Sein sorgfältig zu entblößen. Entferne alles, was dich definiert, so, als ob du ganz sanft eine Zwiebel schälen würdest, eine Schale nach der anderen. Leg all die alten Rollen ab, die du gelernt hast, all die äußeren Masken. Laß all deine *„du solltest"* oder *„du müßtest"* los. Hör auf zu *wollen* und tue statt dessen. Hör auf zu *hoffen* und manifestiere statt dessen. Tu nur, was dein Herz dir rät. Es ist das Eine Herz; folge nicht den Launen und Wünschen deines kleineren Herzens. Sei wirklich. Sei echt. Das heißt, daß es keine kleinen Lügen und keine halben Wahrheiten mehr geben darf. Keine unbewußten, vorprogrammierten Reaktionen mehr. Bringe dich ständig wieder zurück in deinen tiefinnersten Kern.

An dieser Stelle begegnest du vielleicht deinem inneren Bewerter, dem Teil von dir, der ständig Urteile ausspricht: *„Du bist nicht gut genug"* – *„Du bist nicht klug genug!"* *„Du bist faul und taugst nichts!"* – *„Du bist zu dick/dünn, jung/alt, langsam/schnell!"* – *„Du verdienst keine Liebe!"* – *„Du bist nicht schön genug!"* – *„Schuldig, schuldig, schuldig!"* Okay, okay, das reicht schon! Gib dir keine Mühe, mit deinem Bewerter zu verhandeln; du brauchst nicht einmal zu versuchen, deinen Fall vorzubringen. Es ist nicht wirklich wichtig, ob du irgend etwas von alledem bist oder nicht. Laß ihn einfach weiterbrabbeln und schäle eine weitere Schicht ab. Mach weiter, bis selbst der Bewerter abgeschält ist.

Je näher wir unserem Tiefinnersten Sein kommen, umso linkischer und ungemütlicher fühlen wir uns. Das kommt daher, weil wir unsere schönen, hochgeschätzten Rüschen entfernt haben und sehr viel verletzlicher sind. Unser Tiefinnerstes ist so empfindsam und zart, daß wir uns oft, kaum haben wir es gefunden, wieder zudecken und so schnell wie möglich aus dem Staub machen wollen. Das ist eine alte vorprogrammierte Reaktion. Bitte widerstehe diesem Impuls und halte stand. Glücklicherweise enthält das Tiefinnerste Selbst einen riesigen Vorrat an Mut. Finde den mutigen Kern in dir und hole ihn hervor. Bleibe dabei. Lerne, weit offen, empfindlich, nackt und verletzlich zu leben.

Worauf wir noch achten müssen, ist das unvermeidliche Abpolstern unseres Innersten, das auch dann geschieht, wenn wir ganz fest entschlosen sind, offen zu bleiben. Feine Schichten von Vorlieben, Annahmen, äußeren Rollen, persönlichen Eigenschaften und Einstellungen werden sich langsam und fast unmerklich über unser Innerstes Sein legen. Sei wachsam und häute dich, bis du wieder bei deinem Kern bist.

Es ist dieser Kern, der uns in unser neues Leben führen wird. Wir brauchen ihn wirklich, um unser Neues Selbst zur Welt zu bringen und voll und ganz lebendig zu werden. Wenn du dein Tiefinnerstes Selbst einmal gefunden hast, dann verankere dein Sein darin. Mache es zum vorherrschenden Teil von dir. Schäle immer wieder alles ab, was sich unversehens darübergelegt hat, bis du wieder am Kern bist. Dann bleibe so lange wie möglich da. Mit der Zeit wird es erstaunlich angenehm werden, so empfindsam, wahr, nackt, weit offen und verletzlich zu sein. Du wirst eine unglaubliche Kraft darin finden. Es verankert uns in einer neuen Tiefe nackter Wahrheit. Wir sind endlich wirklich geworden.

Wenn wir uns wieder mit unserem Innersten Kern verbinden, entdecken wir viele Veränderungen in unserem Leben. Alles, was wir tun, strahlt eine tiefere Resonanz von Wahrheit aus. Dies mag manchmal schockierend sein, aber letztlich ist es zutiefst erfüllend. Wie lange haben wir unsere tiefsten Wahrheiten in uns selbst verschlossen gehalten oder verwässert, um vielleicht geliebt zu werden. Du wirst ungeheuer erleichtert sein, wenn alles, was du tust, deine tiefste Wahrheit widerspiegelt. Wir können endlich unser Leben ohne Kompromisse leben!

Wenn du dir noch immer Sorgen machst, ob das deiner Beliebtheit Abbruch tun wird, dann gib einfach dein Streben nach Beliebtheit auf. Die Menschen, auf die es in deinem Leben wirklich ankommt, werden dich mehr achten, wenn du wirklich bist, selbst wenn du dann ganz offen, nackt und verletzlich bist! In meinem eigenen Leben habe ich erfahren, daß es immer Leute gibt, die mich nicht mögen, ganz gleich, wie sehr ich mich bemühe, ihnen zu gefallen oder mich ihren Bedürfnisen anzupassen. Ich habe gelernt, diese Leute loszulassen und mich um meine eigene Aufgabe, mir selbst treu zu sein, zu kümmern. *SEI WIRKLICH, ganz gleich, was geschieht!*

Wenn du von deinem Tiefinnersten Selbst motiviert bist, kannst du klar handeln, ohne dich vor anderen rechtfertigen zu müssen. Du dich brauchst dich nicht aufzublasen, um vorwärtszukommen. So viele Leute meinen, sie müßten sich auf soundsoviele Weisen entschuldigen oder rechtfertigen, wenn sie etwas tun, was nicht in Übereinstimmung mit ihrem Inneren Sein ist. Sie erschaffen ein falsches Szenario, das ihnen hilft, die Mauern ihrer Verdrängung zu verdecken. Und all das einfach, weil sie nicht auf ihr Innerstes Selbst hören. Du kannst dir eine Menge Ärger und Herzschmerz ersparen, wenn du ständig dein Innerstes Selbst zur Kenntnis nimmst und achtest. Es wird dir all die natürliche Motivation liefern, die du brauchst.

Dein Tiefinnerstes Selbst ist das Samenkorn deines Neuen Seins.

Dein Tiefinnerstes Selbst ist einer der treuesten Freunde, die du hast. Lerne ihm zu vertrauen; es wird dich nicht in die Irre führen. Nach einer Weile wirst du dieses neue Gefühl höherer Wahrheit und nackter Lebendigkeit lieben. Du wirst dankbar sein, all die Schichten kleinlicher Oberflächlichkeiten loszusein. Du wirst dich wacher fühlen und lebendiger. Und jetzt, wo du das Samenkorn deines Neuen Seins aufgedeckt hast, kann die Geburt intensiver vorangehen.

Auf einem

kleinen Planeten

zu leben,

bedeutet nicht,

daß WIR

klein sein müssen.

Der zweiundzwanzigste Schlüssel:

Grenzenlos leben

Grenzenlos leben ist ein Seinszustand

Wenn wir erst einmal beschlossen haben, unsere ganze unendliche Weite zu umfassen, müssen wir auch bereit sein, den Weg bis zum Ende zu gehen. Dieses immer zunehmende Gefühl unendlicher Weite muß immer wieder sorgsam im Physischen verankert werden. Jeden Tag müssen wir es tun, wo immer wir uns befinden, ganz gleich, was wir gerade tun. Es ist ein Prozeß ständiger Achtsamkeit; immer sind wir wach, bleiben mit unserem tiefinnersten Selbst in Berührung und vergessen niemals, wer wir sind. Auf diese Weise etablieren wir die Neue Normalität, einen erhöhten Bewußtseinszustand, in dem unsere Grundlagen selbst zutiefst verwandelt werden.

Wir sind dabei,
von unserem letzten Traum
zur Größeren Wirklichkeit zu erwachen.

Grenzenlos zu leben ist das große Erwachen, die Befreiung aus unserem illusionären Traumzustand, in dem wir nur halb lebendig sind. Wir sind endlich auf dem Weg, durch und durch lebendig zu werden! Und denk bloß! Wie viele Menschen sind je wirklich lebendig gewesen? Die meisten von uns auf diesem Planeten haben den gesamten Kreislauf ihrer Inkarnationen in einem nebelhaften Traumzustand verbracht, sind von einer Illusion zur nächsten geschwebt. Selbst in unseren besten Tagen haben wir nur ein Zehntel unseres Gehirns benutzt. Haben mit unseren mickrigen Herzen und verbogenen dreidimensionalen Persönlichkeiten zu lieben versucht, eingesperrt in unsere engen alten Verhaltensmuster wie gedankenlose Roboter. Kein Wunder, daß uns das Leben nicht sehr sinnvoll und schon gar nicht erfüllend erschien.

Wenn du bereit bist, etwas völlig Neues zu erleben, wenn du deine Schlaftrunkenheit abschütteln und wirklich AUFWACHEN und durch und durch lebendig werden willst, wenn du deine Zellen selbst zu den Frequenzen ekstatischer Liebe beschleunigen willst, dann ist es Zeit, die Kunst des Grenzenlosen Lebens zu meistern.

• Die Kunst des Grenzenlosen Lebens meistern •

Viele von uns sind unzufrieden mit ihren Lebensbedingungen. Wenn wir bloß woanders hinziehen, einen anderen Beruf ergreifen, mehr Geld verdienen, eine neue Beziehung haben könnten! Wir zappeln vor Ungeduld, unsere äußere Welt zu verändern. Nun, hier ist der Schlüssel, den du suchst:

*Wir müssen zuerst uns selbst verwandeln,
bevor wir erwarten können,
daß unsere Umwelt sich verändert.*

Denk daran: Der physische Bereich ist der letzte Ort, wo die Größere Wirklichkeit sich manifestiert. Um diese höheren Frequenzen zu verkörpern und sie in der physischen Welt um uns zu verankern, müssen wir es zuerst in uns selber tun. Andernfalls könnten wir auf der Stelle eine neue Arbeit bekommen, umziehen, mehr Geld und eine neue Beziehung haben, und dennoch würde alles beim alten bleiben. Wir würden dieselben alten Gewohnheiten, Muster, Einstellungen, begrenzten spirituellen Vorstellungen und Unausgewogenheiten behalten und in der Dualität verhaftete Persönlichkeiten bleiben. Tiefe Erfüllung bliebe uns weiterhin vorenthalten.

An dieser Stelle ist es weit besser, sich nicht auf die gewünschten äußeren Veränderungen zu konzentrieren, denn das wird deine Ungeduld und Frustration nur vergrößern. Richte statt dessen deine Aufmerksamkeit wieder auf dich selbst. Konzentrieren wir uns darauf zu lernen, grenzenlos auf diesem begrenzten, kleinen Planeten zu leben. Wenn wir das können, werden wir bald unser Neues Selbst zur Welt bringen. Dieses Neue Selbst ist es, das unser neues Leben leben wird. Wenn es einmal geboren ist, dann brauchst du nur noch zuzusehen, wie rasch deine äußere Welt sich umgestaltet, um dein Neues Selbst besser zu unterstützen. Diese Verwandlung geht mühelos und ohne jeden Zweifel vonstatten.

• Erweitertes Annehmen •

Wir können damit beginnen, daß wir unsere alten Vorlieben aufgeben. Begib dich statt dessen in einen Zustand weit ausgedehnten Annehmens. Damit ist kein weinerliches, passives Akzeptieren nach der Art von *„na ja, es kommt, wie es kommt“* gemeint. Es ist auch kein Zustand resignierter Kompromißbereitschaft. Es handelt sich vielmehr um ein all-umfassendes Umarmen dessen, was jetzt in deinem Leben ist, und zwar *aus einem Blickwinkel der Unendlichkeit heraus.* Wisse, daß alles in deinem Leben aus einem bestimmten Grunde da ist; alles hat dir etwas zu geben. Finde die Lehren in jeder Situation, lerne sie und geh weiter. Auf diese Weise kannst du wirklich alles annehmen, und das hilft dir, die Grenzen um dich zu lockern und zu transformieren. Es hilft dir auch, alles mit neuen Augen zu sehen.

• Der Stein der Weisen •

Hier ist die Enthüllung des alchemistischen Geheimnisses. Willst du Blei in Gold verwandeln? Es ist leichter, als du denkst. Was ist das Geheimnis? Blei zu Gold zu machen bedeutet nichts anderes, als die dichteren Energien in erhöhte Lichtfrequenzen zu verwandeln. Betrachten wir einmal das

Konzept der Negativität. Zunächst gibt es Negativität nur innerhalb der Dualität. Hier ist der Schauplatz, wo wir die ständigen Dramen zwischen Dunkel und Licht aufführen. Es ist der Bereich der Herren des Lichts und der Dunkelheit mit ihren unaufhörlichen Kämpfen um Herrschaft und Kontrolle.

Laß uns jetzt in die Einheit eintreten. Hier gibt es keine Negativität mehr, keine Kräfte des Bösen. Das Eine ist allumfassend; alles ist Teil des Einen. Aus diesem viel weiteren Blickwinkel betrachtet, können wir die innere Vollkommenheit in allen Dingen wahrnehmen. Wir können sehen, daß die sogenannte Negativität im Grunde einem höheren Zwecke dient. Alles, selbst das, was wir nicht verstehen! Wenn wir uns in der Einheit verankern, werden wir frei von der Vorstellung von Negativität. Rate mal, was das mit uns macht! Es löst uns noch mehr aus der Dualität heraus, und die Negativität verliert ihre Macht. Auf diese Weise verwandeln wir Blei in Gold.

• Hilfreiche Tips •
• für die Zeit der Vollendung •

Sauberkeit ist Göttlichkeit

Es ist wichtig, uns selbst und unsere Umgebung in einem sauberen und ordentlichen Zustand zu halten, nicht nur um der Ordnung willen, sondern um Klarheit zu schaffen und eine neutrale Zone herzustellen, in der wir das Unsichtbare erforschen können.

Wie sauber bist du?

Wenn wir mitten dabei sind, ständig unsere Energien neu zu ordnen, ist es von äußerster Wichtigkeit, daß wir uns des Zustands unseres physischen Körpers bewußt bleiben. In diesem unserem Tempel finden große Veränderungen statt, und wir können viel tun, um diesen Prozeß zu unterstützen.

Reinigung:

Der erste Schritt ist Reinigung. Ich spreche hier nicht von extremen Maßnahmen, sondern einfach von einer Bewußtheit über die kleinen Dinge, die wir tun können, um unsere Energien in Gleichgewicht und Fluß zu halten. Wenn wir unseren Körper regelmäßig waschen, dann waschen wir nicht nur den Schmutz ab; wir reinigen unsere Energie. Deshalb bade und dusche oft und sei dir dabei immer bewußt, daß du auch deine Energie damit reinigst. Wenn intensive Energie um mich herum herrscht, dusche ich oft zwei- bis dreimal am Tag. Dasselbe gilt, wenn etwas Aufregendes geschieht. Dusche so bald wie möglich und wasche die unharmonische Energie ab.

Der Wasserfall:

Wenn du das Gefühl hast, zuwenig Liebe in deinem Leben zu haben, dann stell dich unter deinen Wasserfall *(die gute alte Dusche)* und fühle, wie du von flüssiger Liebe überströmt wirst. Laß die Liebe dich durchdringen. Fülle dich mit Liebe. Du wirst erfrischt und erneuert daraus hervorgehen.

Nimm eine Kraftdusche:

Das ist ein Tip für Eilige. Wenn du erschöpft bist, nur ein paar Minuten Zeit hast und wieder weiter mußt! Du brauchst weniger als fünf Minuten, einschließlich der Zeit zum An- und Ausziehen. Spring unter die Dusche, mit dem Gesicht zum Wasserstrahl. Hebe die Hände zum Wasser empor und führe sie mit einem lauten „Wusch" vor deinem Körper abwärts und dann seitlich nach außen. „Wusche" die alte Energie einfach weg. Dann dreh dich nach rechts, so daß deine linke Seite dem Wasser zugewandt ist, und wiederhole den Vorgang. Mach es noch dreimal, mit dem Rücken zum Wasser, dann mit der rechten Seite und dann wieder mit der Vorderseite. Dann spring aus deiner Kraftdusche heraus. Du wirst staunen, wieviel besser du dich fühlst.

Spritzen:

Das Spritzen ist eine wundervolle Technik, um unsere Energien zu reinigen, wenn wir draußen in der Welt sind. Es geht sogar noch schneller als die Kraftdusche. Begib dich zu irgendeiner Wasserstelle, einem Wasserhahn, einem Glas Wasser, einem Fluß, was immer erreichbar ist. Tauche die Fingerspitzen ins Wasser und benetze die inneren Augenwinkel damit, dann die äußeren. Spritze dir ein paar Wassertropfen auf die Stirn und verreibe sie über den Schläfen. Tu dasselbe mit den Wangen, beim Mund beginnend und von da nach außen. Wenn du noch Zeit hast, benetze auch den Hals, besonders den Nacken und die Stellen hinter den Ohren. Wasch dir dann die Hände und befeuchte die Innenseite der Handgelenke, eine sehr wichtige Stelle. Vielleicht willst du dir auch ein bißchen Wasser aufs Herz spritzen. Fertig; du bist rundum erneuert. Die Spritztechnik wirkt wirklich gut. Ich mache sie oft achtbis zehnmal am Tag, besonders wenn ich draußen in der Natur bin.

Wir sind keine Kamele:

Genau, wir sind keine Kamele, also laßt uns doch aus der Wüste herauskommen. Es gibt reichlich Wasser, also wollen wir es trinken. OFT. Es ist sehr wichtig, daß wir sehr, sehr viel Wasser trinken. Es hilft unserem Körper, sich von Giften zu befreien, und wir haben alle jede Menge Gifte in uns, die darauf warten, hinausgespült zu werden. Und denk bitte auch noch bei deinem zehnten Glas Wasser daran, es bewußt zu trinken. Es geht hier um Heilige Vereinigung, weißt du noch? Fülle deinen Körper regelmäßig mit flüssiger Liebe und fühle, wie sie in dich hineinrinnt. Wenn das Wasser nach dem fünfzigsten Glas zu langweilig wird, kannst du einen Spritzer Saft hinzufügen oder dir Eiskräutertee machen. Aber trinke weiter!

Tigerbalsam:

Tigerbalsam ist eine preiswerte chinesische Salbe, die viele kraftvolle Stoffe enthält, wie zum Beispiel Kampher und

Eukalyptus. Es gibt sie überall auf der Welt in chinesischen Läden oder Naturkostgeschäften. Sie hat mir bei zahlreichen Gelegenheiten praktisch das Leben gerettet, und ich trage immer ein wenig davon mit mir herum. Tigerbalsam ist sehr zu empfehlen, wann immer dir die Dualität zu schaffen macht: bei astralem oder übersinnlichem Beschuß, wenn ein anderer dir aus dem Dritten Auge eine pfeffert oder in Zeiten großer emotionaler Verwirrung. Tupfe dir wenn nötig ein wenig Tigerbalsam auf die Stirn, auf die Schläfen und auf den Hals unterhalb der Ohren. Paß auf, daß du ihn nicht in die Augen bekommst. Die Wirkung ist gleichzeitig heiß und kalt; wenn sie nachläßt, ist deine Energie wieder klar.

• Deinen Körper lieben •

Unser physischer Körper reagiert ungemein stark auf Liebe. Das ist nicht zu übersehen, wenn wir in einer Beziehung leben. Wir lieben es, geliebt zu werden. Liebe ist jedoch nicht auf die Gegenwart einer anderen Person beschränkt; wir müssen lernen, unseren Körper die ganze Zeit zu lieben und zu achten. Wir können damit beginnen, daß wir ihn erst einmal völlig annehmen. Schau deinen Körper an und akzeptiere ihn einfach so, wie er gerade ist, mit allen Unvollkommenheiten, die du an ihm erblickst. Unsere physische Form ist ein wundersames Werkzeug und durchaus in der Lage, sich zu immer größerer Vollkommenheit aufzuschwingen. Zuerst müssen wir sie jedoch in ihrem gegenwärtigen Zustand lieben.

Wie behandelst du deinen Körper? Stopfst du ihn morgens einfach in die Kleider wie eine Wurst in die Pelle? Ist deine Haut ganz trocken oder schuppig, weil du sie vernachlässigst? Schämst du dich für deinen Körper? Wenn das der Fall ist, gibt es einiges zu tun. Aber mach dir keine Sorgen; es macht Spaß. Kauf dir eine gute Lotion oder ein duftendes Öl. Klatsche es dir nicht nur auf die Haut, sondern liebkose sie damit. Sage deinem Körper immer wieder, wie sehr du ihn liebst; wie dankbar du bist, daß du in ihm lebst. Wenn dir das zu schwer fällt, dann sprich in Sternensprache mit ihm. Physische Körper *lieben* Sternensprache. Finde besondere Weisen, wie du deinem Körper etwas Liebes tun kannst. Verwöhne ihn mit einem Schaumbad oder einer Massage. Du wirst sofort merken, wie er auflebt.

Der physische Körper will gern benutzt werden. Er genießt jede Art von Bewegung und Spiel. Deshalb prüfe einmal nach, ob du deinem Körper genug zu tun gibst. Spielst du regelmäßig mit ihm? Körper sind in dieser Hinsicht ein bißchen wie Hunde; sie brauchen nicht nur Essen und Trinken, sondern sie wollen, daß man oft mit ihnen spazierengeht und herumtobt. Wenn dein Körper ein Hund wäre, was täte er dann? Wenn dein" Hund" also schlapp winselnd in einer Ecke liegt, dann ist es Zeit, ihn ein wenig liebevolle Aufmerksamkeit zu schenken. Lasse dich mit ihm auf ein spielerisches Abenteuer ein oder tanze einen stürmischen Wirbel durchs Zimmer. Ihr werdet beide viel Spaß dabei haben. Und du kannst nicht grenzenlos leben, wenn du ohne Freude lebst!

Natürlich gibt es auch Leute, die ihrem Körper zu viel Aufmerksamkeit widmen. Sie machen ständig an ihm herum und vernachlässigen vieles andere darüber. Sie meinen, wenn ihre Haare perfekt sitzen oder ihre Muskeln gut durchtrainiert sind, dann qualifiziert sie das als wertvolle Menschen. Hier herrscht jedoch ein Ungleichgewicht, eine Überkompensation für etwas, was im Inneren fehlt.

Wenn das bei dir der Fall ist, dann gestatte dir einfach, natürlicher zu sein. Laß deine Haare zottelig werden und kämme sie ein paar Tage lang nicht. Geh eine Weile nicht zur Gymnastik und wandere statt dessen, hacke Holz oder arbeite im Garten. Komm in die Wirklichkeit zurück. Körper, die zuviel spezialisierte Aufmerksamkeit empfangen, sind wie Pflanzen im Gewächshaus. Sie sehen toll aus, solange sie im Gewächshaus sind und all den Spezialdünger in einem kontrollierten Klima bekommen, aber wenn du sie in die reale Alltagswelt stellst, fallen sie schnell in sich zusammen.

Ganz gleich, ob du jung oder alt, ein Mann, eine Frau oder eine Artischocke bist – trau dich, schön zu sein! Das Schönheitsgeheimnis aller Zeiten ist: Wir sind alle schön! Auch der letzte von uns. Besonders wenn wir in dem Einen Herzen verankert sind! Ein unglaubliches Strahlen durchdringt uns einfach und ist umwerfend schön. Ich habe das immer und immer wieder gesehen, bei jedem Vortrag oder Workshop während der letzten zehn Jahre. Wenn wir in die Einheit eintreten, geschieht eine erstaunliche Verwandlung. Jeder, wirklich *jeder* wird schön! Was soll`s, wenn du Falten im Gesicht hast oder sonst etwas, was unsere gerade geltenden gesellschaftlichen Maßstäbe als unvollkommen einschätzen – nichts davon zählt mehr. Ein Licht geht von uns aus, das eindeutig wunderschön ist. Es ist das größte Schönheitsgeheimnis, das wir haben.

Los, trau dich, schön zu sein. Geh durch die Straßen und laß deine Schönheit strahlen. Du weißt, was dann geschieht, nicht wahr? Die anderen nehmen deine Schönheit von Mal zu Mal mehr wahr. Sie werden von einer besonderen Qualität des Geistes, die du ausstrahlst, von der Kraft deiner Liebe angezogen wie Motten vom Kerzenlicht. Es ist ganz leicht, und du brauchst dir nicht stundenlang die Haare zu drapieren oder dich kosmetischen Operationen zu unterziehen. Strahle einfach die Liebe des Einen Herzens aus und trau dich, dein strahlendes innerstes Selbst zu zeigen.

• Sich kleiden •

Nachdem wir uns mit unserem Körper angefreundet haben und zu der Erkenntnis gelangt sind, daß wir alle schön sind, ist es Zeit, uns etwas anzuziehen. Was willst du tragen? Bitte, wirf dir nicht einfach gedankenlos das nächstbeste Kleidungsstück über. Es ist Zeit, daß du aufhörst, dich unter deinen Kleidern zu verstecken, und anfängst, dein wahres Selbst zu enthüllen. Vergiß nicht, wir sind hier, um zu zeigen, wie man in allen Aspekten unseres Lebens grenzenlos lebt, Kleidung eingeschlossen. Die richtige Kleidung zu wählen erfordert Meisterschaft.

Den Kleiderschrank durchgehen

Zunächst einmal müssen wir unseren Kleiderschrank durchgehen und sehen, was da wirklich alles ist. Bei der Erforschung der verborgenen Tiefen unseres Kleiderschrankes stellen wir fest, daß wir mehrere Arten von Kleidung besitzen.

Gemütliche Kleidungsstücke:

In ihnen fühlen wir uns wohl und kuschelig – in dem verwaschenen Flanellhemd zum Beispiel oder in den ausgetretenen Schlappen. Behalte diese Sachen, denn es ist immer gut, etwas Gemütliches zur Hand zu haben, besonders in Zeiten, in denen unser Emotionalkörper sich verletzlich fühlt oder wir müde sind.

Kleidung für besondere Gelegenheiten:

Das sind Kleidungsstücke für besondere Aktivitäten wie zum Beispiel der Ski-Anzug oder ein Ballkleid. Geh diese Sachen sorgfältig durch und frage dich, ob du sie noch brauchst. Brauchst du wirklich noch Schwimmflossen oder das Fußballtrikot aus der Hochschulzeit?

Tolle Klamotten:

In ihnen fühlen wir uns besonders gut, sie passen uns phantastisch und helfen immer unserem Selbstbewußtsein auf die Sprünge. Behalte sie und trag sie öfter!

Kleidung für den nächsten Schritt:

Das sind Kleidungsstücke, die unser Sein erweitern und oft unser zukünftiges Selbst repräsentieren. Wir tragen sie selten, denn dazu müssen wir uns im Gleichgewicht und sehr selbstsicher fühlen. Wenn wir sie jedoch tragen, bringen sie uns jedesmal auf eine neue Ebene. Dies sind sehr wichtige Kleidungsstücke. Wenn du sie in der Öffentlichkeit nicht tragen magst, probiere sie wenigstens zu Hause regelmäßig an, bis du dich an sie gewöhnst. Wenn du keine solchen Kleidungsstücke für den nächsten Schritt besitzt, dann geh und kauf dir welche. Es ist eine gute Übung, die dich mit den neuen Energien in Berührung bringt.

Neue Altagskleidung:

Das ist die Kleidung, in der du dich wohlfühlst. Sie paßt gut zu dir, Farben und Stil schwingen im Einklang mit deinem tiefinnersten Selbst. Dies sind die Kleidungsstücke, die du am häufigsten tragen wirst.

Heilige Kleidung:

Viele Menschen haben diese Art von Kleidung noch keineswegs bewußt, aber es ist wichtig, daß ihr sie besitzt. Es sind Kleidungsstücke, oft in reinem Weiß, die du nur bei spiritueller Arbeit anziehst, zum Beispiel bei Zeremonien, planetarischen Aktivierungen, Heiligen Tänzen. Wenn du ein paar Kleidungsstücke ausschließlich diesen Zwecken vorbehältst, bewahren sie die Reinheit ihrer Energie. Jedesmal, wenn du sie anziehst, heben sie deine Schwingungsfrequenz. Du bringst damit auch die Hochachtung vor deinen spirituellen Aktivitäten zum Ausdruck.

Sich heilig kleiden bedeutet nicht, daß wir uns mit schweren zeremoniellen Roben und Machtinsignien beladen müssen. Dieses Zeug gehört der alten Zeit an. Halte deine heilige Kleidung rein und schlicht!

Nachdem du alle diese Kategorien von Kleidung durchgesehen hast, nimm das Übrige aufs Korn.

3D – Verkleidung

Dazu gehört alles, was jetzt noch in unserem Kleiderschrank zu finden ist. Das ist unsere Verkleidung für die dritte Dimension, und wir brauchen unser Leben damit nicht mehr zu belasten. Werfen wir also all die Klamotten hinaus, die nicht mehr mit uns in Einklang sind. Durchforste sie und sei einfach gnadenlos. Zu dieser Kategorie gehören auch alle Kleidungsstücke, die uns an eine bestimmte Rolle oder begrenzte Selbsteinschätzung binden. Das Zeug, das wir tragen, weil es eben da ist, das aber unser Herz nicht singen läßt. Weg damit!

Jetzt wollen wir herausfinden, was unser Tiefinnerstes Selbst gern tragen möchte. Wir wollen real sein. Es ist wichtig, daß alle Aspekte unseres Seins das widerspiegeln, was wir wirklich sind, und das umfaßt ganz gewiß unsere Kleidung, denn Kleidung ist ein wichtiger Teil von dem, was wir der Welt als unser Inneres präsentieren. Sie reflektiert auch, wie wir uns mit uns selber fühlen.

Wir wollen jetzt entdecken, welche Kleidung in Übereinstimmung mit unserem Innersten Selbst ist. In welcher Art von Kleidung fühlst du dich wohl? Welche Farben ziehen dich an? Schau dir deine Garderobe genau an und sieh, wo Ungleichgewicht herrscht. Vielleicht brauchst du ein paar neue Sachen, um dein Wesen wieder ins Gleichgewicht zu bringen. *Ein paar Beispiele:*

Zu kalt und unpersönlich:

Sind die meisten deiner Sachen von der glatten, gepflegten, professionellen Art? Senden sie die Botschaft aus: *"ich bin nicht wirklich Mensch"*? Wenn das der Fall ist, bist du vielleicht dabei, die Bodenhaftung zu verlieren. Versuche es zum Beispiel mit schlichter Baumwollkleidung, nimm die Sonnenbrille ab, geh barfuß.

Kleidung für den Überfluß:

Wenn es dir schwerfällt, das Thema Geld und Überfluß, das auf unserem Planeten so üppig wuchert, zu meistern, oder wenn du versuchst, an einen neuen, erfolgreicheren Job zu kommen, dann kannst du vielleicht deinen Stil ändern. Kleide dich weniger salopp, sondern geschäftsmäßiger – sauber, adrett und bestimmt. Das hilft auch, wenn du mehr schaffen willst. Aber kleide dich nicht wieder nach einer 3 D – Rolle, es geht nur darum, eine geerdetere und wachere Erscheinung zu bieten.

Kleidung für Klarheit:

Wenn du größerer Klarheit bedarfst, prüfe einmal, wie du dich kleidest. Läufst du meist etwas nachlässig herum? Sind deine Sachen schmuddelig oder zerknittert? Wirkst du immer ein bißchen zerzaust, als ob du gerade aus dem Bett kämst? Wenn das so ist, dann widme deiner Garderobe und deiner Erscheinung größere Aufmerksamkeit. Du wirst bald eine dramatische Veränderung bemerken.

Die Pflege unserer Kleidung:

Dies ist ein weiterer Bereich, in dem wir viel bewußter werden können. Wirfst du dein Kleider einfach auf den Boden? Hältst du sie sauber? Läßt du deine Sachen verkehrt herum daliegen? Wenn du das tust, ist es Zeit, bewußter zu werden. Was, glaubst du, geschieht mit deiner Energie, wenn du die Kleider mit der Innenseite nach außen liegen läßt? Sie verdreht sich genauso.

Eine weitere kleine Einzelheit: Wie richtest du deine Schuhe aus? Stelle sie nebeneinander, so daß sie in dieselbe Richtung zeigen, und du wirst größere Klarheit in deinem Handeln erleben. Kleidung ist eine äußere Widerspiegelung dessen, was innen ist. Behandle sie so, wie du deinen Körper behandeln würdest, und sie wird dir hervorragend dienen.

• Farben meistern •

Farben sind ein außerordentlich nützliches Werkzeug zum Heilen, zur Neuordnung und Transformation. Jede Farbe hat ihre eigene Schlüsselnote und harmonische Resonanz. Jede Farbe ist eine Einweihung in die Ganzheit. Innerhalb jeder

Farbe gibt es eine weite Vielfalt von Frequenzen, von ganz dicht bis sehr hoch schwingend. Lerne die verschiedenen Frequenzen jeder Farbe zu unterscheiden und wähle, wenn möglich, immer die am höchsten schwingenden Farbtöne. Es ist auch wichtig, ein größeres Verständnis für die Funktionen der Farben in unserem täglichen Leben zu entwickeln. Wir können damit beginnen, daß wir unsere persönliche Affinität zu einzelnen Farben kennenlernen.

Unsere Heimatfarbe:

Das ist die Farbe, mit der wir uns am wohlsten fühlen. Behaglich, beruhigend und leicht zu handhaben, aber nicht gerade aufregend. Viele Menschen haben Blau oder Grün als Heimatfarbe. Es ist die Farbe, von der wir ausgehen, und die Farbe, auf die wir uns immer zurückziehen können, wenn wir in Not oder im Ungleichgewicht sind. Es ist immer gut, wenn deine Heimatfarbe in deiner Kleidung und in deiner Umgebung vorhanden ist.

Die Farbe unseres Strebens:

Dies ist die Farbe, auf die wir uns zubewegen. Sie repräsentiert unsere Zukunft und unseren nächsten Schritt. Es ist keine Farbe, die wir häufig tragen, denn wir müssen sehr gut eingestimmt sein, bevor wir sie tragen können. Doch auch sie sollte sowohl in deiner Kleidung als auch in deiner Umgebung zu Hause vertreten sein. Da wir in solch beschleunigten Zeiten leben, entdeckst du womöglich, daß die Farbe deines Strebens sich ändert, wenn du den erstrebten Bewußtseinszustand erreicht hast. Das kann ein paarmal in deinem Leben geschehen. Achte auf diese Veränderung und triff dann die nötigen Vorkehrungen.

Unsere Reisefarbe:

Das sind die Farben, die wir benutzen, um von unserer Heimatfarbe zur Farbe unseres Strebens zu gelangen. Diese Farben sind außerordentlich wichtig, denn sie symbolisieren unsere Fortbewegungsmethode und stehen für unseren gegenwärtigen Einweihungsprozeß. Unsere Reisefarbe ändert sich gewöhnlich viele Male in unserem Leben. Jedesmal, wenn sie sich ändert, bedeutet das, daß wir in eine neue Phase unserer Reise eingetreten sind. Immer wenn wir eine neue Phase beginnen, entwickeln wir ein starkes Verlangen nach einer neuen Farbe. Dann sollten wir diese neue Farbe suchen und sie in unsere Umgebung bringen, wo sie uns nähren kann. Unsere gegenwärtige Reisefarbe sollte auch diejenige sein, die wir am häufigsten tragen. Manchmal haben wir mehr als eine Reisefarbe gleichzeitig, analog zu der vielschichtigen Komplexität dessen, was wir gerade erleben.

Spiralförmig durch das ganze Spektrum:

Letztlich müssen wir uns mit allen Farben anfreunden, das gehört dazu, wenn man ein ganzes Wesen werden will. Gehe also einmal in deinem Leben zurück und trage all die Farben zusammen, die du gekannt und geliebt hast. Dann finde die Farben, zu denen du dich noch nie hingezogen gefühlt hast und suche nach Gelegenheiten, sie zu integrieren.

Ein besonderer Hinweis auf die Farbe schwarz:

Schwarz ist die einzige Farbe, die alle Farben enthält und die Leere repräsentiert. Sie ist heutzutage in den großen Städten und unter jungen Leuten besonders beliebt. An Orten von schwerer Energie gibt Schwarz dem Träger einen gewissen Schutz, indem es Verletzlichkeit mit einer Schicht von Härte umgibt. Es neutralisiert deine Energien auch und hilft dir, das Unsichtbare zu spüren. Eine andere Eigenschaft von Schwarz ist, daß es Licht und Strahlung absorbiert. Die Überlebenden der Atombomben in Japan, die weiß gekleidet waren, kamen viel besser davon als diejenigen, die Schwarz trugen. Ich frage mich, wie die Löcher in der Ozonschicht sich auf Menschen auswirken, die hauptsächlich Schwarz tragen.

Dieser Planet und wir alle hier brauchen dringend mehr Licht. Wenn ich mich in eine große Stadt begebe, trage ich daher am liebsten Weiß oder helle, fröhliche Farben. Das hat eine erstaunliche Wirkung. Es verbreitet tatsächlich Licht und vermittelt allen, denen ich begegne, positive Energie. Wenn wir grenzenlos leben und zu einem Licht in der Dunkelheit werden wollen, dann sollten wir in diesen schwierigen letzten Tagen der Dualität vielleicht sehr bewußt mit der Farbe schwarz umgehen. Es ist ein großer Unterschied, ob wir Schwarz tragen, weil es uns wirklich eine innere Notwendigkeit ist, oder ob wir es tragen, um schick auszusehen. Wenn du Schwarz trägst, um deine Verletzlichkeit zu verbergen, dann ist es vielleicht jetzt an der Zeit, dich mit deiner Verletzlichkeit anzufreunden und dein Innerstes Selbst zu zeigen.

• Deine Gegenwart in der Welt aufrechterhalten •

Die richtige Kleidung zu tragen kann uns wirklich helfen, mit dem Strahl verbunden zu bleiben, wenn wir draußen in der Welt sind. Wenn du Kleidung wählst, die mit deinem Inneren Selbst in Harmonie ist, wird es dir leichterfallen, im Gleichgewicht und dir selber treu zu sein. Es ist Teil der Übereinstimmung zwischen innen und außen. Prüfe jeden Tag die Surfbedingungen, kleide dich so, daß du dich selbst zum Ausdruck bringst, mache die GO-Übung, und du bist bereit, der Welt offen, ehrlich und ausgewogen zu begegnen.

• Aus eingefahrenen Gewohnheiten ausbrechen •

Die meisten von uns sind sich nicht bewußt, wie viele eingefleischte Gewohnheiten wir in unserem Leben angenommen haben. Sieh dir einmal deine banalsten Tätigkeiten an, all die kleinen Dinge, die du jeden Tag roboterähnlich automatisch tust. Hast du bemerkt, daß du dir die Zähne jedesmal in derselben Reihenfolge putzt? Wie wäschst du dich, wenn du eine Dusche nimmst? Es ist immer derselbe Ablauf. Wenn wir jahrelang ein und dasselbe immer auf dieselbe Weise getan haben, werden diese Muster Teil unserer Zellstruktur und nehmen Einfluß auf unser gesamtes Wesen. Sie tragen auch dazu bei, körperliches Ungleichgewicht zu festigen. Ich weiß, daß in der Wiederholung ein gewisser Trost liegt, aber sie ist auch schal. Es ist viel leichter, bewußt zu bleiben, wenn wir nicht wie die Roboter agieren. Und wir sind hier, um immer wacher und lebendiger zu werden.

Also, meine Lieben, wachen wir auf und werden wir uns all der Dinge bewußt, die wir tun. Fang an, deine Muster zu ändern. Wenn du die Hand nach der Seife ausstreckst, dann versuch einmal, dich in einer anderen Reihenfolge zu waschen. Tu all die kleinen Dinge im Leben einmal anders. Verändere die festgefahrenen Muster. Mach dich frei.

• Die inneren Schaltstellen umpolen •

Nachdem wir unsere täglichen Gewohnheiten geändert haben, ist es Zeit, uns den inneren Schaltstellen zuzuwenden. Geh nach innen und überprüfe die Einstellungen. Ändere alles, was nicht so ist, wie du es haben möchtest. Schalte von Dualität auf Einheit um, von Angst auf Mut, von Mangel auf Fülle, von Unwürdigkeit auf Liebe. Prüfe jede Einstellung sorgfältig und triff die angemessene Entscheidung. Dies sind wichtige Dinge, die wir für uns selbst tun können. Jetzt sind wir bereit, GRENZENLOS ZU LEBEN!

Das Geheimnis,

von

Glück, Freiheit

und Erfüllung

ist,

GRENZENLOS

ZU LEBEN,

wo immer wir sind.

Der dreiundzwanzigste Schlüssel:

Draußen grenzenlos leben

Draußen grenzenlos leben...

Sich in der Natur natürlich fühlen

Wenn wir ganz und gar lebendig sein wollen, müssen wir Zeit in der Natur verbringen. Es ist leichter, real zu sein, wenn wir in das organische Leben der natürlichen Welt eintauchen. Haben wir erst einmal die zersplitterte Welt unserer künstlichen Zerstreuungen verlassen, können wir in einen einfacheren, dauerhafteren Seinszustand übergehen. Indem wir uns mit den Kreisläufen der Natur verbinden, finden wir unseren Platz im großen Kreislauf wieder. Unbewußt sehnen wir uns danach, wieder mit der Natur verbunden zu sein, und es ist ein wichtiger Teil unseres Ganzwerdungsprozesses.

Die Natur ist eine mächtige Schule, in der es viel zu lernen gibt. Wenn wir still sind und unsere Beobachtungsgabe schärfen, entdecken wir, daß überall um uns her tiefe Entdeckungen zu machen sind. Lerne zuzuhören; sitze still und beobachte, was sich dir in der Stille offenbart. Laß die Natur zu dir sprechen. Hier eröffnen sich dir viele Dinge. Es gibt Botschaften und Zeichen in Hülle und Fülle. Beobachte die Wolken und sieh, was sie dir zeigen, lerne, dem Wink eines Blattes zu folgen, lausche dem Wind in den Bäumen, und du wirst die Stimmen der Uralten hören. Du wirst Landkarten zum Kosmos in den Steinen verschlüsselt finden, die Geschichte gefallener Universen in den Sandkörnern am Strand. Es ist alles da und wartet nur darauf, daß du es wahrnimmst.

• Freunde dich mit deinen Füßen an •

Fangen wir einmal damit an, die Schuhe auszuziehen. Vergiß einfach mal eine Weile, daß du Schuhe hast und lerne deine jungfräulichen Füße kennen. Nackte Füße sind natürlich; wir sind schließlich nicht mit Schuhen an den Füßen auf die Welt gekommen. Füße sind praktische Werkzeuge und wunderbare Verbündete. Sie können uns überall hinbringen. Lerne sie zu achten, und sie werden dir auf wundersame Weise dienen. Manche von uns haben schon immer ihre Füße zu Freunden. Unsere Füße sind stark und fest, wunderbare Dinger, die uns überall hinbringen. Diese Füße brauchen keine Schuhe, außer wenn wir in der Stadt herumlaufen, wenn es kalt ist oder als modische Accessoires. Wenn du bereits gute, viebenutzte, brauchbare Füße hast, dann liebe sie einfach weiter und vergiß nicht, ihnen ab und zu etwas Fußbalsam oder eine Massage zukommen zu lassen.

Wenn deine Füße dir jedoch praktisch fremd sind, wenn du sie ständig in Schuhen gefangenhältst, dann gibt es Arbeit. Sind deine Füße seidig und unbenutzt wie chinesische Konkubinen? Würde es dich sozusagen umbringen, am Strand barfuß zu gehen? Wie sieht es mit einem Kiesweg aus? Oder mit einer Waldwanderung? Nun, es gibt auf der Erde heute viele Menschen wie dich. Es ist erstaunlich, aber wir haben vergessen, wie man seine natürlichen Füße benutzt! Unsere wunderbaren, naturlichen Fußfreunde!

Ich denke immer, der einfachste Weg, Kriege zu beenden, wäre, allen Leuten die Schuhe wegzunehmen. So viele Leute könnten nicht auf ihren bloßen Füßen laufen, daß Krieg unmöglich wäre. Wir bekämen einen Haufen hilflos humpelnder Soldaten zu sehen, die nichts als *„Autsch, autsch“* schreien könnten.

Wenn du zu den *„Autschern“* gehörst, dann zieh dir bitte die Schuhe aus und fang an, deine guten alten Füße einzuweihen. Hör auf, sie in schwere Schuhe einzusperren, in denen sie nicht einmal atmen können. Männer sind die Schlimmsten in dieser Hinsicht. Große, starke Männer, die keine fünf Schritte ohne Schuhe gehen können, deren Vorstellung vom Barfußgehen darin besteht, die Socken anzubehalten!

Bitte zieh deine Schuhe *und die Socken* aus und geh hinaus und fühle die Erde unter deinen wirklichen Füßen. Fühle die herrliche Heilige Vereinigung, die zwischen dir und der

Erde stattfindet. Fange mit etwas Weichem an wie Erde oder Gras und gewöhne sie langsam daran, frei zu sein. Nach viel Übung wirst du auch über scharfe Steine und sogar Kakteen gehen können, und deine Füße werden so schön abgehärtet sein, daß sie überhaupt nicht weh tun. Du wirst echte, lebendige, befreite Füße haben!

• Achtung vor allem Leben entwickeln •

Jetzt beobachte dich einmal selbst und sieh, wie tief du in jedem Augenblick bewußtes Leben demonstrierst. Hast du Achtung vor allem Leben? Beobachte dich: Trampelst du über Blumen hinweg oder verschreckst du Tiere mit deinem Lärm? Wenn du einen Stein aufhebst, wirfst du ihn dann einfach wieder weg oder legst du ihn liebevoll an seinen Platz zurück? Was machst du mit deinen Zigarettenstummeln oder Bonbonpapierchen? Sei dir jedes deiner Schritte außerordentlich bewußt. Gehe leichten Schrittes durch die Natur, mit offenen Augen und offenem Herzen – wach, aufmerksam und durch und durch lebendig.

Vergiß nicht, alles mit neuen Augen zu betrachten. Was für eine Einstellung hast du beispielsweise zum Regen? Versuchst du, möglichst nicht naß zu werden? Reagierst du auf Regen unbewußt mit: „Igitt, es regnet!“, als ob Regen etwas Schlechtes wäre? Denk mal einen Moment lang darüber nach. Regen ist ein Segen. Er nährt alles Leben. Er ist mit den wunderbaren negativen Ionen gesättigt, die wir alle brauchen, und er wäscht alles rein. Warum sind wir so glücklich, naß zu werden, wenn wir schwimmen gehen, und regen uns so auf, wenn uns der Regen naßmacht? Liebe den Regen. Hab keine Angst, naß zu werden, geh einfach hinaus und laß ihn über dich strömen. Stell ihn dir als riesigen Wasserfall vor, der vom Himmel kommt, einen herrlichen, wohltuenden Wasserfall der Liebe.

Noch etwas, was du in dein Leben integrieren kannst: Jedesmal, wenn du einer natürlichen Wasserquelle begegnest, solltest du sie mit gebührender Achtung grüßen. Dazu gehören die Meere, Seen, Quellen, Flüsse, Wasserfälle, natürlichen Teiche und Bäche. Setze dich am Wasser nieder und sprich in Sternensprache mit ihm. Sag ihm, wer du bist und daß du in Liebe und Achtung da bist. Dann erfrische dich mit der Spritztechnik, die ich im vorigen Kapitel beschrieben habe. Ich füge immer noch ein paar Tropfen hinzu, die ich mir von oben auf den Kopf spritze nachdem ich sie in meinen Händen zum Himmel emporgehoben habe.

• Das Wetter spiegelt die vorherrschenden Energien •

Jedes Wetter hat seinen Sinn. Es spiegelt die vorherrschenden Energieströme und kann dir viel über die Surfbedingungen sagen. Lerne dich auf das Wetter einzustellen. Lasse deine Aktivitäten mit den vorherrschenden Mustern verschmelzen. Laß deine Wahrnehmung sich ständig verfeinern, bis du die vielen verschiedenen Arten von Wind, die unzähligen Arten des Schneefalls lesen kannst, und passe dein Tun an sie an, so daß du mit den Energien gehst und nicht gegen sie.

Lerne auf den Wind zu lauschen, und du wirst seine Botschaften empfangen. Beobachte die ziehenden Wolken und sieh die Visionen in ihnen. Die Wettermuster enthalten viele Landkarten und Hinweise auf die Größere Wirklichkeit. Bei manchen Eingeborenenvölkern ist dieses verfeinerte Wissen um das Wetter noch lebendiger Teil ihres Lebens. Die Inuit zum Beispiel haben 25 verschiedene Wörter für die verschiedenen Arten von Schnee, und die Polynesier haben ein ausgedehntes Vokabular für die unterschiedlichen Aspekte des Ozeans.

Hier ein paar Beispiele für Wind, mit denen du anfangen kannst:

• Winde der Veränderung •

Ein heftiger, scharfer Wind, der das Alte wegbläst und das Neue hereinbringt. Dieser Wind sollte willkommen geheißen werden. Geh hinaus und laß ihn deine alten Schichten wegblasen. Halte nichts zurück und gib dich dem herrlichen Wind der Veränderung hin. Dein Innerstes Selbst wird sich an diesem Wind ergötzen. Winde der Veränderung sind schwanger mit dem Neuen. Öffne dich ihnen, und du spürst, wie sich die Samen deiner Zukunft in dir einnisten.

• Schneidender Wind •

Ein Wind, der das Alte wegrasiert und die Welt reinigt. Er ist kalt, durchdringend und ziemlich rauh. Bleib im Hause, während er die äußere Welt reinigt.

• Winde der Liebe •

Ein sanfter und dennoch durchdringender Wind, der Liebe mit sich führt. Oft weht er an herrlich vollkommenen Frühlingstagen. Diese Brise tanzt ganz zart auf deinem Gesicht und liebt dich spielerisch. Liebe liegt in der Luft!

• Tückische Winde •

Sie sind schwer und dick, voll starker Böen, die alles, was nicht niet- und nagelfest ist, wegblasen. Gartenmöbel fliegen umher, Dachziegel poltern vom Dach. Tückische Winde heulen und pfeifen und sind mit einem Gefühl böser Vorahnung verbunden, als ob etwas Ominöses und Geheimnisvolles im Anzug sei. Es ist gut, jetzt im Haus zu bleiben. Tückische Winde sind nicht wirklich tückisch; sie sagen nur, daß die Natur sich behaupten und neu ordnen muß. Es ist eine Zeit, wo die Menschen still sein und der Natur den Vorrang lassen sollen. Draußen kommen die wilden Geschöpfe heraus und tanzen. Es ist ihre Zeit des Feierns. Das Gleichgewicht zwischen der Welt der Natur und der Welt des Menschen wird wiederhergestellt.

• Zustimmende Winde •

Dies ist ein Wind, der dir bestätigt, daß du mit dem Strahl in Einklang bist. Manchmal erlebst du ihn, wenn du an einem heiligen Ort anlangst. Es bedeutet, daß deine Gegenwart hier willkommen ist. Oft wehen zustimmende Winde, wenn wir eine heilige Zeremonie durchführen. Es können kurze, starke Böen sein, die unvermittelt auftauchen und sich rasch wieder legen, oder wiederholte sanftere Windstöße. Gewöhnlich kommen zustimmende Winde unerwartet an einem ansonsten windstillen Tag. Höre auf sie und begib dich in tieferes Einssein.

• Winde der Uralten •

Dies ist der Wind, der durch die Bäume eines Waldes streicht. Lausche ihm aufmerksam, und du hörst die Stimmen unserer Vorväter, die zu dir raunen. Sprich in Sternensprache mit ihnen, und sie sagen dir alles, was du wissen mußt. Dieser heilige Wind ist besonders mächtig in Wäldern, wo alte Baumwesen wachsen.

• Wind im Bambus •

Bambuswälder sind magische Orte. Wenn der Wind durch einen Bambushain streicht, erzeugt er Himmelsklänge. Ein Tor zu einer anderen Welt tut sich auf...

• Drachenwind •

Ein sehr, sehr seltener Wind, der dadurch entsteht, daß Drachen am Himmel kreisen. Wenn sie die Luft aufwirbeln, entstehen mächtige Windströmungen; massive Veränderungen werden in Gang gesetzt. Das Reich der Natur erwacht und die Elfen beginnen zu singen. Lausche ihren Liedern und singe aus ganzem Herzen mit. Nichts wird mehr so bleiben, wie es war. Es ist ein großer Segen, einen Drachenwind zu erleben.

Man sagt auch, daß ein riesiger Drachenwind über die Erde fegen wird, wenn sich das Tor der 11 : 11 zu Ende des Jahres 2011 schließt, und daß er die letzten Spuren der Dualität wegblasen wird.

• Den Tanz der Schöpfung tanzen •

Übe, als göttliches Wesen einherzugehen. Handle so, als wärest du Mitschöpfer dieser Welt und als wäre die ganze Natur deine geliebte Verwandtschaft. Sprich in Sternensprache mit deinen Brüdern und Schwestern; sing ihnen zu. Behandle alles mit tiefer Liebe und Achtung. Auch die kleine Ameise gehört zu deiner geliebten Familie, die Muschel, der Vogel, die Pflanze. Sieh den Himmel, den Ozean, die Berge, die Seen, die Bäche, die Bäume und Sterne als deine Brüder und Schwestern und grüße sie in Liebe. Betrachte sie als Gleichgestellte, als göttliche Wesen, die mit dir den Tanz der Schöpfung tanzen.

Wenn du das kannst, geschieht etwas Wunderbares. Du gleitest ganz sanft in eine höhere Wirklichkeit hinein. Hier können dir wundersame Offenbarungen zuteil werden, du kannst das Lied des Einen singen. Uns allen ist dieselbe Kernessenz gemeinsam. Wir sind vereint in dem Einen Herzen und bilden gemeinsam Ein unermeßliches Sein. Ein tiefes Gefühl friedlichen Wohlseins wird dich einhüllen. Es ist die Gesamtheit des Einen.

Der vierundzwanzigste Schlüssel:

Meisterschaft im Dienen

Meisterschaft im Dienen...

„Wahres Herrschen ist Dienen“ (I Ging)

Eine der besten Möglichkeiten, in diesem Leben zur Erfüllung zu gelangen, liegt in der Kunst des Dienens. Wahres Dienen gibt uns großartige, einmalige Gelegenheiten, unser volles Wesen einzusetzen; wir wachsen weit über unsere früheren Grenzen hinaus. Wenn wir Meister im Dienen werden, treten wir in einen Zustand erhöhten Bewußtseins ein. Unser gesamtes Sein ist der Kunst des Dienens hingegeben, und wir sind in der Lage, unsere ganzen Fähigkeiten auszudrücken. Wir werden durch und durch lebendig.

Indem wir uns selbst dienen,
dienen wir anderen.
Indem wir anderen dienen,
dienen wir uns selbst.

Wahres Dienen erfordert einen erweiterten Blickwinkel, ein tief verankertes Gefühl der Einheit. Wenn wir bewußt mit der Einheit verwoben sind, wissen wir, daß wir alle Teil eines viel größeren Einen Seins sind. Wann immer wir mit irgendeiner Fähigkeit unserem Einen Sein dienen, dienen wir auch uns selbst. Es gibt kein Gefühl der Trennung mehr zwischen einzelnen Wesen innerhalb des Einen. Im Einklang mit dem Einen Sein spüren wir alle Aspekte unserer Einheit. Wir sind Teil der kollektiven Ganzheit unserers Einheit. Wenn sich also irgendein Teil unseres größeren Ganzen elend oder besonders gut fühlt, Mangel an Liebe oder überschäumende Freude empfindet, fühlen es alle. Wir haben nicht nur Zugang zu diesen Gefühlen, sondern wir werden auch von ihnen beeinflußt.

*Es gibt keine Trennung mehr
zwischen hier und dort,
zwischen uns und anderen.*

Dies ist einer der Grundsteine für ein großes Leben. Deshalb sind wir zum Dienst an anderen aufgerufen, mehr als je zuvor. Wahres Dienen ist keine Sklaverei, es bedeutet auch nicht, für andere der Fußabtreter zu sein. Es bedeutet nicht, benutzt oder ausgebeutet zu werden. In der Einheit gibt es keine *Gebenden* und *Nehmenden* mehr. Wir alle geben unser Bestes und empfangen unser Bestes.

Dienen ist der freudige Ausdruck unserer Liebe für das Eine Sein. Es gehört ganz natürlich zu dem, was wir sind. Wir sind Dienende, nicht weil wir *müssen* oder *sollten*, sondern weil es unsere höchste Freude und Erfüllung ist. Wenn wir dienen, ist unser ganzes Wesen im Einsatz, und wir fühlen uns wacher und lebendiger. Es gibt uns enorm viel Kraft und ständige Gelegenheiten, uns an unser inneres Selbst anzuschließen und unsere angeborene Herrlichkeit zu manifestieren. Wenn wir uns gestatten, Meister des Dienens zu werden, gehen wir über unsere auf der Dualität begründete Persönlichkeit hinaus und betreten neue, bisher ungeahnte höhere Ebenen unserer selbst. Endlich sind wir zu durch und durch lebendigen, auf natürliche Weise verantwortlichen, reifen und befreiten wahren Wesen geworden.

Wie wird man zu einem Meister des Dienens?

Der erste Schritt ist, ständig über sich selbst hinauszusehen. SCHAU WEITER AUS. Du kannst damit beginnen, daß du dich auf den bekannten Aussichtspunkt hoch über der Erde begibst und auf sie hinunterschaust. Beobachte sorgfältig, was da vor sich geht. Was ist zu tun? Wie kannst du mitwirken? Wie kannst du helfen? Umarme den Planeten und alle seine Lebensformen mit der Liebe des Einen Herzens. Halte ihn einfach in den Armen und liebe alles. Laß einen Teil deines Seins immer diesen Blickwinkel einnehmen.

Tritt nun zurück in dein Leben und sieh dich um. Was ist zu tun? Wie kannst du helfen? Hier findest du deine Kraft. Wenn du siehst, daß etwas nötig ist, tue es. Warte nicht, bis dich jemand dazu auffordert. Bleibe dir ständig dessen bewußt, was in deiner Umgebung vor sich geht. Und bitte denk daran, daß das kein mentaler Vorgang ist; es ist ein *Erspüren* der Energien um dich her. Du kannst sie spüren, weil sie Teil deines größeren Seins sind.

Es gibt unzählige Gelegenheiten für wahres Dienen. Sie sind immer bei der Hand. Lerne, sie überall zu sehen, und wenn du eine Gelegenheit siehst, handle sofort. Du kannst einfach dadurch dienen, daß du eine positive Einstellung bewahrst, oder dadurch daß du das schmutzige Geschirr abwäschst, auch wenn du gar nicht dafür zuständig bist. Diene, indem du deine Liebe mit allen teilst, die dir begegnen; diene, indem du deine Unordnung aufräumst. Diene, indem du dir deiner eigenen Bedürfnisse ebenso bewußt wirst wie der der anderen.

Meister des Dienens dienen nicht nur, wenn ihnen danach ist oder die besten Voraussetzungen gegeben sind. Sie dienen, wann immer sie gebraucht werden. Das sieht oft so aus, daß sie vierundzwanzig Stunden täglich im Einsatz sind. Aber denk daran, diese Gelegenheiten zum Dienen sind ein Geschenk – eine herrliche Gelegenheit, über unser kleineres Selbst hinauszuwachsen und wahre Größe zu zeigen.

Der fünfundzwanzigste Schlüssel:

Die Kraft der Reise

Die Kraft der Reise...

Im Augenblick befinden wir uns auf einer unglaublichen Reise in das Unbekannte.

Es ist eine Reise ohnegleichen, die uns in Bereiche führt, welche noch niemals erforscht wurden und die wir uns gar nicht vorstellen können. Wir haben die letzte Schwelle zu gänzlich neuen Bewußtseinsebenen und höheren Seinszuständen überschritten. Und auch wenn wir vielleicht über den ganzen Planeten verstreut leben, befinden wir uns doch alle zusammen auf dieser Reise.

Es ist eine Reise voller Größe, die unsere volle Hingabe erfordert, unsere zielgerichtete Entschlossenheit, unsere uneingeschränkte Liebe und unseren ganzen Mut. Wir müssen immer bereit sein, den Blickwinkel zu ändern, unser Glaubenssystem umzustellen und alles aufzugeben, was wir bislang erreicht haben. Das bringt eine ständige Erneuerung mit sich, und wir müssen ständig auf der Hut sein, daß wir nicht mitten während der Reise steckenbleiben oder zur Salzsäule erstarren. Jeden Tag werden wir in eine immer größere Realität hineingeboren. Wir müssen fließend und offen bleiben, immer in Einklang mit den feinen Strömen des Unsichtbaren, und die schwangere Leere des Unbekannten in die Arme schließen.

Unser Inneres Selbst zeigt uns den Weg; wir brauchen nur zu folgen, zu wagen, endlich ganz lebendig zu sein, mit unserem gesamten Sein lieben zu lernen. DIE LIEBE ZU SEIN. Wir befinden uns auf einer Auferstehungsreise, auf einer Reise der Transzendenz und Neugeburt. Wir werden von der Strahlkraft der höheren Frequenzen des UNSICHTBAREN erleuchtet. Der Samenkern unserer Zellen wird durch Licht umgewandelt. All unsere verschiedenen Energiekörper kommen in Einklang mit Einem unendlich viel weiteren Sein –

der physische, emotionale, mentale und spirituelle Körper ebenso wie der Kern unseres Erd-Stern-Selbst. Es geht mehr von unserem zersplitterten Selbst im Einen Sein auf als je zuvor.

Diese großartige Reise in das Unbekannte führt uns über sehr gewundene Pfade. So leicht werden wir ungeduldig, daß es so lange dauert, daß wir so viele Schritte zu gehen haben. Wir wollen JETZT am Ziel sein; wir wollen jetzt ins Neue eintauchen; wir wollen jetzt in einer neuen Welt leben, einer Welt, die endlich einen Sinn hat, die von Liebe und Licht erfüllt ist. Wir wollen Inseln des Lichts erschaffen und erfüllende Liebesbeziehungen erleben. Wir wollen offen unser Wahres Selbst zum Ausdruck bringen. Und warum dauert das so lange? Warum müssen wir uns durch so viele Illusionen durcharbeiten? Warum ist diese Reise so mühsam und ohne Ende?

Die Kraft liegt im Weg

So ist es; *die Kraft liegt im Weg.* Nicht in dem langersehnten Ziel, sondern in der Reise selbst. Der Prozeß unserer Reise gibt uns genau das, was wir brauchen, um unser wahres Selbst zur Welt zu bringen. Ständig ordnet sie unser Sein auf neue Weise und befreit uns von den Grenzen der Dualität. Die Reise enthält unsere Einweihung. Indem wir diese Reise machen, erschaffen wir die Neue Welt. Sie wird in unserem eigenen Sein, in den verwandelten Zellen unserer physischen Körper und innerhalb der äußeren Welt erschaffen. Wir sind die Hebammen. Die Reise selbst ist der Geburtskanal, der uns aus der Dualität in die Einheit führt. Und wie bei jeder Geburt muß ein großer Teil von uns und unserem früheren Realitätssystem absterben, damit wir neugeboren werden können. Deshalb ist unsere Reise oft so mühsam und so schwierig. Deshalb müssen wir in ständiger Hingabe und Offenheit leben. Deshalb müssen wir entschlossen sein, mit allem, was wir haben, den Weg bis zum Ende zu gehen.

Wenn wir uns dazu einmal entschlossen haben, können wir auch unser Ziel loslassen und alles, was wir uns darunter vorstellen. Davon stimmt sowieso nichts, denn unser wahres Ziel liegt *weit jenseits* unserer gegenwärtigen Wahrnehmungsebenen.

Stehe einfach da, wo du in diesem Augenblick bist, und nimm deine Reise an. Nimm all die unausweichlichen Erfahrungen an, die sie mit sich bringt. Alles ist absolut vollkommen. Deine Reise ist perfekt geplant und ganz präzise auf dich persönlich abgestimmt, um dir zu helfen, dein Wahres Selbst ans Licht zu bringen und den Eintritt in das tiefere Unsichtbare zu erleichtern. Alles, woran du arbeiten oder was du in Ordnung bringen mußt, kommt von sich aus zu dir – vergrößert, damit du auch genau hinschaust –, ob es dir gefällt oder nicht!

Durch das Unsichtbare in ganz neue Bereiche des Bewußtseins zu reisen ist immer eine Herausforderung, aber niemals war das mehr der Fall als jetzt. Je tiefer wir eindringen, desto weniger von unseren alten Hilfsmitteln und Wegekarten, unseren Fähigkeiten, Kenntnissen und Errungenschaften können wir benutzen. Wir müssen uns vom Herzen führen lassen, von unserer feingeschliffenen Intuition, unserer Geschicklichkeit im Wellenreiten und von schlichter Wahrheit. Dies muß auf der innersten Ebene vor sich gehen – echt und rein, bar jeder Illusion. Glücklicherweise erhalten wir gegenwärtig alle Erfahrungen, die wir brauchen, um bis auf diese Kernebene abgeschliffen zu werden. Wenn du dich also das nächste Mal in den tiefsten Tiefen der Verzweiflung befindest oder von der Unwirklichkeit und Leblosigkeit der Existenz ganz benommen bist, dann denk daran, daß dies Teil des Prozesses ist, der dich bis auf den Kern entblößt. Wir müssen das erleben, bevor wir unsere Geburt vollenden können. *Es ist die Kraft der Reise, die in vollem Gange ist.*

Werde dir darüber klar, wo du gerade stehst. Das ist dein jetziger Durchgangspunkt auf deiner Reise. Sieh dich um; durchforsche dein Leben und deine Umgebung mit erneuter Aufmerksamkeit. Sie sind voll von den Schlüsselelementen, die dich zu deinem nächsten Schritt bewegen werden. Was ist zu tun? Was muß in Ordnung gebracht werden? Was mußt du loslassen? Lektionen und Auslöser für deine Evolution sind im Überfluß vorhanden, wenn du dir nur die Zeit nimmst, sie zu sehen.

Wir befinden uns immer
in einem Durchgangsstadium;
Wir sind immer im ewigen Jetzt.

Das ewige Jetzt enthält alles – Vergangenheit, Gegenwart und Zukunft, zusammengerollt in einer einzigen großen Kugel, die sich in die allumfassende Unendlichkeit ausdehnt. Alle gleichzeitig befinden wir uns in einem Übergangszustand, auf einer großen Reise ins Unbekannte. Aufgrund dieser Übergangsnatur unserer sich ständig verändernden Wirklichkeit ist alles hier auf Erden flüchtig. Alles sind lediglich die blinkenden Spiele der Energie, die unaufhörlich tanzenden Frequenzen des Lichts.

Wenn du das sehen kannst, dann wirst du vielleicht verstehen, wie müßig es ist, zu versuchen, sich an äußeren Formen festzuhalten. Wie nutzlos sind unsere dürftigen Anstrengungen, Kontrolle zu bewahren oder das Grenzenlose in die Schranken zu weisen. Wenn wir mit weit offenen Herzen und Händen durch das Leben gehen und nicht versuchen, irgend etwas festzuhalten, werden wir immer weiter wachsen und uns verwandeln. Wir werden für die ständige Erneuerung und Transformation empfänglich bleiben. Wir werden unser Wesen durch wahre Lebendigkeit erquicken. Auf diese Weise ehren wir die Kraft der Reise.

Der sechsundzwanzigste Schlüssel:

Der
Restsamen

Der Restsamen...

Restsamen:
das physische Zeichen, die Spur
oder der Überrest von etwas,
das nicht mehr existiert.

Restsamen gibt es seit Anbeginn. Sie existierten bereits vor diesem Planeten und halfen bei seiner Erschaffung. Sie tragen die Muster aller Dinge in sich, den universellen Schlüssel zur Schöpfung. In ihnen Zellen ist auch der Code der größeren Realität gespeichert. Sie sind die Bewahrer der Matrix.

Denk an eine Supernova, die wir jetzt noch immer physisch sehen, obwohl sie schon seit langem ausgebrannt ist. Denk an Dinosaurierknochen, die die DNS einer Gattung enthalten, die nicht mehr existiert. Denk an alte Völker wie die Hopi, die Dogon, die Bön oder die Buschmänner der Kalahari, die als Ankerpunkte der heutigen Welt dienten, die jetzt ihre letzten Tage erlebt. Da sind die australischen Aborigines, das älteste Volk, das auf dem Planeten noch zu finden ist, und das Tausende und Abertausende von Jahren unsere Sternenkarten zusammengehalten hat. Und es gibt die großen uralten Baumwesen, freundliche Riesen, die in unseren rapide schrumpfenden Urwäldern leben und täglich von unwissenden Leuten, die nichts als ihre Habgier kennen, niedergehauen werden. Und die Wale mit ihrem unendlichen Wissen, die die Ozeane dieses Planeten mit ihrer Gegenwart beehren.

Der Überrest von etwas, das nicht mehr da ist.

Wir, die Erwachten, sind auch der Restsamen. In unseren Zellgedächtnisbänken liegt die Geschichte aller bekannten Welten, unzähliger noch ungeborener Welten und auch jener, die weit jenseits dessen liegen, was wir gegenwärtig erfassen können. All dies tragen wir im Samenkern unseres Seins.

Wir tragen die Erinnerung an alte Zeiten in uns, die viel weiter zurückliegen, als unsere Geschichtsschreibung weiß. Wir erinnern uns an Zeiten, als Engel sichtbar auf der Erde wandelten, an Zeiten, wo Riesen herrschten, und an die blühenden Elfenreiche. Wir haben das Lied der Sterne gesungen; wir sind auf Lichtflügeln durch die Himmel geflogen; wir sind als Wale und Delphine durch die Meere geschwommen. Wir haben viele Kontinente aufsteigen und sinken gesehen, jedesmal, wenn die Erde ihre Achse verschob. Wir haben die Geburt und den Tod von Sternen miterlebt, die Verwandlung ganzer Galaxien. Wir haben mit Körpern aus Fleisch geliebt, mit Körpern aus Fell, aus Federn, aus reiner Geometrie und aus Licht.

In uns verschlüsselt ist die strahlende Kugel der ALLZEIT – Nicht-Zeit, Nicht-Raum. Wir enthalten die *Vergangenheit, die niemals war,* die *Zukunft, die nie sein wird,* und die *Gegenwart, die viel mehr ist, als sie scheint.* Jeder von uns ist ein vollkommenes Hologramm des Einen.

Etwas, das es nicht mehr gibt

Wir sind der Restsamen. Unser physischer Körper ist der Träger von etwas, das es nicht mehr gibt. Er wurde nach dem Bilde unseres Schöpfers geformt, als Landkarte Gottes in der Evolutionsspirale, die wir gerade im Begriff sind zu verlassen. Unser Körper wurde als zentraler Brennpunkt oder Heimatbasis für unseren Durchgang durch die Dualität geschaffen, so daß wir ein Gefühl getrennter Identität aufrechterhalten konnten. Unsere körperliche Form definierte unseren bekannten Rahmen. Er hielt uns in der physischen Welt verankert und half uns, ein auf der Dualität beruhendes Glaubenssystem als unsere vorherrschende Wirklichkeit zu akzeptieren.

Unsere wahre Unendlichkeit war das Große Geheimnis, das vor uns verborgen wurde. Unsere Spiritualität war auf das begrenzt, was innerhalb der dualistischen Spiritualität entdeckt und erreicht werden konnte. Unser Ziel war als Erleuchtung und Befreiung definiert. Was bis vor kurzem ein Geheimnis blieb, ist, daß Erleuchtung und Freiheit unseren natürlichen Seinszustand ausmachen. Wir sind das alles schon.

Unsere Reise des Erwachens hat uns daran erinnert, daß wir ohnehin unendlich sind. Diese Reise hat uns zu den Toren der Einheit selbst geführt. Sie ermöglichte uns einen Quantensprung in die unerforschten Bereiche des Unsichtbaren. Hier verschmelzen wir endlich unsere ganze unendliche Weite mit dem Physischen.

Das erschafft ein neues, *erhöhtes Physisches*, das sich nicht mehr in unsere früheren Definitionen von Begrenzung, Trennung oder Materie einsperren läßt. Die Vorstellung, unser Körper sei eine Landkarte des Göttlichen, ist jetzt veraltet, denn etwas viel Größeres ist der Fall. Dieses neue, durch und durch lebendige Körperliche ist beschleunigt durch die Schwingung des Einen. Die Sterne haben sich in der Erde eingebettet. Die Erstarrung der Zweiheit hat sich aufgelöst. Alles ist völlig anders als zuvor. Das Körperliche ist umgestaltet, so daß es die Unendlichkeit des Einen umfangen kann.

Viele Leute fragen, ob wir in der Einheit noch immer physische Körper haben werden? Vermutlich, aber sie werden ganz anderer Art sein als die alten. Vielleicht sehen sie ähnlich aus, aber es werden neue *höhere physische* Formen sein, durchdrungen von Lichtfrequenzen, die *ganz und gar mit unserer Unendlichkeit verschmolzen sind.* Das wird das Körperliche von Grund auf erneuern. Gegenwärtig befinden wir uns im Prozeß der Verwandlung unserer Körper in das neue *höhere Physische*, das die Unendlichkeit umfaßt.

In uns verschlüsselt liegen die Samen der Größeren Wirklichkeit.

Wir sind der Restsamen von etwas, das es nicht mehr gibt, aber zugleich enthalten wir auch die Samen der Größeren

Wirklichkeit. In unseren Zellen liegt der Code der neuen Matrix, die Landkarte der Welt, die neu geboren wird. Die Samen der neuen Matrix geben uns unsere wirkliche Nahrung, während wir unsere Haftung an die Bereiche der Dualität mehr und mehr verlieren. Sie sind der Leuchtturm, an dem wir uns orientieren und der uns in immer tiefere Schichten des Unsichtbaren lotst.

Der Restsamen bewahrt die Matrix.

Wir stehen im Mittelpunkt einer Doppelhelix. Der eine Spiralarm verkörpert die alte Matrix, der andere die Matrix der Größeren Wirklichkeit. Wir stehen im Zentrum des JETZT. Wir tragen die Matrix für Vergangenheit, Gegenwart und Zukunft in uns. Aus dieser Stellung heraus kann das Neue geboren werden.

Der siebenundzwanzigste Schlüssel:

Die Liebenden von jenseits der Sterne

Die Liebenden von jenseits der Sterne...

Weit jenseits der fernsten Sterne...

Ein Unendliches Sein – das weit über die fernsten Sterne hinausreicht, das alle die Welten in Welten in zärtlicher Umarmung hält. Ein Unendliches Sein – so weit ausgestreckt, daß es aussieht, als wären es zwei. Jede Hälfte dieses Einen Seins liegt an den entgegengesetzten Enden des bekannten Universums. Wir kennen sie als die Liebenden von jenseits der Sterne.

Die Liebenden von jenseits der Sterne rufen einander in tiefster Sehnsucht. Ihr Verlangen, bewußt wieder zu Einem zu verschmelzen, ist die Essenz unserer eigenen Sehnsucht nach wahrer Heiliger Vereinigung. Durch ihre konzentrierte Absicht halten sie alle die Welten in Welten an ihrem Platz. Die Reinheit ihrer Liebe belebt die Zwischenräume, überbrückt die Lücken zwischen den Spiralen, damit jedes unserer Fragmente die Erfüllung vollkommener Vereinigung erleben kann.

Die Liebenden von jenseits der Sterne bewahren das Vorbild für die Größere Liebe. *Sie sind diese Liebe.* Sie repräsentieren die höchste Ebene ekstatischer Liebe, die innerhalb der Übergangszone der 11 : 11 erlebt werden kann. Sie sind die Pforte zur Größeren Liebe. Sie wird geschaffen, wenn sich die Liebenden von jenseits der Sterne erneutt zu Einem Sein vereinen.

Alle die großen, berühmten Liebenden aller Zeiten waren Personifizierungen der Liebenden von jenseits der Sterne. Indem wir aufsteigen und bewußt die Liebenden von jenseits der Sterne verkörpern, bringen wir die alten Liebesgeschichten zur Vollendung. Die Schicksale der Liebenden erfüllen sich, wenn sie endlich wieder zu Einem Seinvereint sind. Wir gehen über ihre personifizierten Geschichten hinaus in die reinere Kernschwingung der Essenz, die jenseits davon liegt, in die Resonanz der Liebenden von jenseits der Sterne.

Wir sind die Liebenden von jenseits der Sterne...

Hier ist eine Übung, wie du die Liebenden von jenseits der Sterne verkörpern kannst. Du kannst sie allein ausführen oder mit jemand anderem. Wenn du die Übung mit einem Partner machen willst, dann wähle jemanden, mit dem du in tiefem Einklang stehst. Ihr müßt beide bereit sein, euch weiter zu öffnen als je zuvor. Seid wild, seid verletzlich, seid frei und kümmert euch nicht darum, ob ihr vielleicht verrückt ausseht. Wenn ihr die Energie wirklich erlebt, *werdet* ihr ziemlich seltsam aussehen und euch auch so benehmen, denn ihr verkörpert eine sehr unirdische Energie. Ihr werdet entdecken, daß eure Körperbewegungen langsamer und gewählter werden und eine natürliche Eleganz zum Ausdruck bringen. Wenn ihr den Ruf nach eurem Liebenden von jenseits der Sterne aussendet, dann laßt es der tiefste Ausdruck eures Herzens sein. Es ist nicht der Augenblick, um höflich zu sein oder daran zu denken, was für einen Eindruck ihr macht. Seid wirklich und bringt euer Tiefinnerstes Selbst zum Ausdruck.

Zunächst öffnest du den Mund und atmest, als ob du blasen würdest. Halte die Lippen in dieser Stellung und atme während der ganzen Übung mit geöffnetem Munde aus und ein.

Um mit diesem riesigen Teil von dir in Berührung zu kommen, mußt du dich zunächst ans äußerste Ende des bekannten Universums begeben, weit jenseits des fernsten Sterns. Verharre dort ganz still und sieh dich als die Hälfte eines viel größeren Wesens. Spüre deine tiefe Sehnsucht nach der Heiligen Vereinigung mit diesem anderen Teil deiner selbst. Laß diese Sehnsucht dein Sein durchfluten. *Verkörpere die Sehnsucht.*

Du hast die Myriaden dimensionaler Universen – Welten in Welten – vor Augen; sie kreisen und drehen sich in Spiralen. Gehe über diese Welten hinaus, strecke dein Bewußtsein bis in die entferntesten Winkel des bekannten Alls. Dort, jenseits des fernsten Sternes, wartet die andere Hälfte deines Seins – dein Liebender von jenseits der Sterne. Fühle, wie seine Gegenwart sich regt, wenn er dich spürt. Fühle seine tiefe Sehnsucht, sich mit dir wieder zu einem Sein zu vereinen. Fühle die unglaubliche Kraft und kostbare Reinheit eurer Liebe. Fühle die konzentrierte Absicht, die euch für immer und ewig verbunden hält. Sieh, wie klein die Universen geworden sind. Sie sind nur noch tanzende Staubkörnchen, die durch die Wogen eurer Sehnsucht fliegen.

Benutze die Sternensprache, um nach deinem Liebenden von jenseits der Sterne zu rufen. Rufe aus dem Herzen deines Tiefinnersten Selbst. Laß deine Schreie erfüllt sein von Wogen der Liebe, von deiner tiefsten Sehnsucht, dich mit diesem kostbarsten Geliebten zu vereinigen. Sende den Ruf deines Herzens hinaus, wie du dich noch nie getraut hast zu rufen. Sende den Ruf deines Herzens durch die unendliche Weite der Welten in Welten – weit über den fernsten Stern hinaus. Spüre, wie die Resonanz deiner Liebe durch die Zwischenräume hallt.

Wenn du deinen Ruf hinausgesandt hast, bleibe still sitzen und lausche aufmerksam...Bald wirst du die Antwort deines Liebenden von jenseits der Sterne vernehmen... Laß diese Schwingungen ekstatischer Liebe dein Sein erfüllen. Trinke sie tief in dich hinein; laß sie mit deinen Zellen verschmelzen; fühle dich von ihnen umfangen... Und dann antworte mit deinem ganzen Sein, mit dem unendlichen, unangetasteten Vorrat deiner Liebe. Laßt eure Rufe zusammenkommen, gleichzeitig erklingen und einander überschneiden, bis eine völlig neue Resonanz geboren wird. Diese neue Resonanz bewußter Vereinigung dient dazu, die Zwischenräume zu beschleunigen, die Energie ekstatischer Liebe zu erhöhen und all die Welten in Welten in Einklang mit dem Einen Herzen zu bringen.

Fühle dich selbst als Ein Unendliches Sein. Du wirst dabei alle Gefühle von Trennung und Begrenzung hinter dir lassen. Die Entfernung zwischen euch wird zu nichts zusammenschrumpfen, wenn die vollkommene Heilige Vereinigung erreicht ist. Du hast den Eingangspunkt zur Größeren Liebe erreicht. Hier steht dir ein Tor offen. Wenn es sich zeigt, kannst du hindurchgehen, hinein, wohin niemals jemand zuvor gegangen ist, in die reinsten Bereiche der Größeren Liebe. Dies ist der Höhepunkt der Einweihung des Zweiten Tores und der Ausgangspunkt für alle zukünftigen Unternehmungen.

Wenn du einmal dieses offene Tor zur Größeren Liebe durchschritten hast, kehrt sich das Schema der Wahren Liebe von innen nach außen, und es gibt keine Liebenden von jenseits der Sterne mehr. Es gilt jetzt, die erweiterte Karte der Größeren Liebe zu erforschen.

Unser Körper ist die Landkarte der Liebenden von jenseits der Sterne.

Unser physischer Körper ist eine vollkommene Landkarte der Liebenden von jenseits der Sterne und des Einen Seins, das sie bilden. Unsere Hände repräsentieren die Liebenden von jenseits der Sterne. Du kannst eine Hand mit der Handfläche nach vorne an die Seite deines Kopfes legen. Das stellt dich als Liebenden dar. Strecke jetzt die andere Hand so weit wie möglich nach vorne, mit der Handfläche zu dir gewandt. Diese Hand stellt deinen Geliebten dar. Fühle die Welten in Welten, die zwischen euch liegen. Spüre die Reinheit eurer Liebe, die tiefe Sehnsucht, euch zu vereinigen; spüre eure konzentrierte Absicht.

Bringe jetzt deine Hände ganz langsam in eine Stellung, wo deine Ellbogen zur Seite ausgestreckt sind, die Unterarme gerade in die Luft ragen und die Handflächen sich auf beiden Seiten des Kopfes gegenüberstehen. Fühle bei dieser Bewegung die Veränderung, die in dir vorgeht, wenn du als Liebender von jenseits der Sterne in Einklang mit deiner anderen Hälfte kommst; dann vereint euch zu Einem Größeren Sein. Wenn du Ein Sein wirst, bewohnst du deinen ganzen Körper.

Stehe jetzt auf und gehe ein paar Schritte mit deinem Einen Sein. Fühle, wieviel größer und lebendiger du geworden bist. Es bringt dein gesamtes Sein auf eine neue Ebene. Wir legen die Fundamente für unser Neues Selbst in unserem Neuen Leben. Versuche, so oft wie möglich auf dieser Bewußtseinsebene zu bleiben. Mache diese Übung so oft, bis du ständig das Eine Sein verkörperst.

Diese Verwandlung in Ein Sein ist außerordentlich tief. Sie markiert die Zeit, wo zwei zuvor getrennte Wesen Eins werden. Sie tun es, indem sie den nächsten direkten Schritt auf ihrem jeweiligen Evolutionsweg gehen. Ihr nächster Schritt führt sie auf diese tiefe Ebene Heiliger Vereinigung. Ihre persönlichen Evolutionswege verschmelzen zu einem einzigen. Auch wenn sie noch immer über zwei physische Körper verfügen, haben sie sich auf der Zellebene zu Einem Wesen vereinigt.

Dies ist der Schlüssel zu den Einweihungen des Zweiten Tores. Die Heilige Vereinigung wird sehr verstärkt, wenn wir 1997 in das Dritte Tor und in eine noch viel größere Erweiterung unserer Einheit eintreten.

Der achtundzwanzigste Schlüssel:

Wie
die Spirale
sich wendet

Wie die Spirale sich wendet...

Das große Bild sehen

Halte einen Augenblick inne, wenn du willst, und sieh, wo du stehst. Laß uns das größere Bild betrachten und uns orientieren. Hier auf der Erde geschieht in dieser jetzigen Zeit etwas ganz Einzigartiges.

Wir befinden uns inmitten einer Zeit der Vollendung, die Tage der Herrschaft der Dualität sind gezählt, und wird uns sicherlich nicht langweilig werden. Es wird in den nächsten Jahren zu unglaublichen Veränderungen kommen, zu *nie dagewesenen Veränderungen;* wir können uns also genauso gut gleich daran gewöhnen und lernen, uns dem Strom zu überlassen. Es hilft, wenn wir die Veränderungen anmutig annehmen können und nicht starrköpfig versuchen, an dem festzuhalten, *wie es immer war.* Denn es wird nie mehr so sein. Vieles von dem, was wir kennen und als *normal* akzeptiert haben, wird aus unserem Leben verschwinden. Das können wir wiederum auch gleich so fröhlich wie möglich akzeptieren, denn es geschieht sowieso, ganz gleich, ob wir es wollen oder nicht. Es ist sehr gut, in dieser Zeit die Tugend der Anpassungsfähigkeit zu entwickeln.

Wir befinden uns im Zentrum einer Doppelhelix. Dies ist die Überlappungszone zwischen der Spirale der Zweiheit und der der Einheit. Es ist eine Übergangsregion, was auf ihren vorübergehenden Zustand hinweist; etwas, das nur kurz besteht. Diese Überlappungszone ist eine Brücke zwischen zwei sehr verschiedenen Evolutionsspiralen. Das bedeutet, daß wir es jeden Tag mit zwei simultanen, überlappenden Realitätssystemen zu tun haben. Kein Wunder, daß wir gelegentlich verwirrt sind! Übergangsbereiche sind immer unangenehm. Sie fordern uns oft bis aufs Mark heraus, aber sie bringen uns auch an einen neuen Ort.

Wir befinden uns auch im Zentrum der ausstrahlenden Sphäre der Nicht-Zeit. Diese Kugel enthält die *Vergangenheit, die niemals war,* die *Zukunft, die nie sein wird* und die *Gegenwart, die viel mehr ist, als sie scheint,* verschmolzen zum ewigen JETZT. Die Zeit selbst ist von innen nach außen gekehrt und ist dabei, völlig transzendiert zu werden.

Wir sind in dem Einen Herzen verankert, der Grundlage für die Größere Liebe. Das bedeutet, daß wir an der Schwelle dazu stehen, tiefere, echtere Ebenen der Liebe zu verkörpern, als wir es je für möglich gehalten hätten. Die Trennung zwischen „ich" und „du" löst sich auf, und Allumfassende Einheit wird offenbar. Wir werden bewußt zu Einem Sein. Unser Vereintes Sein ist so ausgedehnt, daß wir die Grenzen des Raumes überschreiten können. Es gibt kein *hier* und *dort* mehr, keine Entfernung zwischen uns.

Unser evolutionärer Zeitplan hat einen Quantensprung in ein ungeheuer beschleunigtes Muster getan. Bewußtseinssprünge, für die wir früher mehrere Leben gebraucht hätten, können jetzt in einem Augenblick geschehen. Wir sind nicht mehr an alte Zeitmechanismen gebunden. Ein neuer Zeitablauf ist in Funktion; er steht im Einklang mit der Größeren Wirklichkeit, da er im Muster des voll aktivierten Einen Herzen liegt. Gerade jetzt nähern wir uns einem großen Abschnitt auf dieser „Zeitkette", einem, der den Lauf unseres Lebens unwiderruflich verändern wird.

Die Kreise schließen sich.

An unserem einzigartigen Standpunkt im Zentrum der Doppelhelix erleben wir eine nie dagewesene Fusion zweier Evolutionsspiralen. Sie geschieht mitten im Kern unseres Seins. Wir werden zum Schmelztiegel, in dem das Alte und das Neue sich vermischen und umfassen, zur Einheit verwoben, in unserem Sein sowohl Vollendung wie Neubeginn.

Viele Zyklen kommen zum Abschluß; zahlreiche Spiralen erreichen ihr vorbestimmtes Ende und kehren an ihren Ausgangspunkt zurück. Wir haben bei dieser Gelegenheit die phantastische Möglichkeit, von der alten Spirale abzuspringen, indem wir sie transzendieren und uns auf unsere nächste Evolutionsebene *in einer völlig neuen Landkarte* zu begeben. Die berühmte Uroboros-Schlange beißt sich in den Schwanz. Bald wird ihr gesamter Körper verschlungen und von innen nach außen gekehrt sein. JETZT IST DIE ZEIT der Quantensprünge!

Hier ein paar Beispiele der Spiralen, die sich gegenwärtig entwickeln:

• Zahlen •

In der Dualität unterlagen wir einem vorgegebenen Zahlensystem regiert. Diese Ordnung beruhte auf den Ziffern eins bis neun. Alles, was darüber hinausging, wurde auf die Resonanzen eins bis neun zurückgeführt. In der Zeit der Vollendung schwimmen wir sozusagen in der Neun. Neun ist die Zahl der Vollendung und bedeutet, daß wir das Ende der alten Straße erreicht haben. In ihr fließen alle Zahlen zusammen, ganz ähnlich, wie alle Farben im Schwarz zusammenfließen.

Vom Zentrum der Neun aus können wir einen Quantensprung in ein neues Muster der Meisterzahlen tun. Meisterzahlen sind die Doppelziffern: 11, 22, 33, 44, 55, 66, 77, 88 und 99. Am Eingang dieses neuen Musters steht die Meisterzahl Elf. Elf verkündet den Eintritt in etwas völlig Neues, der wie ein Blitzstrahl vor sich geht, und wird mit dem Planeten Uranus in Verbindung gebracht. *(Uranus ist wichtig, weil er der einzige Planet in unserem Sonnensystem ist, der eine direkte Verbindung zum Jenseits des Jenseits hat.)* Elf ist der Bote des Neuen und Unerwarteten und die Kerneinheit aller Meisterzahlen.

Als nächstes kommt die Meisterzahl 22, die aus zwei Elfen besteht (11 : 11); sie ist die Meisterzahl für das

Erbauen des Neuen. Diese Zahl wird gegenwärtig in uns aktiviert. Auch die 33 wird eingeführt, die Meisterzahl für Universales Dienen durch bewußte Ausrichtung auf die Einheit. *(Sowohl das Datum der 11 : 11 als auch der Aktivierung des Zweiten Tores ergaben zusammengezählt 33.)* Die übrigen Meisterzahlen müssen erst noch eingeführt werden, denn wir haben noch nicht die Bewußtseinsebene erreicht, wo sie in Kraft treten können. Es wird jedoch geschehen, sobald wir bereit sind.

Zweifache Meisterzahlen sind außerordentlich machtvolle Auslöser, um die Verschlüsselungen in den Gedächtnisbänken unserer Zellen zu aktivieren. Sie sind Orte, wo die Größere Wirklichkeit eintreten kann. Bis jetzt haben wir erst die 11 : 11 erlebt, aber schau dir an, was sie erreicht hat!

Wenn wir einmal in das Muster der Meisterzahlen eingetreten sind, gibt es kein Zurück in die begrenzte Begriffswelt der Eins bis Neun. Es muß eine Neuordnung unserer alten Formate von 3,7,9 und 12 in die erhöhten Schwingungen der Meisterzahlen stattfinden. *(Das erklärt, warum die Aktivierung der 12 : 12 nichts mit der 11 : 11 zu tun hatte.)* Wir sollten beginnen, Meisterzahlen einzusetzen, wo immer wir können: in unserer Architektur, in unseren Zeremonien und im täglichen Leben. Denk an den Refrain der Og-Min: „Kein Abwärts, kein Zurück!"

• Farben •

Unser herrschendes Farbspektrum ist ebenfalls einer gewaltigen Transformation unterworfen. Die uns verfügbare Farbskala ist allerdings nur ein kleiner Ausschnitt des bekannten Spektrums. Ebenso wie es viele Töne gibt, die wir nicht hören können, gibt es viele Farben, die wir noch nicht sehen können. Diese unentdeckten Farben sind Emanationen des Unsichtbaren. Sie bestehen aus einer höheren Frequenz und zeichnen sich durch ein irsisierendes Schimmern aus.

Um die Bewußtseinsebenen zu erreichen, auf denen wir das erweiterte Spektrum sehen können, müssen wir zunächst durch den bekannten Regenbogen reisen. Jede Farbe steht für eine Ebene der Einweihung, verschmilzt uns tiefer mit der Größeren Einheit. Wenn du unseren Regenbogen betrachtest, siehst du, daß das Grün eine zentrale Stellung einnimmt – es sitzt an der Stelle des Herzens. Deshalb ist Grün eine heilende Farbe. Bäume, Pflanzen und Gras sind grün; sie heilen und nähren uns, indem sie unser Kohlendioxyd aufnehmen und Sauerstoff abgeben. Wir könnten in dieser alten Welt ohne die Farbe Grün nicht leben. Grün hängt mit der Zahl Vier zusammen, der Zahl der Himmelsrichtungen und der vier Pfeiler, die den Planeten tragen.

Wenn du die uns bekannte Farbskala zu einem Kreis (oder einer Spirale) biegst – das Grün muß unten bleiben – dann entsteht im oberen Teil des Kreises durch die Vermischung von Rot und Violett, den Gegenpolen unseres Regenbogens, eine neue Frabe: Magenta. Magenta repräsentiert die Vermählung von Sonne und Mond, das Ausbalancieren und die Vereinigung der Polaritäten innerhalb unseres eigenen inneren Wesens. Magenta ist in Einklang mit der Zahl 44 (*vier mal Elf)*, was bedeutet, daß es unser Sprungbrett und unseren Eingangspunkt in eine neue Evolutionsspirale darstellt.

Dieser Regenbogenkreis ist die Farbkarte des evolutionären Kreislaufs oder der Evolutionsspirale, die wir gerade transzendieren. In dem Maße, wie wir das tun, wird Magenta allmählich nicht mehr unser Scheitelpunkt sein, sondern zu unserer Basis werden. Manche von uns haben bereits den Sprung in diese neue Spirale der Evolution getan und stehen auf dieser neuen Basis von Magenta. Unser neuer Scheitelpunkt ist irisierend. Wir sind in die Bereiche des Unsichtbaren eingetreten.

Vielleicht bist du neugierig, wie unser Kreislauf vor dem jetzigen aussah. Erdgeschichtlich ausgedrückt, würde man das als voreiszeitliches Diluvium bezeichnen, die Zeiten vor der Sintflut. Damals war die Basisfarbe Braun, die männliche Erdfarbe. Den Scheitelpunkt des Regenbogenkreises bildeten Blau und Gelb, die zusammen Grün ergeben, die weibliche Erdfarbe.

Auf unserer persönlichen Reise durch die Regenbogenskala gehen wir durch alle bekannten Farben, bis wir zum Magenta kommen. Nachdem wir in die machtvollen Einweihungen des Magenta eingetaucht sind, erreichen wir das Weiß. Dies ist ein wichtiges Stadium unseres Weges, denn Weiß bedeutet Reinheit, Leere, Offenheit und Einheit. Wir sind jetzt in das Unsichtbare eingetreten. Mit den frühen Stadien des Weiß vertraut, können wir zu den anderen Farben zurückkehren. Dabei entdecken wir, daß die Farben selber sich verändert haben, da sie jetzt einer erhöhten Schwingung unterliegen.

• Legenden •

Viele unserer alten Legenden sind absichtlich unvollständig geblieben. Sie umrissen die Geschichte, wiesen auf die Lektionen hin, brachten die Dinge jedoch nie zum Ende. Das liegt daran, daß innerhalb der Dualität keine echte Lösung erreicht werden konnte, bis wir selbst auf eine neue Ebene der Evolution gelangt waren. Jetzt befinden wir uns also in einer höchst aufschlußreichen Zeit, wo unsere alten Legenden endlich vollendet werden. Schritt um Schritt werden wir wirklich befreit von *der Vergangenheit, die nie war.*

Ein Nebenprodukt davon ist die Auflösung der alten Prophezeiungen. Denn auch sie wurden innerhalb des alten Musters geschaffen. In dem Maße, wie wir unser Sein immer mehr in der Einheit verankern, verschiebt sich die harmonische Resonanz des gesamten Planeten, und der Zeitplan der alten Evolution wird ausgelöscht. Nach dieser Verwandlung haben die alten Prophezeiungen keine Grundlage mehr. Auf diese Weise bringen wir das Neue zur Welt und erschaffen unsere ganz eigene Zukunft.

• Die Großen Liebenden •

Wie schon im vorigen Kapitel erwähnt, neigt sich der Kreislauf der Großen Liebenden seinem Ende zu. All die

Geschichten von legendären Liebenden wie Isis und Osiris, Tristan und Isolde, Arthur und Jennifer dienten dazu, die Flamme der wahren Liebe zu hüten. Sie waren einfach Personifizierungen der Liebenden von jenseits der Sterne. Wenn wir die Liebenden von jenseits der Sterne in uns verkörpern, haben die legendären Liebenden ihren höheren Zweck erfüllt. Sie werden frei, sich zu Einem Sein zu vereinen und in die Größere Liebe einzugehen.

• Spirituelle Wesen •

Indem wir das Reich der Dualität verlassen und unser Sein in der Einheit verankern, gehen wir auch über den Bereich personifizierter spiritueller Wesen und etablierter spiritueller Hierarchien hinaus. In der Einheit gibt es nur das Eine. Es gibt keine Aufgestiegenen Meister, keine Schutzengel, Erzengel, Götter und Göttinnen, Ashtarkommandos, Intergalaktische Konföderationen, Herren der Dunkelheit, Herren des Lichts, Große Weiße Bruderschaften oder geistigen Führer und Lehrer mehr. Wir sind alle auf eine neue Ebene der Gleichheit aufgestiegen – in die Einheit.

Dies ist ein großer Einweihungsschritt, eine große Ermächtigung. Sie geschieht ganz von selbst, wenn du dich das erste Mal im Unsichtbaren verankerst. Du siehst dich in dieser unendlichen Leere um, versuchst deinen Weg zu finden, probierst deine alten Landkarten, Fähigkeiten und spirituellen Übungen aus und entdeckst, daß nichts mehr funktioniert. Dann rufst du die großen spirituellen Wesen an, die dir dabei geholfen haben, hierher ins Unsichtbare zu kommen. Stille ... ist alles, was du hörst. Zugegeben, das kann recht verwirrend sein, denn genau an diesem Punkt fühlst du dich am verletzlichsten, verloren und allein. Manchmal erscheinen vielleicht ein paar der alten Rollenvorbilder, aber wenn sie es tun, so sind sie winzig! Das ist fast noch schlimmer als gar keine Antwort. Du hast wirklich das Gefühl, im Unsichtbaren gestrandet zu sein.

Dieses Gefühl, von den spirituellen Hierarchien verlassen zu sein, ist eine sehr große Herausforderung. Wir würden die Reise ins Unsichtbare an diesem Punkt allzu gerne aufgeben, *wenn es ginge!* Versuche, zu dem zurückzukehren, *wie es immer war,* und du wirst entdecken, daß es einfach unmöglich ist. Du gewöhnst dich also besser gleich an diesen neuen Stand der Dinge. In dem Maße, wie wir unserer eigenen Meisterschaft näherkommen, fühlen wir uns im großen Unbekannten nicht mehr so unwohl.

Der nächste Schocker ist, daß Gott selbst nicht mehr als personifiziertes Wesen existiert. Der Gott, den wir als Höchstes Wesen im Rahmen der Zweiheit kannten und liebten, war nur eine Personifizierung des Einen. Während wir in der Dualität verankert und der überwältigenden Illusion der Getrenntheit unterworfen waren, brauchten wir ein Höchstes Wesen, an das wir glaubten. Das Eine projizierte also hilfreich ein personifiziertes Fragment von sich auf uns, zu dem wir wie zu Gott aufschauen konnten. Jetzt sind wir in eine viel weitere Zone des Bewußtseins eingetreten, in der nichts von der Einheit getrennt ist. Das Eine ist allumfassend. Wir sind alle Teil des Einen.

Wenn die Spirale sich für einen von uns wendet, wendet sie sich für uns alle.

Wir alle reisen als Eines zusammen. Das umfaßt jedes Lebewesen auf diesem Planeten und die Erde selbst. Jedesmal, wenn einer von uns einen Durchbruch im Bewußtsein erfährt, wendet sich die Spirale, und jeder von uns springt ein Stück nach oben. Indem wir von der Spirale der Dualität auf die der Einheit überwechseln, geschieht auf der Spirale der Dualität eine größere Veränderung. Die Starre der Zweiheit lockert sich und alle Wesen entwickeln sich weiter.

Der neunundzwanzigste Schlüssel:

Die Zerstörung aller bekannten Welten

Die Zerstörung aller bekannten Welten...

Wenn die Welt, die wir kennen, zunichte wird,
wenn wir nirgendwo mehr hingehen können,
als ins Unbekannte –

dann bekommen wir etwas Neues,
auf dem wir stehen können,
oder wir lernen zu fliegen!

Auf unserer Reise in das Unsichtbare kommt eine Zeit, wo die Welt, wie wir sie kennen, zunichte wird. Alles, was uns lieb, teuer und heilig war, geht entweder zugrunde oder wird plötzlich unwichtig. Die Requisiten werden von unserer Bühne entfernt, man zieht uns den Teppich unter den Füßen weg. Alles ist durcheinander, das Unterste ist zuoberst gekehrt, kein Stein bleibt auf dem anderen. Alte Freunde, denen wir vertrauten, verschwinden, wichtige Beziehungen vergehen oder sind auf einmal nicht mehr das, was sie mal waren, und unsere guten und erprobten spirituellen Praktiken werden völlig unwirksam. Die Blase unseres früheren Glaubenssystems platzt. Willkommen! Das ist die Zerstörung aller bekannten Welten.

Dieses wichtige Stadium auf unserer Reise tiefer in das Unsichtbare ist eine der schwersten Zeiten, die wir erleben werden. Es wird uns herausfordern bis ins Mark. Und darüber hinaus... Und genau da müssen wir auch sein! Wir werden leergefegt, von innen nach außen gekehrt, neugeordnet, gereinigt und zu etwas ganz Neuem geläutert. Es ist eine unglaublich machtvolle Zeit der Läuterung, in der alles Alte stirbt. Laß es zu! Weine, schluchze, werde wütend; reagiere darauf, wie immer du willst, aber laß es geschehen und gehe weiter.

Die alten Welten müssen vergehen, damit das Neue geschaffen werden kann.

Das Zerschmettern aller bekannten Welten schließt das Bersten unserer alten inneren Schemata ein. Es sind die Schablonen, nach denen unsere Verhaltensmuster festgelegt wurden, unsere abgenützten Gewohnheiten, schalen Vorlieben, grundlosen Annahmen und sturen Engstirnigkeiten. Wenn du sehr tief in den alten Mustern steckst, ist oft eine recht heftige Erschütterung nötig, um dich zu befreien.

Die Zerstörung ist eine Todeserfahrung, und um wirksam zu sein, ist sie gewöhnlich drastisch. Aber bitte bedenke, daß sie wie alles andere bald vergehen wird, und daß sie einen Sinn hat. Je eher du das Alte loslassen kannst, umso rascher wird es sich erfüllen. Wie das Sprichwort sagt: *„Je größer der Tod, umso größer die Wiedergeburt!"* Wir wollen ja eine riesige Wiedergeburt, nicht wahr? Wir wollen als durch und durch lebendige Erd-Stern-Wesen im Neuen leben. Also halte bitte durch. Laß die alten Welten zusammenkrachen.

Wenn sich die Staubwolken verzogen haben und du still inmitten der Trümmer der Wirklichkeit von gestern ruhst, dann bist du endlich bereit, in das Ei einzutreten...

Der dreißigste Schlüssel:

Im Innern des Eies

Eine schwangere Leere...

Im Innern des Eies...

Schwebend in einem schwangeren Ei.

Ein alles durchdringendes Gefühl der Leere.

Alles ist voller Leere...

Unser altes Selbst ist gestorben, und unser neues Selbst wartet, geboren zu werden. Wir befinden uns in dem erhöhten Zustand aktiver Empfänglichkeit, den wir als das „Ich-Erwarte“ kennen. Die innere Arbeit, unser Sein neu zu ordnen und unsere Skripte neu zu schreiben, haben wir getan. Jetzt bleibt nichts mehr zu tun. Wir können weder ausziehen, um unsere Zukunft zu suchen, noch können wir Pläne machen. Nichts kann erreicht werden, bevor unser neues Selbst geboren ist.

Spüre, wie all die alten Formen sich weit,
weit öffnen...

Jetzt ist es Zeit,
unsere Boote vom Dock loszumachen.

Laß sie langsam dahintreibenen,
weit hin zu fernen Horizonten,

bis sie ganz von sich aus dahin kommen,
wo sie jetzt hingehören.

Im Ei schwimmen,

warten...

daß das Neue geboren wird,

warten...

daß unsere Zukunft offenbar wird...

Der einunddreißigste Schlüssel:

Das Unannehmbare annehmen

Das Unannehmbare annehmen...

Unsere jetzige Wirklichkeit anzunehmen öffnet das Tor für Veränderungen!

Wir sind ausgeleert bis auf den Kern unseres Seins. Wir haben unser inneres Wesen neu geordnet, den Trödel ausgeräumt – und sind so viel wirklicher geworden. Wir haben unser inneres Skript neu geschrieben. Unser Neues Selbst tritt bald ans Licht. So vieles hat sich verändert – wir sind wirklich nicht mehr die, die wir waren. Es gibt nur ein kleines Problem. Wir werden neu, aber unsere äußere Realität ist noch immer dieselbe. Was ist zu tun?

Unser nächster Schritt besteht darin, das Unannehmbare anzunehmen. Sieh dich zunächst einmal gut um und schau, wo du bist. Dann geh in dein Herz und spüre, wo du wirklich sein möchtest. Wie könnte deine Wirklichkeit sich verändern, um dein wahres Selbst vollkommener zum Ausdruck zu bringen? Was möchte dein Herz tun? Sei still und spüre das tiefe Rufen deines Herzens. Wenn du es ganz klar spüren kannst, dann renne nicht los und mache Pläne. Versuche nicht, irgend etwas zuwege zu bringen. Spüre einfach, was du wirklich in deinem Leben willst, so daß deine äußere Wirklichkeit mit deinem neuen inneren Selbst in Einklang kommen kann.

Schau dich jetzt noch einmal gründlich um und nimm das Unannehmbare an. Das heißt, wir nehmen jedes Element an, das jetzt in diesem Augenblick, in unserem Leben vorhanden ist. Das ist es, womit wir GERADE JETZT, GERADE HIER arbeiten sollen. Nimm an, daß du dies alles bis jetzt in deinem Leben selbst erschaffen hast. Bitte vergiß nicht, daß annehmen nicht dasselbe ist wie resignieren oder Kompromisse eingehen. *Das brauchen wir nicht mehr!* Wir haben hoffentlich schon lange damit aufgehört. Wir wollen einfach ganz freundlich die momentanen Gegebenheiten in unserem jetzigen Leben annehmen. Sie sind die Grundlage, von der aus wir in ein neues Leben hineingehen werden.

Wir werden genau hier und jetzt
grenzenlos leben,
unter unseren jetzigen Gegebenheiten.

Wir werden unsere Liebe ausdehnen und das Eine Herz verkörpern – ganz gleich, wo wir sind.

Das ist so, als wären wir Bogenschützen und versuchten, unseren Pfeil so weit wie möglich hinauszuschießen. Als erstes müssen wir den Bogen zu uns zurückziehen, weg von der Richtung, in die wir den Pfeil fliegen lassen wollen. Dabei ziehen wir unsere Energien in unser Tiefstes Inneres zurück, während wir unsere gegenwärtigen Umstände als Abschußrampe für die Zukunft benutzen. Dieser Akt, das Unannehmbare anzunehmen und unser Sein in Einklang mit unserem Tiefsten Inneren zu bringen, schafft den Schwung, der den Pfeil vorantreibt. Wir müssen nicht *von* unseren gegenwärtigen Umständen befreit werden, sondern müssen *in* ihnen frei werden. Auf diese Weise verändern sie sich.

Ich möchte etwas von mir selbst erzählen, um das zu verdeutlichen:

Ich begann im Jahre 1987 mit *Starborne* und besorgte die ganze Arbeit schon ein paar Jahre lang allein. Das heißt, ich schrieb Bücher, organisierte Workshops, reiste herum, hielt Vorträge und Seminare, entwarf Einladungen, schrieb unser Blättchen, versandte Bestellungen und zahlte die Rechnungen. Gleichzeitig hatte ich meine Kinder zu versorgen. 1990 fing *Starborne* an, sich zu erweitern. 1991 reiste ich schon in der ganzen Welt umher, um die Menschen auf die Aktivierung der 11: 11 vorzubereiten. *Starborne* wuchs rasch auf elf fleißige Vollzeitbeschäftigte und zahlreiche freiwillige Helfer an, von denen die meisten noch niemals eine Arbeit dieser Art gemacht hatten. Die Telephone klingelten Tag und Nacht. Das Büro verlagerte sich schließlich aus meiner Wohnung in einen großen Raum in der Stadt. Wir eröffneten sogar einen Sternladen. Ein paar Jahre lang lief alles ziemlich reibungslos ab. Auch wenn die Leute ständig wechselten, hatten wir doch immer eine gute Belegschaft, die relativ harmonisch zusammenarbeitete.

Mitte 1993 war *Starborne* jedoch völlig außer Kontrolle geraten. Ungefähr dreißig Leute waren hierhergezogen, um an der Energie teilzuhaben. Alles war zu groß und unübersichtlich geworden. Wenn ich in der Stadt war, blieb ich zu Hause und lebte wie ein Eremit, schrieb oder malte und beteiligte mich überhaupt nicht mehr an den Aktivitäten der „Gemeinschaft der Sterngeborenen". Ich ging selten in unser Büro und hatte mit den täglichen Aktivitäten dort nichts zu tun. Wenn ich doch hinkam, hatte ich oft das Gefühl, nicht willkommen zu sein. Das war interessant, denn *Starborne* ist meine Gesellschaft.

Ich war völlig ausgebrannt von der Büroarbeit und den geschäftlichen Verpflichtungen und wurde ständig von bedürftigen Leuten belagert, die alle etwas von mir wollten. Egal, wieviel ich tat oder von mir hergab, es war nie genug. Die meiste Zeit verbrachte ich mit Reisen, Vorträgen und Workshops, so daß *Starborne* sich selbst überlassen war, und ich vertraute darauf, daß schon alles in Ordnung sein würde. Nun, wie gesagt, das war nicht der Fall.

Es flossen immer riesige Mengen Geld ohne greifbare Ergebnisse hinaus. Zu viele Leute arbeiteten da, viele von ihnen mit Dingen beschäftigt, die ich nicht gutgeheißen hätte. Das übliche Zeug: aufgeblasene Egos, Fragen, die nicht gelöst wurden, unterschwellige Ressentiments, schlecht koordinierte Zeitpläne, und so fort. Ich wollte nur noch frei sein von Büroarbeit und geschäftlichen Verpflichtungen! Ich wollte auf einer Insel des Lichts leben und tiefer in das Unsichtbare hineingehen. Was ich mir auch verzweifelt wünschte, war ein persönliches Leben mit einer guten, soliden

Beziehung, aber dafür war ganz gewiß weder Zeit noch Raum vorhanden.

Es war offensichtlich, daß etwas Drastisches geschehen mußte. Ich hatte zwar versucht, die Probleme von *Starborne* zu umgehen und mich darauf zu konzentrieren, *wo ich wirklich sein wollte,* aber die ungelösten Fragen starrten mich weiter an. Ich nahm also das Unannehmbare an. Ich tat das, was ich am allerwenigsten tun wollte – das einzige, von dem ich wußte, daß es getan werden mußte. Ich löste *Starborne* auf und brachte das, was übrig war, wieder zurück zu mir nach Hause. Unsere Belegschaft wurde auf die zwei tüchtigsten und hingebungsvollsten Leute reduziert, plus meiner selbst. Ich machte wieder Vollzeit-Büroarbeit, außer wenn ich auf Reisen war. Ich krempelte die Ärmel auf und machte mich wieder an die Arbeit.

Zuerst war das außerordentlich schwierig. Jeden Tag merkte ich, wie unter den Bergen von langweiligem Papierkram, unter all den Briefen, die beantwortet werden mußten, meine Stimmung zugrundeging. Oft mußte ich mich nach oben in mein Schlafzimmer flüchten, um meine Energien wieder zu sammeln. Aber ich machte weiter... Wir ließen nur die reinste Essenz von *Starborne* übrig und brachten es wieder in Einklang mit dem Strahl. Hartnäckig und mit soviel Hingabe und Liebe, wie ich aufbringen konnte, rackerte ich weiter.

Und weißt du, was geschah? Nach kurzer Zeit stellten sich ganz feine Veränderungen ein. Es wurde immer leichter, im Büro zu arbeiten. *Starborne* wurde klarer und lebendiger. Meine Liebe breitete sich immer weiter aus. Ich fing an, alles auf neue Weise zu tun und anders zu reagieren. Ich fing an, Spaß an der Arbeit zu haben! *Starborne* wurde weiter immer kleiner und immer besser. Bald schafften nur noch zwei von uns die ganze Ladung. Indem ich das Unannehmbare annahm, transformierte ich meine Grundlage selbst. Ich brachte das Neue ins Alte, verankerte das Unsichtbare im Physischen. Ich war in meinem Alten Leben nicht mehr festgefahren, mußte nichts mehr tun, was ich zu tun haßte.

Ich war inmitten
meiner alten Wirklichkeit
zur Freiheit gelangt!

Und indem ich mich selbst freisetzte, befreite ich auch die Dinge um mich her. Einige der Veränderungen, die ich mir in meinem Leben gewünscht habe, beginnen sich bereits zu manifestieren. Die Elemente, die mich so fest gebunden hielten, rücken in ein neues Muster. Und ich bin dabei, in etwas völlig Neues hineinzugehen!

• •

Ich erzähle meine Geschichte, damit du sehen kannst, wie vielleicht genau die Veränderungen geschehen können, die du dir wünschst, wenn du das Unannehmbare annimmst. *Wir müssen grenzenlos leben, ganz gleich, wo wir sind.* Und wir müssen jetzt damit anfangen, nicht irgendwann in der Zukunft, wenn wir die vollkommenen Bedingungen haben. GERADE JETZT GRENZENLOS LEBEN erweitert den Augenblick der Gegenwart und ermöglicht, daß sich unsere äußere Realität auf die notwendige Weise ausrichtet.

Der zweiunddreißigste Schlüssel:

Inseln des Lichts

Inseln des Lichts…

Viele von uns sehnen sich zutiefst danach, in bewußter Einheit zusammenzuleben.

Diese Sehnsucht nach einem Leben in einer heiligen Gemeinschaft Gleichgesinnter, einer neuen, größeren Familie, die auf Liebe und Einheit beruht, ist tief in unseren Zellgedächtnisbänken verwurzelt. Sie ist etwas, was wir seit langer, langer Zeit in uns getragen haben. Sie ist einer unserer kostbarsten Träume.

Über die Jahre sind zahlreiche Gemeinschaften mit diesem Ziel entstanden; die meisten, wenn nicht alle, sind jedoch gescheitert. Es hat spirituelle, religiöse, alternative und Hippiegemeinschaften gegeben, die versuchten, etwas Neues zu erschaffen. Aber immer ist die Dualität dazwischengetreten und hat sie gehindert, ihr Ziel zu verwirklichen.

Wahre Inseln des Lichts sind in den Zwischenräumen verankert.

Die wahren Inseln des Lichts, nach denen wir uns sehnen, sind im Unsichtbaren verankert. Deshalb war den Gemeinschaften, die wir erschaffen haben, kein bleibender Erfolg beschert. Wir können das Neue nicht erschaffen, wenn wir keine Neuen Wesen sind. Wir können nicht in Einheit leben, wenn unser Wesen nicht schon in der Einheit verankert ist. Wenn du wahre Liebe erfahren willst, mußt du dich zuerst im Einen Herzen verankern und mit weit offenem Herzen leben.

Inseln des Lichts liegen ganz gewiß in unserer Zukunft; *sie sind unsere Zukunft.* Sie nehmen in den kommenden Zeiten eine Schlüsselstellung auf diesem Planeten ein – als die

Orte, wo sich das Unsichtbare im Physischen verankert. Sie sind die Startrampen für die Größere Wirklichkkeit und werden in diesen turbulenten Zeiten des Übergangs von der Zweiheit in die Einheit als Stabilisierungspfeiler dienen. Sie sind die Sämlinge, aus denen die Neue Welt geboren wird. Wenn die Erde und die Menschheit den Quantensprung in die Einheit schaffen will, müssen Inseln des Lichts geschaffen werden.

Warum haben wir dann noch keine Inseln des Lichts? Na, du brauchst dir nur einmal vorzustellen, jemand würde dir ein wunderschönes Stück Land übergeben und jede Menge Geld, um deine Insel des Lichts zu gründen. Wärst du bereit? Könntest du aus deinem jetzigen Leben heraustreten und direkt dorthingehen? Wenn nicht, dann schau dir genau an, was dich zurückhält; das sind die Dinge, die dich an die Dualität gebunden halten. Sie sehen vielleicht aus wie familiäre Verpflichtungen, Verantwortungen gegenüber deiner beruflichen Laufbahn, ungelöste Beziehungen, unerfüllte Wünsche, Ängste vor dem Unbekannten, Gefühle des Unwertseins, Verhaftungen an die schimmernden Fäden von Glanz und Ruhm und was sonst noch. Von diesen Dingen mußt du dich vollständig befreien, bevor du bereit bist, ein neues Leben auf einer Insel des Lichts zu führen.

Ich weiß, einige von euch meinen, sofort für den Sprung auf eine Insel des Lichts abrufbereit zu sein. Seit Äonen wartet ihr ungeduldig darauf, daß sich eine manifestiert. Aber seid ihr wirklich bereit? Schaut einmal genau, wieviel Gepäck ihr mit euch herumtragt. Vielleicht seid ihr viel von eurem physischen Besitz losgeworden, aber wieviel inneres Gepäck habt ihr noch? Wie geht`s dem alten Ego? Seid ihr wirklich in der Einheit verankert? Habt ihr euren Zorn, eure Ängste, euren Neid, euer Ego, euer Gefühl des Unwertseins umgewandelt? Wenn ihr euer Leben nicht jetzt in Ordnung habt, wenn euer Sein noch nicht im Gleichgewicht ist, wie könnt ihr dann auf eine Insel des Lichts hoffen? Es muß auch eine bestimmte Ebene der Läuterung und Neuordnung erreicht sein, um in den feinen Energien des Unsichtbaren leben zu können. Eine Insel des Lichts ist zum Beispiel kein passender Ort für Drogen- oder Alkoholabhängige. Solche Abhängigkeiten müssen geklärt werden, bevor ihr kommen könnt. Wir wollen diese alten Muster nicht in eine neue Seinsweise mit hinübernehmen.

Das Ziel dieser neuen Gemeinschaften ist nicht, der rauhen Welt der Dualität zu entfliehen, sondern es sollen Orte sein, wo freie, lebendige, ganze Wesen als Eins zusammenleben und etwas ganz Neues erschaffen. Wenn du auf eine Insel des Lichts gehst, um deiner auf der Dualität beruhenden Persönlichkeit zu entkommen, wirst du sie nur mitbringen und mußt hier mit ihr fertigwerden. Du wirst nicht auf wundersame Weise über Nacht zu einem neuen Menschen, wenn du auf einer Insel des Lichts ankommst. Du mußt mit deinen Problemen fertigwerden, *bevor* du hingehst. Du mußt ein ganzes Wesen sein, das bereits in der Einheit verankert ist.

Eine Insel des Lichts ist ein Seinszustand.

So ist es, eine Insel des Lichts ist ein Bewußtseinszustand. Wenn wir diese wundersamen Gemeinschaften, wo das Unsichtbare und das Physische sich vereinen, wirklich schaffen wollen, dann müssen wir zuerst eine Insel des Lichts in unserem eigenen Wesen erschaffen. HIER UND JETZT. Hier kommt die Kraft des Weges herein, denn sie bringt uns ständig genau die Erfahrungen, die wir brauchen, um uns in unser wahres inneres Selbst zu verwandeln. Jeder von uns muß zu einer Insel des Lichts werden. Dann und nur dann sind wir bereit, uns zu vereinen und Gemeinschaften zu bilden.

Während wir uns dieser notwendigen Verwandlung unterziehen, können wir Inseln des Lichts schaffen, wo immer wir sind. Wenn es nicht an einem neuen Ort sein kann, dann können wir den Ort, wo wir gerade sind, in einen neuen Ort verwandeln. Wir können beginnen, ein wahres Leben zu führen, indem wir allem, was wir tun, unsere volle Aufmerksamkeit schenken. Wir können DIE LIEBE SEIN, ganz gleich, wo wir sind. Da gibt es nichts zu warten; tu es jetzt!

Fang mit deiner häuslichen Umgebung an – wo immer du gerade lebst. Es ist egal, ob das ein Herrensitz ist, ein Zimmer in jemandes Wohnung oder eine Hütte. Was es auch ist – mach es aus der Dualität los. Ordne deine Umgebung neu; halte sie schön und heilig. Entferne alles Überflüssige und räume auf. Putze die Fenster und wische die Böden.

Hast du einen Altar? In den meisten Häusern ist der Fernseher der Punkt, auf den sich alles konzentriert, und dient unbewußt als Altar. Richte dir einen echten Altar ein, oder, noch besser, mache dein ganzes Heim zu einem Altar. Das kann ganz subtil sein; du brauchst keinen Altar voller Kerzen, Figuren und Weihrauch. Solche Altäre gehören eher zur dualen Spiritualität. Einen Altar einrichten bedeutet einfach, daß du ganz bewußt ein paar Dinge hinstellst oder -legst, die für ein höheres Bewußtsein stehen oder es verkörpern. Blumen, eine Muschel, irgend etwas, was Licht oder Lebendigkeit ausstrahlt und deine Erinnerung daran stärkt, wer du wirklich bist.

Mache dein Heim zu einer Neutralen Zone, einem Ort, in dem sich das Unsichtbare verankern kann. Halte es immer sauber und klar. Laß es zu einem heilenden und nährenden Ort für dich werden, zu einer Oase in der unwirklichen Welt der Dualität.

Prüfe, ob die Erd- und Sternenergien in deinem Heim im Gleichgewicht sind. Das ist lebenswichtig, denn in den meisten Häusern herrscht weder Erd- noch Sternenergie. Es sind synthetische, dreidimensionale künstliche Welten, die unseren Geist abstumpfen und uns an die Duliät gefesselt halten. In jedem Raum sollte es etwas geben, das sowohl an die Welt der Natur als auch an die Reiche der Sterne gemahnt.

Sorge dafür, daß deine Umgebung, so bescheiden sie auch sein mag, deinen Geist erhebt. Benutze Farben, die dein Wesen nähren und es nicht dämpfen. Laß dein Zuhause ebenso einen Ort der Inspiration sein wie einen Ort der Behaglichkeit. Wenn du viereckige Gegenstände besitzt, wie etwa einen Tisch oder eine Pyramide, dann drehe sie so, daß sie zu Diamanten werden, und du wirst staunen, wieviel das verändert.

Betrachte dein Zuhause nun als eine Insel des Lichts. Lebe dort so, als seist du schon in der Gemeinschaft deiner Wahl angelangt. Mache jeden Tag zu etwas Besonderem, zu einer Neugeburt. Singe deinem Hause etwas vor; sprich in Sternensprache mit den Dingen um dich her. Liebe sie und spüre, wie sie deine Liebe erwidern. Wenn du das tust, wirst du glücklicher sein als je zuvor und endlich bereit, auf einer Insel des Lichts zu leben.

Inseln des Lichts sind unerläßlich für das Überleben des Planeten.

Über die Zukunft der Erde muß erst noch entschieden werden. Vieles liegt an uns. Es kommt darauf an, welche Seinsebenen wir verkörpern wollen – durch unsere täglichen Handlungen, durch die Reinheit unseres Herzens, dadurch, wie wirklich und lebendig wir uns zu sein erlauben, durch die Grundlage, auf der wir stehen. Die neue Welt drängt längst zum Licht, aber es liegt an uns, den Hebammen, sie ins Sein zu bringen. Es ist niemand da, der es für uns tun könnte.

Um das Unsichtbare voll im Physischen zu verankern, muß es Ankerpunkte geben, Stabilisierungspfeiler, Punkte, wo die Größere Wirklichkeit eintreten kann. Dies sind die Inseln des Lichts, und deshalb tragen wir diesen Traum in unserem Herzen.

Der dreiunddreißigste Schlüssel:

Durch und durch lebendig!

Durch und durch lebendig!...

Jeder Augenblick ist die Gelegenheit deines Lebens!

Jeden Tag sterben wir und werden neu geboren. Jeder neue Tag gibt uns die wundersame Gelegenheit, wieder von vorne zu beginnen, als Neues Wesen auf ganz neue Weise zu leben. Es hat keine Bedeutung, ob die äußeren Gegebenheiten dieselben sind wie zuvor. WIR SIND NEU! Wir sind jetzt frei, unser Leben mit voller Integrität zu leben, GRENZENLOS ZU LEBEN und AUS DEM EINEN HERZEN ZU LIEBEN – wo immer wir auch sind.

All die alten äußeren Formen sind weit, weit geöffnet worden. Sie haben sich ausgedehnt, so daß das Neue geboren werden kann. Das Beste, was wir jetzt tun können, ist offen und undefiniert zu bleiben und auf den Wellen des Unsichtbaren zu reiten. Die Großen Wellen sind da und bringen uns genau dahin, wohin wir am dringendsten zu gehen haben. Deshalb entspanne dich und genieße die Fahrt.

Alles, was wir tun, groß oder klein, beeinflußt unsere Zukunft. Jede Reaktion, jede Gewohnheit oder Einstellung baut eine Resonanz auf, die uns auf ein ähnliches Muster einstimmt. Wenn wir weit offen und unbegrenzt bleiben, können wir unser Wesen mit der Größeren Harmonie in Einklang bringen. Wir können durch und durch lebendig werden.

Grenzenlos zu leben ist ein ständiger Prozeß. Jedesmal, wenn wir uns zu größerer Weite ausdehnen, müssen wir es in den Körper bringen und diese Weite in jede Zelle integrieren. Unser physischer Körper geht immer mit uns ins Unsichtbare hinein. Wir sind wie Baustellen, immer im Prozeß der Umgestaltung und Erneuerung. Ständig unser inneres Heiligtum auszudehnen, ist ein Weg zu diesem Ziel.

Unser inneres Heiligtum ausdehnen

Geh in dein Tiefstes Inneres hinein, in dein privates Heiligtum. Tritt ein und finde hier zu deiner Mitte. Dies ist der geheime Ort in dir, wo sonst niemand hinkommt und den nur wenige je berühren. Vielleicht kennst auch du selbst diesen Ort nicht sehr gut. Es ist der Kern deiner selbst, die tiefste Tiefe deiner Seele.

Dehne dein inneres Heiligtum jetzt langsam nach außen aus, laß es sich entfalten wie die Blätter eine Blüte, Blütenblatt um Blütenblatt, bis es in deine Hände und Füße reicht. Dann schau nach innen und entdecke, daß sich ein neues inneres Heiligtum aufgetan hat. Selbst du warst dir dessen nicht bewußt, denn es konnte nicht offenbar werden, bevor das alte sich ausgedehnt hatte. Bleibe im Zentrum dieses neuen inneren Ortes und spüre die neuen Tiefen deines Wesens. Laß nun auch dieses Heiligtum weiter werden und weitere Blütenblätter zur Blüte deines Seins hinzufügen. Und ein noch tieferes Heiligtum wird sich in dir auftun...

Du kannst immer weitergehen und wirst dadurch Zugang zu Teilen deiner selbst bekommen, die noch unentdeckt sind. Es ist ein Weg, wie wir unser Wesen erweitern können, wenn wir durch die unerforschten Reiche des tieferen Unsichtbaren wandern. In der Dualität rührten wir uns in unserem inneren Heiligtum nicht von der Stelle. Wir dachten, dies sei unsere tiefste Tiefe, unser innerster Kern. Aber es gibt noch so viel mehr...

Willkommen in der Neuen Normalität!

Hier ein paar Dinge, die Teil der Neuen Normalität sind:

• Ständige Hingabe •

Wir befinden uns in einem Zustand weit geöffneter Hingabe. Wir wollen nichts mehr steuern, nichts mehr regeln. Wir reiten auf den Wellen des Unsichtbaren. Und wir wissen, daß die Wellen uns genau dahin bringen, wohin wir gehören.

• Ständiger Quantensprung •

Wir sind jederzeit bereit zu Quantensprüngen. Unser Glaubenssystem ist weit offen, bereit zu ständiger Erweiterung. Paß auf, wann du die Größere Wirklichkeit wahrnehmen kannst, und wenn sich ein Weg auftut, dann laß alles andere los und SPRINGE!

• Neue Anfänge •

Wann immer du an irgendeinem Ort ankommst, achte auf die Menschen, denen du zuerst begegnest, und auf die Stellen, zu denen du dich hingezogen fühlst. Sie enthalten wichtige Samen für die Zukunft.

• Genzenlos leben macht Spaß! •

Wenn du keine Freude dabei hast, mußt du noch größer werden. Grenzenlos leben ist *immer* angenehm. Nimm die Dinge leicht und spielerisch und genieße die Reise!

• Ein verstärktes NA UND! •

Lernherausforderungen kommen, begegne ihnen immer öfter in einer NA UND-Haltung. Gib dein Bestes und fließe einfach durch sie hindurch.

Wir legen jetzt die Muster für die Zukunft fest!

Der Schlüssel liegt im gegenwärtigen Augenblick, nicht in ferner Zukunft. Der Schlüssel liegt darin, *wer du in diesem Augenblick bist,* was du in deinem täglichen Leben verkörperst, nicht in dem, wie du gerne wärst oder in deinem ungenutzten Potential. *Was du jetzt gerade bist,* bestimmt über deine Zukunft.

Wir können uns entscheiden, gleich jetzt ganz lebendig zu sein, *in diesem Augenblick.* Wir können anfangen, unser ganzes Sein in das zu legen, was wir tun... Wir können unser Leben mit rückhaltloser Offenherzigkeit leben. Wir können leidenschaftlich, natürlich und frei werden!! Wir brauchen nicht länger auf die idealen Bedingungen zu warten; *es geht jetzt gleich!* Die Neue Welt ist hier; wir brauchen nur einzutreten...

In der Neuen Matrix leben

Das Gewebe unserer alten Matrix hat sich weit ausgedehnt. Indem wir unserem Tiefinnersten Wesen treu sind, werden wir in ein neues Gewebe der Einheit katapultiert. Alles wird von Grund auf neu ausgerichtet und offenbart eine Neue Welt. Etwas rührt sich tief in unserem Inneren und bringt unsere Zellen selbst zum Schwingen. Es ist der Funke des Lebens! Und zum ersten Male werden wir funkelnd lebendig! Lebendig wie nie zuvor – wach – achtsam- furchtlos – liebevoll. Wir haben unsere unendliche Weite in unsere belebte physische Form hereingeholt. Wir sind vereinte Erd-Stern-Wesen, verankert in dem Einen Herzen.

Jetzt ist es Zeit, mit unserem ganzen Sein zu leben, ekstatisch wach. Wir sind endlich frei! Frei, ungehindert und bedingungslos wir selbst zu sein. Bereit für eine völlig neue Welt ...

Eine Fabel für unsere Zeit...

Unsere Reise durch das Gebirge der Dualität war lang. Sie begann in der Morgendämmerung der Zeiten und geht weiter bis zum Ende der Zeiten. Wie viele Sonnenuntergänge wird es dauern, bis die Neue Dämmerung anbricht?

Viele Male sind wir gestolpert und gefallen. Zerschunden und zerschlagen, geschwächt von Zweifeln und Ängsten, raffen wir uns doch immer wieder auf und gehen weiter. Manchmal kommen wir schnell voran – Bilder ziehen unscharf an uns vorüber. In der gespannten Erwartung von etwas Neuemn beschleunigen wir den Schritt. Manchmal geht es schmerzlich langsam – ein Fuß nach dem anderen, als wateten wir durch zähen Matsch.

Auf dem Weg haben wir vieles gelernt, was uns nützlich ist, und auch ein wenig Weisheit. Wir kennen jetzt ein paar Tricks dieser dreidimensionalen Welt. Wir können ein Konto ausgleichen und ein Auto lenken. Wir finden den Weg durch überfüllte Einkaufsstraßen und verstopfte Autobahnen. Wir können gescheit über die letzte politische Krise oder den letzten Skandal einer Berühmtheit reden. Unsere großartige Erfindung des Geldes hat uns den Unterschied zwischen arm und reich gelehrt. Wir wissen, daß wir mit genügend Geld und materiellen Gütern bessere Menschen werden und vorübergehendes Glück erlangen.

Wir haben unser Leben hübsch sauber und präzise eingerichtet. Alles ist festgelegt und an seinem rechten Platz. Wir haben unseren Planeten in viele kleine Länder aufgeteilt, und jedem Land seine besondere Kultur zugewiesen. Jedem, dem wir begegnen, haben wir seine Rolle zugeteilt und unzählige Barrieren aufgerichtet, so daß nichts unsere ordentliche kleine Welt stört.

Auf unserem Weg durch das Gebirge kamen wir auch in hautnahe Berührung mit der Natur. Sie war einfach zu wild und unberechenbar. Da mußte etwas getan werden, sonst hätte sie uns aufgehalten. Mit unseren besten menschlichen Fähigkeiten begannen wir mit unserer Herrschaft über unsere Umwelt, so gut es eben ging; unsere moderne Technologie war dabei eine hochwillkommene Hilfe. Desgleichen unser gefräßiger Appetit auf immer größere Mengen natürlicher Rohstoffe. Gattungen begannen auszusterben – aber vielleicht waren sie ja schon überholt. Wir hatten auch gar nicht mehr ausreichend Platz, um ihnen noch ungestörte Lebensräume zu lassen. Uralte Waldriesen, die unsere planetarische Matrix hielten, wurden einfach gefällt. Brauchten wir nicht das Holz? Auch in Wetterabläufe wurde eingegriffen, alles im Namen des Fortschritts. Wir lobten uns für unsere Klugheit. Wir waren Menschen, und Menschen haben die Macht über diesen Planeten!

Während wir all diese Wunder des Fortschritts und der modernen Technik schufen, schritten wir auf einem mit gebrochenen Herzen übersäten Weg. Die Erde wurde zu einem Planeten der gebrochenen Herzen. Wir alle lechzten nach Liebe, aber wir hatten keine Ahnung, was das ist. Wir besaßen nur ein winziges, verzerrtes Modul, das starre, vorbestimmte, begrenzte Vorstellungen von Liebe enthielt. Wir waren kleine Wesen, die verzweifelt versuchten, mit noch kleineren Herzen zu lieben. Und welche Schmerzen erlitten wir alle im Namen der Liebe !

Damals, am Anfang gliederten wir uns in unterschiedliche Stammesgruppen ein, um unser Blut rein zu erhalten und uns zu erinnern, warum wir hier sind. Als das schließlich fehlschlug, splitterten wir uns in eng geschlossene Familieneinheiten auf. Damit hatten wir wieder eine begrenzende Struktur geschaffen, um unsere engsten Beziehungen festzulegen. Wieder wiesen wir jedem seine vorgeschriebene Rolle zu und erwarteten, daß nun alles ordentlich vonstatten ginge.

Aber das geschah nicht. Denn bald entdeckten wir, daß es uns nicht erfüllte. Es fehlte etwas. Da war ein riesiges, klaffendes Loch in unserem Leben, das uns immer unzufriedener machte. Irgend etwas war völlig verkehrt. Dennoch schleppten wir uns weiter den Berg hinauf und versuchten, die alles durchdringende Leere abzuschütteln, die immer da war, ganz gleich, was wir taten.

Wir begannen nach einem Sinn zu suchen. Versuchten raschen Trost in einem Glauben zu finden, der uns erlauben würde, so weiterzumachen wie zuvor und Veränderungen zu vermeiden. Da aber war kein Trost zu finden. Weit Verstreut auf dem Planeten suchten einzelne Erleuchtete nach einer Höheren Wahrheit. Sie fasteten, hofften auf Gesichte, nahmen Zaubertränke zu sich – taten alles, was ihren Bewußtseinszustand veränderte und größeres Verständnis versprach. Empfangene Offenbarungen wurden zu Grundlagen der Religionen. Jetzt hatten wir alle ein Ziel, an das wir glauben konnten. Wir brauchten die Wahrheit der Existenz nicht mehr selbst zu entdecken, das hatte schon ein anderer für uns getan. Das schien so leicht, bis wir entdeckten, daß dieses Wissen aus zweiter Hand hohl war. Diese Erkenntnis erfüllte uns mit einer noch größeren Leere als zuvor.

In die Leere zurückgeworfen, zurück in uns selbst, setzten wir unseren einsamen Weg durch das Gebirge der Dualität fort. Das bringt uns zu unserem jetzigen Leben, wo die Menschheit begann, Quantensprünge zu vollführen. Es gab ein großes spirituelles Erwachen. Die vierte Dimension wurde verankert, und dann die fünfte. Tore öffneten sich, und Welten begannen zusammenzubrechen. Die Dualität fing an sich aufzulösen. Alles, was wir erschaffen und anerkannt hatten, fiel auseinander. Unsere großen Institutionen, unsere Gepflogenheiten, unsere Lebensweise, unsere festen Glaubensregeln, unser Verständnis von der Liebe erwiesen sich als unwirksam und unerleuchtet. Sie sind voller Löcher, zerfressen von Würmern des Verfalls und der Korruption.

Eine Neue Welt wartet auf uns.

Während unserer Reise haben wir so viele Schichten abgelegt, unsere Zellen selbst ganz neu geordnet, uns bis aufs

Mark entblößt; immer wieder alles hingegeben. Wir haben gelernt, mit dem Einen Herzen zu lieben, alles und jeden in Einheit zu umfangen. Indem wir unser Tiefinnerstes Selbst wieder an uns nehmen, werden wir neu geboren.

Endlich ist der Gipfel des Bergmassivs in Sicht. Bald sind wir da. Jetzt haben wir fast das Ende der Zeit, den letzten Sonnenuntergang der Dualität erreicht. Wir wissen, daß das, was vor uns liegt, ganz anders sein wird als alles, was wir bisher kannten.

Laß uns die letzten Schritte zum Gipfel gemeinsam tun. Jeder unserer Schritt macht uns freier. Jeder Schritt führt uns tiefer in die Größere Wirklichkeit. Fühle, wie sich die letzten Schichten lösen, wenn endlich DU zum Vorschein kommst. Ein Erd-Stern-Wesen. Klar und heiter. Wirklich und sprühend vor Leben!

Wir sind die Neue Welt.
Sie ist hier und sie ist jetzt!

Das Unsichtbare verankert sich sanft im Körperlichen und wandelt alles. Die Zweiheit löst sich auf. Inseln des Lichts entstehen,wo wir in den höheren Frequenzen der Einheit zusammenleben können. Die Größere Liebe breitet sich auf dem Planeten Erde aus.

Die Große Frage...

War das alles nur ein wunderschöner Traum, ein schlummerndes Potential, oder gelingt uns wirklich der Quantensprung in die Einheit? Bringen wir eine Neue Welt ins Sein? Die Antwort hängt von DIR ab!

Die Größere Wirklichkeit

Es ist Zeit

zu überprüfen;

ob du

in der

Größeren Wirklichkeit

lebst.

Das Eine hat
einen wunderbaren Tag,

wie steht's mit dir?

•

Das Eine hat *immer*
einen wunderbaren Tag.

Du nicht?

Warum nicht?

Kontrolliste

Ich habe hier eine Liste von einigen wichtigen Komponenten in unserem Leben zusammengestellt. Sie ist nicht vollständig, deshalb füge hinzu, was dir noch wichtig erscheint. Gib dem jeweiligen Bereich eine Note zwischen 1 und 11, und wenn du damit fertig bist, schau dir das Ergebnis genau an. Niedrige Zahlen bedeuten Bereiche, in denen du Kompromisse eingegangen bist, in denen du eingeschränkt bist, unerfüllte Wünsche hast oder in falscher *Sicherheit* lebst. Schau nun, wie du diese Bereiche so verwandeln kannst, daß sie dein Tiefinnerstes Selbst besser zum Ausdruck bringen...

✓ Mein Tiefinnerstes Selbst:

Bin ich mir selber jederzeit treu?
Kenne ich mein Tiefinnerstes Selbst?
Bin ich mit mir einverstanden?
Bin ich offen für Veränderung?
Bin ich bereit zu einem Quantensprung?
Bin ich bereit, meine alten Glaubenssysteme loszulassen, um schneller eine Veränderung zu erreichen?
Nehme ich mir Zeit, um mit mir alleine in der Stille zu sein?
Spüre ich Liebe, wenn ich alleine bin?
Tue ich mir Gutes?
Spreche ich die Wahrheit?
Bin ich freundlich zu mir?
Bin ich spielerisch?
Findet meine Kreativität Gelegenheit, sich auszudrücken?
Bringe ich meine Kraft sauber zum Ausdruck?
Verstecke ich mein Tiefinnerstes Selbst unter angenommenen Rollen?
Gestatte ich mir, nackt und verletzlich zu sein?

Wirklichkeit

✓ Mein physischer Körper:

Liebe ich meinen Körper?
Nehme ich ihn genau so an, wie er ist?
Verschaffe ich ihm regelmäßige Bewegung?
Trage ich dazu bei, ihn verschönern?
Fühle ich mich wohl in meinem Körper?
Fühle ich mich durch und durch lebendig?
Kleide ich mich, wie es meinem wahren Selbst entspricht?
Habe ich in meinem Körper Erde und Stern vereint?

✓ Meine intimen Beziehungen:

Habe ich meine inneren Pole von Sonne und Mond vereint?
Spiegeln meine intimen Beziehungen klar wider, wer ich bin?
Bin ich in einer Beziehung mit jemandem, der mir ebenbürtig ist?
Kann ich mein Tiefinnerstes Selbst offen zeigen?
Kann ich meine Liebe von ganzem Herzen ausdrücken?
Kann ich die Liebe meines Partners annehmen?
Beflügelt mich diese Beziehung?
Fühle ich mich natürlich mit meinem Partner?
Fühle ich mich mit meinem Partner sicher?
Haben wir dieselbe Bewußtseinsebene?
Haben wir ähnliche Ziele?
Haben wir ähnliche Wertsysteme?
Unterstützen wir einander in unserem Wachstum?
Bin ich offen und ehrlich mit meinem Partner?
Inspiriert mich mein Partner in meiner Kreativität?
Kann ich mich meinem Partner gegenüber verletzlich zeigen?

Können wir tief miteinander kommunizieren?
Haben wir Spaß miteinander?
Tragen wir die Verantwortungen gemeinsam?
Sind wir auf der körperlichen, mentalen, emotionalen und spirituellen Ebene gleichermaßen im Einklang miteinander?

✓ Meine Beziehungen zu Freunden, Familie und Mitarbeitern:

(Du kannst auch jede dieser Untergruppen gesondert bewerten)

Zeige ich offen mein wahres Ich?
Bin ich ehrlich in meinem Umgang mit anderen?
Begegne ich diesen Menschen in dem Einen Herzen?
Kann ich meine Verletzlichkeit zeigen?
Kann ich meine Kraft zeigen?

✓ Meine berufliche Laufbahn:

Tue ich eine Arbeit, die mich erfüllt?
Gebe ich immer mein Bestes?
Regt mich meine Arbeit zu Kreativität an?
Bin ich glücklich mit meiner Berufslaufbahn?
Tue ich, was ich wirklich tun möchte?
Bin ich ehrlich?
Ist mein Tun integer?

✓ Meine Herzenswünsche:

Bin ich mir meiner Herzenswünsche bewußt?
Habe ich das Gefühl, daß es wichtig ist, sie zu erfüllen?
Bin ich auf dem Wege, meine Herzenswünsche zu erfüllen?

✓ Mein Heim und meine unmittelbare Umgebung:

Ist mein Heim eine klare Spiegelung meines inneren Seins?
Halte ich mein Heim sauber?
Habe ich Altäre in meinem Heim?

Fühle ich mich durch mein Zuhause genährt?
Ist es sehr ausgewogen?
Ist es eine Neutrale Zone?
Kommuniziere ich mit den Gegenständen um mich herum?
Kommuniziere ich mit meinen Pflanzen?
Schlafe ich dort gut?
Ist mein Zuhause in der Einheit verankert?
Ist es schön?
Wenn nicht, warum nicht?
Bringe ich die Energien in meinem Heim ständig wieder in Harmonie?

✓ Mein tägliches Leben:

Bin ich glücklich, auf diesem Planeten zu sein?
Bin ich geerdet?
Sehe ich alles, was ich tue, als heilig an?
Ist mein Herz offen?
Gehe ich mit Freude an meine tägliche Arbeit?
Begrüße ich jeden Tag als ein neues Wesen?

✓ Meine Vorhaben und Ziele:

Weiß ich, welches meine Zukunftspläne sind?
Arbeite ich auf sie hin?
Bin ich bereit, sie neu zu überdenken?

✓ Wellenreiten:

Denke ich daran, die Surfbedingungen zu überprüfen?
Praktiziere ich regelmäßig das GO?
Stelle ich mich auf die Wellen des Unsichtbaren ein?
Habe ich die Kontrolle abgegeben?
Vertraue ich den Wellen?

Pannenhilfe

Überprüfe deine Anschlüsse:

Das erste, was alle technischen Leitfäden zur Pannenhilfe raten, ist die Anschlüsse zu überprüfen. Bist du richtig an das Stromnetz angeschlossen? In diesem Falle würde ich fragen:

1. Machst du das GO?

2. Hast du dein Wesen im Erdenstern verankert?

3. Stehst du im Strahl?

4. Ist dein Eines Herz aktiviert?

5. Hast du Erde und Stern vereint?

6. Jetzt zieh den Stecker aus der Anschlußbuchse der Dualität und löse dich aus Zeit und Raum.

Wenn du immer noch Probleme hast, lies weiter. Vielleicht findest du die Hilfe, die du brauchst.

Fällige Korrekturen:

✓ Dein Tiefinnerstes Selbst:

Wer bist du in Wirklichkeit? Wen stellst du in deinem täglichen Leben dar? Ist es deine auf der Dualität beruhende Persönlichkeit oder dein Tiefinnerstes Selbst? Hast du alle deine persönlichen Verkleidungen abgelegt? Wenn nicht, warum nicht? Vielleicht ist es Zeit, einiges von der Wattierung abzulegen, die dein Innerstes Selbst umgibt. Sei mutig! Trau dich, verletzlich, zart, wirklich und lebendig zu sein!

✓ Dein Wertsystem und deine Ziele:

Laß uns deine Lebensziele einmal ganz genau betrachten. Was ist dir wirklich wichtig? Was siehst du als das Wichtigste an, das du in diesem Leben erreichen möchtest? Was sind deine höchsten Werte? Was deine Qualitäten? Welche Ambitionen? Ist dein gegenwärtiges Wertsystem in der Dualität verankert oder in der Einheit? Was mußt du vielleicht ändern?

✓ Deine Verpflichtung:

Hast du dich fest verpflichtet, dein Sein in der Einheit zu verankern und durch und durch lebendig zu sein? Bist du bereit, den Weg bis zum Ende zu gehen? Bist du bereit, von der Landkarte des Bekannten in das Unsichtbare überzuwechseln? Wenn nicht, warum nicht? Was hält dich zurück?

✓ Wut:

Wut ist eigentlich ein sehr nützliches Werkzeug. Jedesmal, wenn wir wütend werden, gibt es eine Menge zu lernen. Wut zeigt uns unsere Schwachstellen auf, die Punkte, wo wir uns in der Dualität verfangen. Wut ist ein Alarmsystem, das uns die Stellen anzeigt, die am meisten der Heilung und Transformation bedürfen. Beobachte genau, was dich in Wut bringt. Es reflektiert deine wichtigsten ungelösten Probleme. Wut lehrt uns etwas ganz Wichtiges über Ermächtigung, denn jedesmal, wenn wir wütend werden, geben wir unsere Macht ab. Hab keine Angst vor deiner Wut und verdränge sie nicht. Mache dich mit der dahinterliegenden Energie vertraut. Wenn du im Gleichgewicht, in deiner Mitte und in der Einheit verankert bleibst, kannst du diese Grundenergie sehr positiv einsetzen. Sie gibt dir den Antrieb, Dinge zu schaffen und schöpferisch und stark zu sein.

Wut ist auf die vier Elemente von Erde, Wasser, Feuer und Luft ausgerichtet und manifestiert sich in jedem Element unterschiedlich. Erd – und Wasserwut sind weniger dramatisch, halten aber länger an. Feuer- und Luftwut gehen schnell vorbei. Erd- und Luftwut sind kalt und nüchtern, Wasser- und Feuerwut dagegen voller Emotionen.

✓ Erdwut:

Eine langsame, zähe Härte, die sich als unnachgiebige Sturheit zeigen kann. Kalt, unerbittlich, lieblos, langanhaltend. Der Betreffende möchte nicht darüber sprechen. Die Ursache ist Enttäuschung und Ärger über sich selbst.

✓ Wasserwut:

Eine stille, launische, langanhaltende, emotionale Wut voller Groll, Eifersucht und Neid, die sich ausbreitet und auf der ganzen Umgebung lastet wie ein schwerer Nebel. Der Betreffende streitet ab, daß irgend etwas nicht in Ordnung ist, und will nicht darüber sprechen.

✓ Feuerwut:

Eine explosive, manchmal impulsive, immer dramatische Wut. Feuerwut erschreckt die Leute mit ihrem Ausmaß und ihrer rohen Kraft am meisten. Sie ist ganz offen destruktiv, kann aber auch von einer sehr reinen Art sein. Wenn sich die Explosion entladen hat, ist die Wut verraucht. Menschen, die eine Feuerwut überkommt, verlieren bei einer Herausforderung schnell und unkontrolliert die Fassung. Nach dem Ausbruch werden sie rasch wieder normal.

✓ Luftwut:

Die Luftwut zerfetzt wie eine Windbö unparteilich jegliche Blockaden oder Illusionen. Luftwut ist sauber und leidenschaftslos. Sie kommt aus dem Verstand und wird oft benutzt, um hochgeschätzte Ideale oder Vorstellungen zu verteidigen. Der Betreffende läßt von seiner Wut ebenso rasch wieder ab, wie er sie bekommen hat.

Es gibt auch eine konstruktive Wut, die ganz ähnlich wirkt wie ein reinigender Sturm. Diese Art enthält keinerlei Bösartigkeit; sie ist einfach rohe Energie, die alles, was gereinigt und geklärt werden muß, ausbrennt und läutert. Konstruktive Wut drückt sich entweder als Feuer- oder Luftwut aus.

✓ Tiefdruck – Hochdruck:

Wenn du deprimiert bist oder wenn die Energien so anstauen, der sich anfühlt, daß sie dich fast zerquetschen, dann ist das ein sicheres Anzeichen, daß du eine Veränderung nötig hast. Die einzige Lösung ist Hingabe. Übergib alles und beobachte, wie du ganz rasch vom Zusammenbruch zum Durchbruch gelangst.

✓ Angst vor dem Unbekannten:

Hältst du noch an deinen alten Beschränkungen, Rollen und Barrieren fest und nennst sie *„Sicherheit“*? Hast du Angst, überholte Vorstellungen loszulassen und in eine Phase des Nicht-Wissens einzutreten? Geht's dir wie der Fliege am Fenster? Hast du bemerkt, daß Fliegen sich gerne an der Innenseite eines Fensters sammeln? Sie sehnen sich danach hinauszukommen. Neben ihrem Fenster ist eine offene Tür, ihr sicheres Tor zur Freiheit. Doch wie oft bleiben sie am Fenster kleben, bis sie sterben, und starren hinaus auf die Welt, in die sie gelangen wollen. Sie brauchten nur ihrem Blickwinkel zu ändern und eine andere Richtung einzuschlagen, und schon fänden sie den Durchgang zu der größeren Welt, die nach ihnen ruft.

Wenn dich deine Ängste vor dem Unbekannten zurückhalten, dann akzeptiere einfach, daß man das Unbekannte nicht kennen kann. Daß es zweifellos ein wenig unbequem sein wird, während du dein Realitätssystem austauschst. Und daß niemand von uns, da wir ja die Landkarte des Bekannten verlassen, wissen kann, was wir finden werden. Angst vor dem Unbekannten ist normal; wir alle haben sie von Zeit zu Zeit. Sie ist Teil der Reise. Nimm deine Ängste an und gehe weiter.

✓ Vergebung:

Hältst du noch an tiefem Groll, an alten Verletzungen und Enttäuschungen fest? Wenn das so ist, ist es Zeit, sie loszulassen. VERGIB allen, VERGIB allen früheren Erfahrungen und VERGIB dir selbst! Alles, was in deinem Leben geschehen ist, war absolut vollkommen. Es brachte dir grenzenlose Gelegenheiten, zu wachsen und zu lernen. Laß los, nimm deine neue Freiheit an und gehe weiter.

✓ Im Strahl verschmort:

Dieser Zustand tritt ein, wenn wir zu sehr in die beschleunigten Energien eingetaucht waren, ohne uns die Zeit zu nehmen, uns zu erden und das Erlebte zu integrieren. Wir fühlen uns außerordentlich wund, versengt, fiebrig, schauen mit verstörtem Blick um uns. Mach eine Pause, wenn das geschieht. Zieh den Stecker eine Weile aus der Buchse und geh auf ein Picknick. Tu etwas, das dir Spaß macht! Konzentriere dich auf einfache und ganz normale Dinge. Putze das Haus, geh spazieren, spiele mit der Katze, geh ins Kino. Suche dir körperliche Aktivitäten und beschäftige dich. Wenn das nicht wirkt, kannst du ein langes Schaumbad nehmen und dann mit einem Stapel Zeitschriften und einer Schachtel Pralinen ins Bett gehen. Bald wirst du geheilt sein und bereit für eine weitere Dosis beschleunigter Energien.

✓ Funktionsausfall:

Symptome eines Funktionsausfalls sind unter anderem, daß du nicht mehr denken kannst, nichts tun willst, nicht lieben kannst. Du willst nichts essen und mit niemandem zu tun haben. Oft ist das einzige, was du tun kannst, zu schlafen oder in einem hoffnungslosen Dämmerzustand umherzuwandern. In Wirklichkeit ist es nicht ganz so schlimm, wie es sich anhört. Ein Funktionsausfall hat zwei mögliche Ursachen: Manchmal fallen wir aus, wenn wir auf einer anderen Ebene der Existenz eine sehr große Aufgabe bewältigen, die unsere ganze Energie in Anspruch nimmt; oder es kann auch geschehen, wenn wir einer massiven Veränderung unserer Muster unterzogen werden. Wann immer du einen Funktionsausfall hast, nimm es einfach hin. Tu so wenig wie möglich. Verhalte dich still und passiv, bis die Störung behoben ist und du wieder in Ordnung bist.

✓ Haken der Dualität:

Die Dualität ist wie ein Gummiband; sie zieht dich immer wieder zurück. Vergiß nicht, sie braucht uns, um real zu werden. Ohne unser Mitwirken hört sie auf zu sein. Deshalb müssen wir, selbst wenn wir einen festen und unerschütterlichen Entschluß gefaßt haben, uns in der Einheit zu verankern, damit rechnen, daß die Dualität wiederholt versuchen wird, uns zurückzugewinnen. Das versucht sie dadurch, daß sie kräftig an den Haken zieht, die uns an gewissen Stellen immer noch an sie gefesselt halten. Tatsächlich kann das recht hilfreich sein, denn es zeigt uns, wo unsere Haken sitzen, woran wir also arbeiten können, um uns zu befreien.

Die Herausforderung besteht darin, uns unserer Haken aus äußerste bewußt zu bleiben, damit wir, wenn die Dualität uns zieht, nicht in die klebrigen Bereiche zurückfallen. Wenn du bewußt wahrnehmen kannst, was vor sich geht, während du dich wieder in der Dualität verstrickst, bist du auf dem Weg in die Freiheit. Verurteile dich nicht und denk daran, daß wir alle von Zeit zu Zeit von den Klauen der Dualität ergriffen werden Es ist eine nützliche Übung, mit deren Hilfe wir größere Meisterschaft entwickeln können.

Nachdem wir uns der Haken bewußt geworden sind, ist es an der Zeit, sie loszuwerden. Mach dich sachte los, wann immer du eine solche Stelle findest. Es können drastische

Maßnahmen erforderlich sein wie zum Beispiel, dich aus einer ungesunden Partnerschaft zu lösen, deine Arbeit zu wechseln oder einen gewaltigen Kehraus zu machen. Tu alles Notwendige. Befreie dich! Jedesmal, wenn du eine Verstrickung entdeckst, löse dich aus ihr. Ändere die Situation oder ändere deine Reaktion darauf. Stelle dich richtig ein; laß die Bewertungen los. Ändere dein Wertsystem oder was sonst noch nötig ist.

✓ Kontrollverlust:

Sind alle deine wohlüberlegten Pläne zunichte geworden? Hast du die hochgeschätzte Übersicht verloren? Wirst du hilflos von den Wogen des Unsichtbaren mitgerissen? Gratuliere! Dein altes Kontrollsystem funktioniert nicht mehr. Das bedeutet, daß du gut vorankommst. Laß jetzt die letzten Spuren deines *Bedürfnisses* nach Kontrolle los und genieße die Reise.

✓ Liebesmangel:

Wenn du einen massiven Liebesmangel in deinem Leben spürst, dann ist es Zeit, in das Eine Herz zurückzukehren. *SEI DIE LIEBE.* Fang an, dich selbst zu nähren und zu lieben. Denk daran, daß überall um dich her ständig Heilige Vereinigung geschieht. Springe ins Meer der Liebe. Sei liebevoll zu jedem Menschen, dem du begegnest. Sieh, wie alles und jedes dir seine Liebe zum Ausdruck bringt. Liebe die Natur und die Dinge, die um dich sind. Laß dich von den feinen Strömen der Heiligen Vereinigung tragen. Werde zu einem wahren Meister der Liebe.

✓ Überanstrengtes Denken:

Du hast also zuviel gedacht... Hm, wahrscheinlich ist es Zeit, dein dreidimensionales Denken in Urlaub zu schicken und eine zeitlang ohne es zu leben. Hör auf zu denken und zu analysieren! Gehe jedesmal, wenn das alte plappernde Affendenken wieder loslegt, in dein Herz. FÜHLE. LIEBE. HANDLE. SEI. Nur denke nicht. Hör auf zu lesen, bis dieser

Zustand vorbei ist. Hör auf, verstehen zu wollen. FÜHLE. Konzentriere dich immer wieder auf die Liebe. Fühle, daß überall um dich her Heilige Vereinigung geschieht. Sei körperlich aktiv und konzentriere dich voll auf alles, was du tust.

✓ Polarisierung:

Wenn das alte *„wir"* gegen *„sie"* wieder zuschlägt, bist du in die trübe Zone der Polarisierung geraten, wo es immer einen Gewinner und einen Verlierer geben muß. Endlos springen wir zwischen diesen beiden Polen hin und her und reiben uns dabei auf. Es fühlt sich zwar toll an, Gewinner zu sein, aber wir wissen, daß die Waagschale sich früher oder später senkt, und dann geht es bergab mit uns. In der Dualität hat alles sein Gegenteil. Es gibt immer zwei Seiten derselben Münze. Wenn wir also glücklich sind, bedeutet das, daß wir dafür mit Trauer zahlen müssen. Wenn etwas Gutes geschieht, wird etwas Schlechtes unser Glück wieder ausgleichen. So geht es zu, wenn Polarisierung herrscht. Da die Polarisierung einer der Eckpfeiler der Dualität ist, haben wir sie mit der Zeit als Grundwirklichkeit angenommen. Nun ist sie das allerdings nicht mehr!

Wenn wir in der Einheit verankert sind, hat die Polarisierung keinen Zugriff mehr auf uns. Wir können aus den überholten Rollen von Gewinner und Verlierer heraustreten und entdecken, daß es für alles immer eine Anmutige Lösung gibt. Bei einer Anmutigen Lösung gibt es nur Gewinner. Sie ist immer möglich, selbst für die schwierigsten Probleme. Du brauchst nur zu wissen, daß es sie gibt, und dich nicht mit weniger zufriedenzugeben. Suche die Anmutige Lösung, und du wirst sie finden. Das ist eine Grundregel in der Einheit.

✓ Schicksalsfügungen:

Es gibt scheinbar unerklärliche, unerwartete Ereignisse in unserem Leben, die keinen Bezug zur Wirklichkeit zu haben scheinen. *Zum Beispiel:* Ein guter Freund verschwindet plötzlich aus deinem Leben. Ihr habt euch nicht gestritten, nichts Schlechtes war zwischen euch, und doch macht er sich plötzlich rar. Deine Anrufe werden nicht beantwortet; er will dich nicht mehr sehen. Es scheint keinen guten Grund für diesen Bruch zu geben. Doch, es gibt einen: Schicksal! *Noch ein Beispiel:* Du hast als Geschäftsmann jahrelang erfolgreich mit einer Firma zusammengearbeitet, die dir plötzlich die Mitarbeit aufkündigt. Bestehst du auf ihrer weiteren Mitwirkung, bringt sie alles durcheinander, hält die Termine nicht ein und ist insgesamt nicht kooperativ. Aber wieso? Schicksal ist die einzige Antwort.

Nachdem ich in den letzten Jahren zu viel Unerklärliches erlebt hatte, suchte ich eifrig nach einer Erklärung. Vielleicht hängt es mit den beschleunigten Energien dieser sehr ungewöhnlichen Zeit zusammen, in der wir uns befinden. Schicksalsfügungen greifen in unsere bestehende Situation ein, um die Menschen und Dinge an ihren rechten Platz zu bringen. Sie helfen uns beim Übergang in die neue Position der Einheit. Obwohl verblüffend, wenn sie zuschlagen, sind Schicksalsfügungen ein Geschenk, das uns zu immer größerer Vollkommenheit verhilft. Wann immer sie uns begegnen, bekämpfe sie nicht. Nimm die überraschenden Veränderungen an und sei bereit, eine neue Richtung einzuschlagen.

✓ Zankende Fragmente:

Gibt es verschiedene Aspekte von dir, die miteinander streiten? Fühlst du dich in viele Richtungen gleichzeitig gezogen? Bist du dir unsicher, auf welchen Aspekt du hören solltest? Fällt es dir schwer, Entscheidungen zu treffen? Wenn das der Fall ist, dann solltest du sicherlich all die verstreuten Fragmente deiner selbst zu einem Wesen sammeln.

Jedes Fragment unseres Seins trägt etwas zu unserer Ganzheit bei. Wenn sie toben, mußt du herausfinden, was sie wollen. Warum versuchen sie, deine Aufmerksamkeit auf sich zu ziehen? Auf unserer Lebensreise begegnen wir ständig gestrandeten oder verlassenen Fragmenten unseres Seins. Manche von ihnen haben wir an den Orten vergangener Leben zurückgelassen. Andere haben sich an einen anderen

Menschen oder eine Sache angehängt. Manche wurden einfach weggesteckt, weil wir noch nicht bereit waren, uns mit ihnen abzugeben. Alle diese Fragmente müssen in unser größeres Eines Sein aufgenommen werden. Die Fragmente deines Selbst sind wie eine Horde wilder Pferde. Sie müssen zusammen vor den Wagen deines Einen Seins gespannt werden; die Zügel übergibst du deinem Tiefinnersten Selbst.

✓ Stillstand:

Hast du *immer dasselbe alte Zeug* gründlich satt? Hast du das Gefühl, daß nichts Neues in dein Leben kommt? Das liegt vielleicht daran, daß du zu voll bist. Unser Wesen ist wie ein Kelch. Wenn wir ihn bis zum Rand gefüllt halten, haben wir keinen Platz für Neues. Wenn dein Kelch voll ist von altem Bodensatz, wie soll er dann das perlende Elixier des Neuen aufnehmen? Schütte das nutzlose Zeug aus, das sich da angesammelt hat. Entrümple dein Sein; entrümple dein Haus; entrümple dein Tun und deine Beziehungen. Behalte nur, was wirklich wahr und lebendig ist. Mach Platz für das Neue!

✓ Verkümmerte Beziehungen:

Wenn du dich noch in einer gestörten Beziehung befindest, dann ist es Zeit, daß du dich selbst einmal genau und klar anschaust. Was ist in dir, das dich noch immer in diesem Muster festhält? Warum gestattest du dir, in einer begrenzten, einschränkenden, ungesunden Beziehung zu leben? Wovor hast du Angst? Was bindet dich an diese Situation? Beruht deine Verantwortung für diese Beziehung auf Schuldgefühlen oder Karma? Fühlst du dich wahrer Liebe nicht würdig? Verkümmerte Beziehungen haben keinen Platz in unserer Zukunft. Sie dienen keinem der Beteiligten. Finde einen guten Weg, sie zu beenden, damit du in die Freiheit schreiten kannst.

Karte der 11 : 11

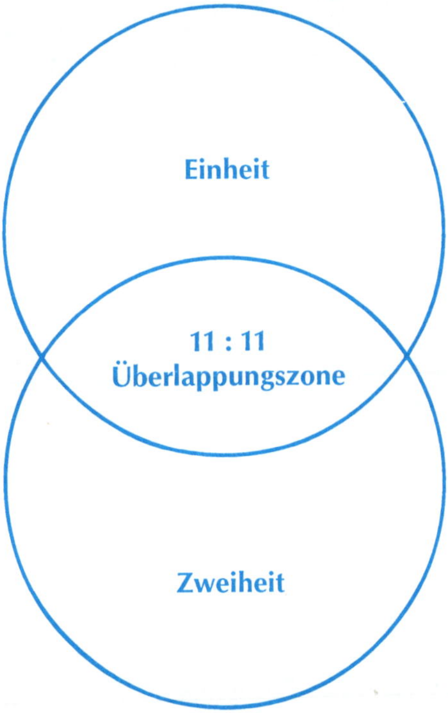

Karte der Antarion-Konversion

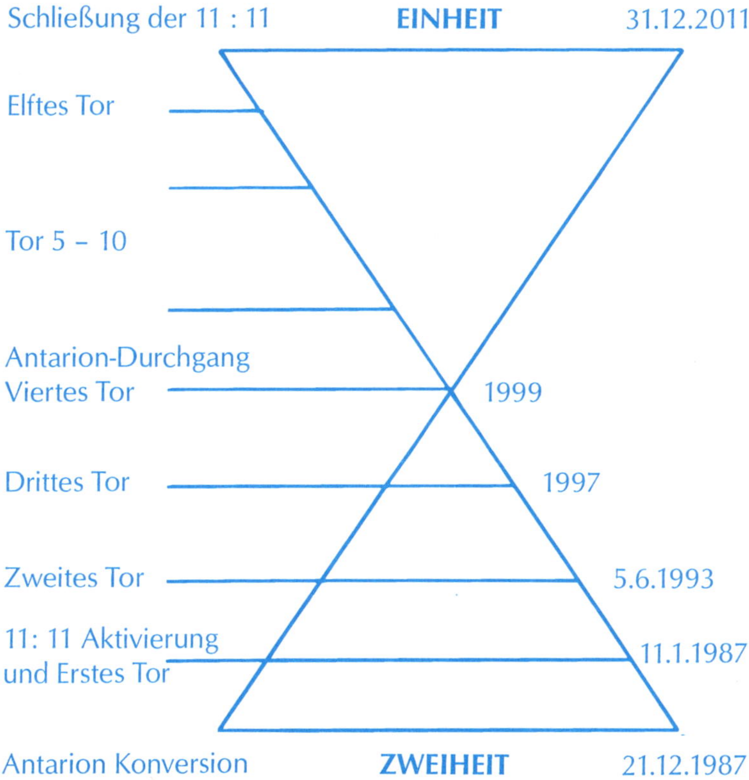

„Starborne“ Lexikon

Da wir bestimmte Begriffe ein wenig anders gebrauchen als gewöhnlich, möchte ich hier ein Verzeichnis einiger Schlüsselwörter anfügen. Die neuen Ausdrücke wurden geschaffen, als wir uns der außerordentlichen Schwierigkeit gegenübersahen, über das Unerklärliche zu sprechen, und keine Worte fanden, die Energien, die wir erlebten, zu erklären. Um die Dinge an ihren richtigen Platz zu stellen, haben wir auch einige der bekannten spirituellen Vorstellungen im Rahmen der Dualität eingeschlossen und *neu definiert.*

Dieses Stichwortverzeichnis wird auch für jene nützlich sein, die eine mehr esoterische Erklärung der Energien suchen, die wir in unserem täglichen Leben erfahren. Es ist jedoch nicht unbedingt nötig, das alles zu verstehen, um grenzenlos leben zu können. Grenzenlos leben bedeutet einfach, im täglichen Leben ganz praktisch das Unsichtbare mit dem Sichtbaren zu verschmelzen.

Akasha-Chronik:

Der Speicher oder die Große Halle der Chronik allen Wissens und aller Erfahrungen, die innerhalb der Dualität gesammelt wurden. An die Akashachronik kann sich jeder anschließen. Melchisedek verwaltet die verborgene Weisheit in der Großen Halle der Chroniken. Sie liegt im Sternensystem Mensa in der Konstellation des Dreiecks. Die Akasha-Chronik ist jedoch nur so lange für uns von Nutzen, wie wir uns auf der Spirale der Dualität befinden. Wenn wir einmal ins Unbekannte eingetreten sind, bewegen wir uns auf einer völlig neuen Landkarte.

➢ siehe auch*: Spiralen der Evolution, Dualität, das Unbekannte.*

(das) Allsehende Auge des AN:

Der Höhepunkt des Sehens innerhalb der Dualität. Das Sehen reicht über unsere physischen Augen und das Dritte Auge hinaus und benutzt den ganzen Kopf mitsamt dem Raum um den Kopf herum. Diese Art von Sehen ermöglicht uns, in die Vorebenen des Unsichtbaren zu schauen.

➢ siehe auch: *AN, Triangulation.*

Allumfassende Liebe:

Die Eintrittsebene der Liebe, die wir in der Einheit finden. Allumfassende Liebe schließt alles ein; nichts ist vom Einen getrennt. Es gibt kein Ich oder Du mehr, wir sind alle Teil des Einen. Wir alle haben dasselbe Herz, das Eine Herz.

➢ siehe auch: *das Eine Herz, Einheit, Bedingungslose Liebe*

AN:

Die heilige Vereinigung von Sonne und Mond zu einem Wesen. *Auch:* Die Verschmelzung männlicher und weiblicher Polaritäten zur Einheit, die im inneren unseres Seins stattfindet. *Auch:* Eine uralte, große Sternenlinie, die mit dem zentralen Stern im Gürtel des Orion korrespondiert, der jetzt Al Nilam genannt wird. Viele von uns gehören zur Familie der AN. Die Ältesten der AN werden Annatura genannt. Manche von ihnen sind heute unter uns. Das Konzil der Annatura wurde 1992 zum ersten Mal auf die Erde gebracht. Das Symbol für AN war früher eine Sonne über einer liegenden Mondsichel. Seit der Aktivierung des Zweiten Tores im Jahre 1993 hat sich das Symbol jedoch geändert, und die aufrechte Mondsichel steht jetzt im Innern der Sonne. Sie haben jetzt dasselbe Auge.

Früherer Gebrauch des Begriffs: AN war früher ein Gott der Sonne und des Mondes im alten Ägypten. Der AN-Tempel stand in Heliopolis, das jetzt zu Kairo gehört. Die AN-Priester waren es auch, die in späteren Zeiten Stonehenge bauten. Der Turm des Lichts der AN stand in den peruanischen Anden. Von den AN geschaffene Zivilisationen haben gemeinsame Merkmale: Sie verehren Sonne und Mond und werden von Mann und Frau regiert, die gleichzeitig Bruder und Schwester sind.

➢ siehe auch: *An-Nu-Ta-Ra Hu, Familie der AN, das Eine Sein, Heilige Vereinigung, Zweites Tor*

Anmutige Lösung:

Eine Anmutige Lösung ist eine Lösung, bei der jeder gewinnt. Sie tritt an die Stelle der alten Rollen von Gewinner und Verlierer, die innerhalb des Schemas der Dualität zu finden und eine Grundvoraussetzung dieses Schemas sind. Es gibt immer eine Anmutige Lösung, ganz gleich, wie schwierig die Situation ist.

Annatura:

Die Ältesten der Familie der AN.

➢ siehe auch: *AN, An-Nu-Ta-Ra Hu, Familie der AN, Og-Min, Sternenkonzil*

An-Nu-Ta-Ra Hu:

Ein heiliger Gesang, der das Konzil der Annatura anruft. Das Konzil der Annatura ist ein Sternenkonzil der Familie AN, das jetzt auf die Erde gebracht wurde. *Tibetanisch:* Annatura – der höchste Zustand, über dem es nichts gibt. *Ägyptisch:*

AN = der Gott von Sonne und Mond als Ein Wesen, Nut = die Göttin des Himmels, Ptah = der Schöpfergott, Ra = der Sonnengott.

➢ siehe auch*: AN, EL•AN•RA, Sternenlinie, Sternenkonzil.*

Antarion Konversio:

Eine Umschaltstation für den Transfer von Energien in der Überlappungszone im Gürtel des Orion. Dieser Energietransfer folgt einer diagonalen Linie. Sie erschafft auch die Überlappungszone, indem sie die Energien des Lichtes und der Dunkelheit zur Einheit zusammenführt und so den Schlüssel für die Transzendierung der Dualität liefert.

➢ siehe auch: *EL•AN •RA, Sternenlinie, Sternenkonzil*

A•Qua•La A•Wa•La:

Die Heilerin der Emotionen und Elohim der Ozeane, die uns durch die wäßrigen Ströme des Ersten Tores leitet. A•Qua•La A•Wa•La ist ein Sternenwesen, das eng mit den Walen und Delphinen zusammenarbeitet. Sie ist eine Schwester Kuan Yins, der Göttin des Mitgefühls, und erschien 1988 zum erstenmal auf diesem Planeten. Ihre Hauptaufgabe auf der Erde ist, uns bei unserer Reise durch das Erste Tor zu unterstützen, indem sie uns hilft, unsere Emotionen zu heilen und neue Emotionalkörper aufzubauen, die in dem Einen Herzen verankert sind. Wenn das geschafft ist, wird sie nicht mehr in diesen Bereichen sein.

➢ siehe auch*: Erstes Tor*

Aufgestiegene Meister:

Lehrer und Führer innerhalb der Dualität, die von der Erdenebene zu höheren Ebenen auf der Evolutionsspirale der Dualität aufgestiegen sind. In der Einheit sind wir alle Aufgestiegene Meister.

➢ siehe auch: *Spiritualität der Dualität, Evolutionsspiralen, Dualität und Einheit*

Aufstieg:

Aufstieg ist einfach die Bewußtseinsverschiebung von der Dualität in die Einheit. Er ist der Quantensprung von der Evolutionsspirale der Dualität auf die der Einheit.

➢ siehe auch: *Einheit, Evolutionsspiralen, Dualität, Einheit.*

Bedingungslose Liebe:

Die höchste Form von Liebe, die im Schema der Dualität zu finden ist. *Ich liebe dich: Da* besteht noch eine Trennung zwischen *ich* und *du.* Im Schema der Einheit *ist* die Liebe einfach: Es gibt niemals mehr als Eines.

➢ siehe auch: *Allumfassende Liebe*

Chakras:

Spirituele Energiezentren im physischen Körper, innerhalb der Dualität. In der Einheit werden sie im einen Herzen verschmolzen.

➢ siehe auch*: Eines Herz, Dualität, Einheit*

Drittes Tor:

Das Dritte Tor 11 : 11 wird im Jahre 1997 aktiviert. Die Schlüsselnote dieses Tores ist das Errichten neuer Beziehungen und die Schaffung von Inseln des Lichts.

➢ siehe auch: *Tor von 11:11. elf Tore, Erstes Tor, Inseln des Lichts, Zweites Tor*

Durch und durch lebendig:

Ein ekstatischer Zustand in unserem physischen Körper, der uns lebendiger macht, als je zuvor.

➢ siehe auch: *Erdstern, das Unsichtbare.*

Ein Auge:

Eine Art des Sehens und Fühlens in das Unsichtbare, bei der du dein ganzes Sein und die Zwischenräume benutzt.

➢ siehe auch: *Allsehendes Auge, das Unsichtbare, Zwischenräume*

(das) Eine:

Innerhalb des Schemas der Einheit ist das Eine allumfassend. Alles ist Teil des Einen. Da nichts von dem Einen getrennt ist, haben wir alle unmittelbaren Zugang zu allem. Es gibt niemals mehr als Eins. *Auch*: Die höhere Stufe dessen, was im Schema der Dualität als das Höchste Wesen betrachtet und als Gott personifiziert wird.

➢ siehe auch*: Dualität und Einheit*

(das) Eine Herz:

Das Eine Herz ist das Herz aller Dinge. Das bedeutet, daß wir alle ein gemeinsames Herz haben. Das Eine Herz ist der Kern unseres neuen Emotionalkörpers und tritt an die Stelle unseres alten Herzchakras. Es ist die Grundlage des Schemas der Einheit.

➢ siehe auch: *Allumfassende Liebe, Chakras, Erstes Tor, GO, Einheit*

Eine Liebe:

Die Liebe unseres Einen Seins

Einheit:

Die alles durchdringende Energie des Einsseins.

Ein Sein:

Eine Ebene der Vereinigung zwischen zwei oder mehr Personen, in der man zu einem unendlich viel größeren Sein wird.

➢ siehe auch: *Eine Liebe*

Ekstatische Liebe:

Ein Zustand durch und durch lebendiger, pulsierender, glückseliger Liebe, der zu einer tiefen und sublimen Ekstase führt, wie sie in den feinen Bereichen des Unsichtbaren zu erleben ist. Ekstatische Liebe erquickt und ordnet unsere Zellen in den erhöhten Frequenzen der Größeren Liebe. Diese Liebe kommt aus dem Einen Herzen. Mit unseren alten Emotionalkörpern können wir sie nicht erleben.

➢ siehe auch: *Größere Liebe, Liebende von Jenseits der Sterne, Eines Herz*

EL•AN•RA:

Die drei Sterne im Sternengürtel des Orion, die als Schlüsselkontrollpunkte dienen, um unser dimensionales Universum auf die Dualität ausgerichtet zu halten. Indem wir alle Polaritäten in die Einheit zurückverschmelzen, transzendieren wir die Illusion der Dualität und werden frei, ins Unsichtbare voranzuschreiten. Dies erschafft eine Überlappungszone zwischen den Polen von Licht und Dunkel, die in der Einheit verankert ist. Der Zentralstern des Oriongürtels, jetzt Al Nilam genannt, entspricht AN und ist ein schwarzes Loch. Er ist der Eingang zum Tor von 11:11.

EL•AN•RA bezieht sich auch auf die drei großen Sternenlinien EL, AN und RA, die bei der Kolonisierung unseres Planeten mitgewirkt haben. Diese Sternenlinien überwachen unseren Weg durch die Evolutionsspirale der Dualität und unseren folgenden Aufstieg in die Einheit. Wir sind mit diesen Sternenlinien eng verbunden.

➢ siehe auch: *AN, Tor von 11:11, Einheit, Dualität*

➢ empfohlene Lektüre: *An die Sterngeborenen, EL•AN•RA: Die Heilung des Orion, 11 : 11, Jenseits des Tores*

elf Tore:

Die elf Frequenzbänder der Energie, die wir durchqueren müssen, um unseren Weg durch das Tor von 11:11 zu vollenden. Jedes Tor steht für eine Ebene des Bewußtseins, mit der wir uns in Einklang bringen müssen, bevor wir weitergehen können. Jedes Tor hat außerdem eine Schlüsselnote, eine harmonische Resonanz, die mit bestimmten Einweihungen, Lektionen und Neuordnungen der Energie zusammenhängt.

➢ siehe auch: *Tor von 11:11, Erstes Tor, Zweites Tor, Drittes Tor*

11 : 11:

11 : 11 ist ein vorcodierter Auslöser in unseren Zellgedächtnisbänken, der dort eingeprägt wurde, bevor wir in die Materie

herabstiegen, und der, wenn aktiviert, bedeutet, daß die Zeit unserer Vollendung und unseres Aufstiegs nahe ist. Wir steigen aus der Zweiheit in die Einheit auf. Diese Zahl ist auf geheimnisvolle Weise Millionen von Menschen überall auf der Welt immer wieder erschienen und hat ihr Bewußtsein für die Bedeutung der gegenwärtigen Zeit geweckt. Sie ist ein kraftvoller Katalysator für die Erinnerung. Die Meisterzahl Elf ist in sich selbst ein Bote des Neuen und Unbekannten. Die Doppelelf bedeutet ein übernormales Geschehen, das aus einem neuen Abschnitt des Bewußtseins ausstrahlt. In diesem Falle verkündet die Doppelelf die Öffnung des Eingangs in die Größere Wirklichkeit.

➢ siehe auch: *Das Tor 11:11, Größere Wirklichkeit, Meisterzahlen.* empfohlene Lektüre: *11:11 – Jenseits des Tores, An die Sterngeborenen*

Engel:

Engel dienen uns als Eingangspunkt in ihre eigene angeborene Größe. Wir nehmen nicht nur Kontakt mit unserem Schutzengel auf, sondern erkennen auch, daß unser Schutzengel unser Höheres Selbst ist. Dann werden wir zu dem Engel, der wir wirklich sind. Dies ist unser erster Schritt zur bewußten Einheit. Engel sind die Mittler zwischen Geist und Materie. Das Engelreich lebt nicht in den erhöhten Resonanzen der Größeren Wirklichkeit, weil seine Arbeit jetzt vollendet ist. Die Engel verschmelzen mit der Einheit und bedürfen keiner getrennten Identität mehr. Wenn wir einmal aus der Dualität aufgestiegen sind, gehen wir über die Ebene hinaus, in der wir irgend etwas anderes verkörpern als das Eine.

➢ siehe auch: *das Eine, Einheit.*

➢ empfohlene Lektüre: *Invoking Your Celestial Guardians; An die Sterngeborenen*

Engelnamen:

Die Namen unseres Höheren Selbst.

➢ siehe auch: *Engel, Sternensprache, Sternennamen*

Erd-Stern:

Es ist wichtig, ebenso eng mit unserem körperlichen, irdischen Teil verbunden zu sein wie mit unserer unendlichen Weite, die vom Stern über uns personifiziert ist. Erde und Stern sind lange als zwei getrennte Orte aufgefaßt worden, die die Parameter unseres Seins und unserer vorherrschenden Muster festlegten. Indem wir uns jedoch immer mehr in die Einheit begeben, verschmelzen wir Erde und Stern und beschleunigen die Zwischenräume in heiliger Vereinigung. Dieser Prozeß kehrt unsere früheren Parameter von innen nach außen, und wir verwandeln uns in ein viel größeres Eines Sein. Die Bezeichnung Erd-Stern bezieht sich auf eine neue, vereinte Ganzheit.

➢ siehe auch: *Erdstern, Erd-Stern Tanz, (das) Eine Sein, Einheit, Heilige Einheit, Zwischenräume*

Erdenstern:

Der Erdenstern liegt im Mittelpunkt unseres Planeten. Er repräsentiert das Herz der Materie, unseren Urkern. Dieser Punkt wird benutzt, um unsere Unendlichkeit im Körperlichen zu verankern.

Erd-Stern-Tanz:

Ein heiliger Tanz, in dem wir sowohl Erden- als auch Sternenwesen verkörpern. Das Ziel dieses Tanzes ist, diese beiden Pole wieder zu einem Sein zu verschmelzen.

➢ siehe auch: *Erd-Stern, (das) Eine Sein und Heilige Tänze*

Erstes Tor:

Das Erste Tor wurde gleichzeitig mit dem Tor 11 : 11 im Januar 1992 aktiviert. Seine Schlüsselnote ist die Heilung des Herzens und die Erschaffung eines neuen Emotionalkörpers, der in dem Einen Herzen verankert ist.

➢ siehe auch: *A•Qua•La A•Wa•La, Tor 11 : 11, elf Tore, (das) Eine Herz*

Evolutionsspiralen:

Evolutionswege in Spiralform. Jedesmal, wenn wir einen Zyklus beenden, kehren wir an den Ausgangspunkt zurück, befinden uns jedoch auf einem höheren Punkte der Spirale. Es ist wichtig, sich zu erinnern, daß wir alle gemeinsam auf der Spirale unterwegs sind. Das heißt, wenn die Spirale sich für einen von uns wendet, tut sie es für uns alle. Sie spiegelt unsere ursprüngliche Einheit. Zu dieser Zeit überlappen sich aufgrund der 11:11-Aktivierung zwei sehr verschiedene Evolutionsspiralen, die eine, die auf der Dualität beruht, und die andere, die in der Einheit verankert ist. Dies gibt uns die seltene Gelegenheit, uns aus der Dualität emporzuentwickeln und in eine andere Evolutionsspirale überzuwechseln. Jeder von uns, der aus der Spirale der Dualität heraustritt, bewirkt, daß alle anderen, die noch in der Dualität sind, auf der Spirale nach oben rutschen.

➢ siehe auch*: Einheit, Spiritualität der Dualität, Dualität*

Familie der AN:

Angehörige der Sternenlinie der AN

➢ siehe auch: *AN, Annatura, EL•AN•RA*

Feineinstellung:

Sein Wesen neu einstellen und verfeinern

frühere Leben:

Frühere Inkarnationen durch ein Fragment unseres Wahren Wesens auf der Erde oder auf anderen Planeten und Sternensystemen. Obwohl sie anscheinend innerhalb des Rahmens von Zeit und Raum stattgefunden haben, sind sie in Wirklichkeit alle Teil des riesigen JETZT, das sowohl die *Vergangenheit, die nie war,* umfaßt als auch die *Zukunft, die nie sein wird.*

GO:

Eine Übung, bestehend aus drei Teilen: Indem wir uns auf das Licht ausrichten, um in unserem physischen Körper Erde

und Stern zu verbinden und uns so zu erden, bringen wir uns mit dem Einen in Einklang und verankern gleichzeitig das Eine Herz. Diese Übung sollte ständig ausgeführt werden, bis sie uns zur täglichen Gewohnheit wird. Sie ist eines der wichtigsten Werkzeuge zum grenzenlosen Leben.
➢ siehe auch: *Erd-Stern, (das)Eine Herz*

Göttliche Intervention:
In der Dualität bedeutet sie eine unerwartete Hilfe von Oben. Hier dienen wir oft als Werkzeug der Göttlichen Intervention. In der Einheit sind wir in einem ständigen Zustand göttlicher Intervention, dort ist alles Göttliche Intervention. Es ist die natürliche Ordnung.
➢ siehe auch: *Dualität, Einheit*

grenzenlos leben:
Unsere Unendlichkeit physisch verkörpern, bis es uns zur Neuen Normalität wird.
➢ siehe auch: *Neue Normalität*

Größere Liebe:
Eine neue Ebene der Liebe, die voll ausgeboren wird, wenn sich die *Liebenden von jenseits der Sterne* wieder zu Einem Sein vereint haben und eine Öffnung in eine tiefere Liebe geschaffen haben, die die Größere Liebe genannt wird.
➢ siehe auch: *(die) Liebenden von jenseits der Sterne, (das) Eine Sein*

Größere Wirklichkeit:
Das erhöhte, über-normale Wirklichkeitssystem der Einheit. Um dorthin zu gelangen, müssen wir durch das Unsichtbare und Unbekannte der Zwischenräume reisen.
➢ siehe auch: *(das) Unsichtbare, Zwischenräume, Schema der Einheit, (das) Unbekannte*

Größere Zentralsonne:
Die unendlich viel größere Zentralsonne der Einheit.

Große Zentralsonne:

Die zentrale Sonne des Schemas der Dualität.

Heilige Pause:

Eine besondere Zeit, wenn wir dabei sind, einen Quantensprung zu vollziehen. Die Tür steht uns offen. Alle Hindernisse liegen hinter uns. Wir können sicher durch dieses Tor gehen. Wir wissen, daß nichts mehr so sein wird wie zuvor, wenn wir hindurchgegangen sind. So sitzen wir still in heiliger Pause. Dies ist der Augenblick, wo wir auf den langen Weg zurückschauen, den wir zurückgelegt haben, und alles mit größerer Klarheit sehen. Wir können allen vergeben, denen wir Schaden zugefügt haben, und auch allen, die uns verletzt haben. Wir können alle unsere vergangenen Erfahrungen mit der Unendlichkeit unserer Liebe umfangen. Dabei schlüpft alles, was wir kannten, in den Bereich der *Vergangenheit, die nie war,* oder der *Zukunft, die nie sein wird.* Wir sind endlich frei! Jetzt ist es Zeit, durch das Tor zu gehen.

➢ siehe auch*: Zukunft, die nie sein wird; Vergangenheit, die nie war*

Heiliger Spiraltanz:

Ein Tanz, in dem zwei Reihen von Tänzern sich spiralförmig auf die Mitte zu bewegen. Die Tänzer verkörpern *die Liebenden von jenseits der Sterne* und konzentrieren sich auf ihren Partner in der gegenüberliegenden Spirale. Im Zentrum der beiden hereinkommenden Spiralen werden die beiden Eins und bewegen sich als Ein Sein in den Zwischenräumen nach außen. Schließlich bilden sie die Spirale des Einen Herzens. Dies ist ein wunderbarer Tanz, der die ewigen Bewegungen des Einen Herzens symbolisiert. Er vereint Gegensätze in der Einheit. Es war der Schlüsseltanz bei der Aktivierung des Zweiten Tores in Ecuador.

In diesem Tanz sind zahlreiche Ebenen der Verfeinerung angesprochen. Wenn er wirklich in den Zwischenräumen getanzt wird, wird alles in ein weiß irisierendes Licht getaucht und dreifach gesehen. Dieser Tanz ist die Karte unseres Weges aus der Dualität in die Reiche der Größeren Liebe.Er symbolisiert auch die Vereinigung der beiden vom Südpol und Nordpol der Erde ausgehenden Energiespiralen im Mittelpunkt oder Äquator.

➢ siehe auch: *Größere Liebe, (die) Liebenden von jenseits der Sterne, (das) Eine Herz, Heiliger Tanz, (das) Zweite Tor, Zwischenräume*

Heilige Tänze:

Besondere Tänze, die in dieser Zeit aus den Sternentempeln auf die Erde gebracht werden. Es sind heilige Bewegungen, die die neuen Energien der Einheit in unseren physischen Körper und in die Erde gebären. Bis jetzt sind fünf Tänze eingeführt worden. Jeder von ihnen dient einer speziellen Absicht auf mehreren Ebenen.

➢ siehe auch: *Erd-Sterntanz, Tanz der größeren Zentralen Sonne, Lotostanz, Heiliger Spiraltanz, Sternenprozession*

Heilige Vereinigung:

Das Verschmelzen in der Einheit

horizontale Energie:

Das Frequenzband des Wissens aus zweiter Hand, das sich in horizontaler Richtung bewegt. Innerhalb des Schemas der Dualität war dies unsere Hauptwissensquelle. Wir lasen Bücher, lernten von Lehrern und den Erfahrungen anderer, anstatt unsere eigenen direkten Offenbarungen und Erfahrungen zu erleben. Religionen sind ein gutes Beispiel für horizontale Energie. *Auch:* Eine Form der Energiemanipulation, die im Schema der Dualität benutzt wird und die voller versteckter Andeutungen und Anspielungen ist. Unter diese Kategorie fallen Gerüchte und boshafter Tratsch sowie herzlose Verführung.

➢ siehe auch: *Schema der Dualität, vertikale Energie*

Ich-Erwarte:

Ein Zustand erhöhter Empfänglichkeit und aktiver Passivität, der auftritt, wenn wir die notwendigen inneren Verwandlungen durchgemacht haben und die Geburt des Neuen erwarten.

➢ siehe auch: *das Neue*

Inseln des Lichts:

Zukünftige Gemeinschaften, die im Physischen erschaffen werden und gleichzeitig im Unsichtbaren verankert sind. Sie bilden die Schlüsselpunkte für unsere zukünftigen Unternehmungen, können jedoch nicht errichtet werden, bevor wir uns nicht von der Dualität befreit und unser neues Selbst geboren haben. Eine Insel des Lichts ist ein Ort, um ganz und gar im Neuen zu leben. Sie gehören zur Einweihung des Dritten Tores.

➢ siehe auch*: Drittes Tor*

Isis und Osiris:

Isis und Osiris waren Götter des alten Ägypten. Sie waren Bruder und Schwester und Mann und Frau. Die Legende von Isis und Osiris handelt von der Eifersucht ihres Bruders Seth und wie es ihm zweimal gelang, Osiris zu töten. Beim ersten Mal ließ er einen hölzernen Kasten anfertigen, der genau auf Osiris' Maße zugeschnitten war. Während Isis abwesend war, lockte er Osiris in den Kasten und schloß den Deckel, so daß Osiris erstickte. Doch Isis gelang es nach ihrer Rückkehr, Osiris dank der Reinheit ihrer Liebe und ihrer großen Heilkräfte wieder zum Leben zu erwecken. Viel Zeit war vergangen. Seth wartete erneut auf eine Gelegenheit; als sich Isis wieder einmal entfernt hatte, griff er seinen Bruder an, tötete ihn, zerstückelte seinen Körper und verstreute seine Teile über ganz Ägypten.

Als Isis zurückkehrte und sah, was geschehen war, machte sie sich auf, die Teile ihres Geliebten Osiris wieder einzusammeln. Sie fand sie alle, bis auf seinen Phallus. Der war ins Meer gefallen und von den Walen gefressen worden. Wieder brachte sie mit ihrer tiefen Liebe Osiris zurück zum Leben. Sie erhoben sich gemeinsam in die unendlichen Bereich des Geistes, liebten sich und zeugten einen Sohn, Horus. Danach zog sich Osiris für immer aus der Regierung über die Menschen zurück und stieg zu einer einsamen Wache in die Unterwelt hinab. Während ihrer vielen einsamen Jahre hielt Isis die heilige Flamme wahrer Liebe auf diesem Planeten lebendig.

1992 kehrte Osiris aus der Unterwelt zurück, nicht in diese Welt der Dualität, sondern in die Neue Welt, die geboren wird. 1993 wurde sein Phallus von den Walen zurückgebracht, die ihn die ganze Zeit gehütet hatten. In demselben Jahre war er bei der Aktivierung des Zweiten Tores in Equador physisch gegenwärtig. Der Phallus des Osiris symbolisiert die Rückkehr der wahren Männlichkeit zu den Männern und die Verkörperung wahrer Weiblichkeit durch die Frauen und gibt uns jetzt die Fähigkeit, uns in gleichwertigen, ausgewogenen Partnerschaften zu vereinen. Isis und Osiris dienten als Torhüter bei der Aktivierung des Zweiten Tores. Dies war die Vollendung ihrer Geschichte, und sie verschmolzen zu einem Sein.

➢ siehe auch: *Phallus des Osiris, Zweites Tor*

Jenseits des Jenseits:

Ein Bereich des Unbekannten in der Einheit.

➢ siehe auch: *Einheit,(das) Unbekannte*

Karma:

Das Gesetz von Ursache und Wirkung innerhalb des Schemas der Dualität. Einfach ausgedrückt bedeutet Karma, daß du zurückbekommst, was du aussendest; denn jede Aktion hat ihre Reaktion. Daß früher oder später alle Handlungen ihren gerechten Lohn und ihre Strafe erhalten und am Ende alles ins Gleichgewicht kommt. Innerhalb der Einheit existiert Karma nicht.

➢ siehe auch*: Dualität, Einheit*

(die) Liebenden von jenseits der Sterne:

Sie gelten als diejenigen, die dafür sorgen, daß der Brennpunkt der Größeren Liebe innerhalb des Schemas der Einheit verbleibt. Tatsächlich *sind sie das Schema der Größeren Liebe.* Die Liebenden von jenseits der Sterne sind zwei sehr weit auseinandergestreckte Hälften ein und desselben Wesens. *Auch:* Eine Ebene des Bewußtseins und der ekstatischen Liebe, die auf die Erde gebracht wird, während wir durch das Zweite Tor gehen. *Auch:* Die Liebenden von jenseits der Sterne sind das Grundmuster hinter all den großen Liebenden wie zum Beispiel Isis und Osiris, Tristan und Isolde, Artus und Guinevère usw., die über die Zeitalter hinweg die Resonanz wahrer Liebe aufrechterhalten haben.

➢ siehe auch*: Größere Liebe, Lotostanz, Heiliger Spiraltanz, Zweites Tor, Einheit*

Lotos der Wahren Liebe:

Das Symbol der wahren Liebe, das benutzt wird, um die Liebe des Einen Herzens darzustellen. Der Lotos wird auch mit der ägyptischen Göttin Isis assoziiert, die eine wichtige Rolle dabei spielte, die heilige Flamme wahrer Liebe durch den Zyklus der dunklen Zeitalter hindurch auf diesem Planeten aufrechtzuerhalten. *Auch*: Reine Liebe.

➢ siehe auch: *Isis und Osiris, Lotostanz, (das) Eine Herz, Schema, Wahre Liebe*

Lotostanz:

Ein heiliger Tanz, der den Lotus der Wahren Liebe darstellt. Zwei Kreise von Tänzern repräsentieren die Blütenblätter des Lotus. Beim Tanzen atmen sie die immer weiter werdende Liebe des Einen Herzens ein und aus. Dieser einfache Tanz verankert machtvoll das Eine Herz und ist in vielen Ländern zu diesem Zwecke getanzt worden. Er wird immer in der Stille getanzt. Eine neue, sehr erhöhte Ebene dieses Tanzes, auf der die Tänzer bewußt die Liebenden von jenseits der Sterne repräsentieren, ist vor kurzem offenbart worden.

➢ siehe auch: *Lotos der Wahren Liebe, (die) Liebenden von jenseits der Sterne, (das) Eine Herz, Heilige Tänze*

Meisterzahlen:

Die Zahleneinheiten, die unser Eintrittspunkt in die Größere Wirklichkeit sind. Meisterzahlen sind: 11, 22, 33, 44, 55, 66, 77, 88 und 99. Doppelte Meisterzahlen wie die 11 : 11 sind Eintrittspunkte für die Größere Wirklichkeit.

➢ siehe auch: *11 : 11*

mögliche Realitäten:

Das, was im Schema der Dualität innerhalb unserer Kegel von Vergangenheit und Zukunft existiert. Unsere möglichen Realitäten müssen von innen nach außen gekehrt werden, damit das Unsichtbare offenbar wird.

(das) Neue:

Die neuen Energien, die Emanationen aus der Einheit

➢ siehe auch: *Neue Matrix, Einheit*

(die) Neue Matrix:

Dies ist das Muster oder Gewebe der Größeren Wirklichkeit. Hier sind wir alle zusammen in die Einheit verwoben.

➢ siehe auch: *Größere Wirklichkeit, das Neue, Einheit*

Neue Normalität:

Unsere erhöhte Alltagswirklichkeit, wenn wir unser neues Selbst geboren haben und grenzenlos leben.

➢ siehe auch: *grenzenlos leben*

(der) Neuer Weg:

Unsere ersten Schritte in das Unsichtbare, wenn wir einmal das Ende des Weges erreicht und die Dualität hinter uns gelassen haben. Indem wir den neuen Weg betreten, gelangen wir auf eine ganz neue Landkarte bzw. in unerforschtes Land.

➢ siehe auch: *(das) Unsichtbare*

Neustrukturierung:
Ein Vorgang massiver Selbsttransformation auf der Zellebene

Neutrale Zone:
Ein Platz mit leerer, sauberer, offener Energie, wo das Unsichtbare verankert werden kann.

Nicht-Raum:
Der Zustand des Losgelöstseins von den Grenzen des Raumes, der in der Einheit herrscht. Es gibt keine Trennung mehr zwischen *hier* und *dort.* Dank unserer unendlichen Erweiterung sind alle Entfernungen transzendiert.
➢ siehe auch: *Einheit*

Nicht-Zeit:
Das Maß der Zeit im Schema der Einheit. Der ewige Augenblick, wo Vergangenheit, Gegenwart und Zukunft im herrlichen JETZT zusammenfließen.

Nullzone:
Eine Nullzone entsteht, wenn die Energie sich ausdehnt und aufblüht und dann von außen zerschmettert wird, woraufhin das frühere Welt- oder Wirklichkeitssystem in sich zusammenstürzt. Es zerbricht die alten eingefahrenen Muster. Die alten zerstörten Welten nehmen nie wieder ihre alte Stelle ein. Nullzonen können in großem Ausmaß entstehen, so daß viele daran beteiligt sind, aber auch nur in deinem eigenen Wesen. Sie erschaffen die Gebärmutter, aus der das Neue geboren wird.
➢ siehe auch: *(das) Neue*

Og-Min:
Eine Bruder- und Schwesterschaft von Lichtwesen, die in den Höhlenhimmeln jenseits von Raum und Zeit leben. Sie haben Hände mit vier Fingern und Lichtkörper. Die Og-Min bieten uns drei Einweihungsstufen an. In der ersten oder Anfangsstufe werden wir mit in ihre Hallen genommen und erhalten unmittelbare Übertragungen. In der Mittelstufe machen wir

direkte Erfahrungen. Auf der dritten Stufe verkörpern wir bewußt die Annatura. *Tibetanisch:* Wolke der Wahrheit, der wahre und heilige Bereich der Wahrheit. Der höchste Bereich, von dem aus man sich noch auf der Erde inkarnieren kann. Der Wahlspruch der Og-Min ist: Kein Hinunter, kein Zurück.
➢ siehe auch: *Annatura*

Oktaven:
Das Maß der Bewußtseinsebenen in der Größeren Wirklichkeit, das an die Stelle der dimensionalen Muster unseres jetzigen dualen Systems der Großen Zentralsonne tritt.
➢ siehe auch: *vierte Dimension, Große Zentralsonne, Größere Wirklichkeit, Dualität*

Paradigma:
Ein Modell, eine Landkarte oder ein Schema.

Phallus des Osiris:
Das lange vermißte Fragment des Osiris, das jetzt zurückgebracht wurde. Dies ist eine direkte Anspielung auf die neue Sexualität. Hier findet eine Einweihung statt. Die Männer sind aufgerufen, ihre geringeren körperlichen Phallus beiseitezulassen und ihr gesamtes Sein zum Größeren Phallus werden zu lassen. Das macht es möglich, in den Zwischenräumen mit dem ganzen Sein zu lieben.

Quantensprung:
Ein gewaltiger Sprung auf eine neue Bewußtseinsebene, der gewöhnlich schnell erfolgt.

Restsame:
Der physische Überrest, die Spuren oder Zeichen von dem, was nicht mehr existiert. Manche von uns sind der Restsame, die Uralten, die in sich die Samen des Neuen tragen. Auch die Waldriesen, die uralten Bäume in den Urwäldern sind solche Restsamen, deshalb ist es so wichtig, sie zu schützen. In den Restsamen ist die Matrix aufbewahrt.

Schema:

Ein Meistermuster, das alles innerhalb seiner Sphäre regiert und bewirkt, daß es in einer ähnlichen Schwingungsrate und -qualität schwingt.

Schema der Dualität:

Das Meistermuster oder Schema, welches das auf Dualität beruhende Realitätssystem beherrscht. Die Voraussetzungen der Dualität sind unter anderem Zeit, Raum, Polaritäten, Trennung, Begrenzung und Karma.

➢ siehe auch: *Einheit*

Schema der Einheit:

Das Meistermuster oder Schema, das die Größere Wirklichkeit regiert, die in der Einheit verankert ist.

➢ siehe auch: *Einheit, Schema*

Seelengruppen:

Gruppen von Wesen derselben Essenz, die sich sehr miteinander verbunden fühlen und die beim Prozeß der Fragmentierung aus der größeren Gruppenseele miteinander auf dem Wege waren. Seelengruppen arbeiten seit Anbeginn unserer Geschichte zusammen. Seit der Aktivierung von 11:11 und unserem darauffolgenden Eintritt in das Unsichtbare erleben wir jedoch eine Auflösung der alten Seelengruppen. Das kann zuweilen recht schmerzhaft und verwirrend sein, es führt uns jedoch zu viel größerer Freiheit und tieferer Einheit.

Spiritualität der Dualität:

Die religiösen und spirituellen Wege, auf denen wir an das Ende der alten Straße der Dualität gelangt sind. Diese müssen jetzt verlassen werden, um tiefer in das Unbekannte zu gelangen. Die Spiritualität der Dualität kann uns Quantensprünge und den Aufstieg ermöglichen, aber nur innerhalb der Evolutionsspirale der Dualität.

➢ siehe auch: *Evolutionsspiralen, Dualität*

Sternenfamilie:

Diejenigen von uns, die erwacht sind und sich jetzt überall auf der Welt wieder in dem Einen Herzen vereinen. Die Maori von Neuseeland sprechen von der Wiederkehr des Sternenstammes. Dieser Sternenstamm kommt aus allen Rassen der Menschheit und aus allen Ländern der Welt. Sie kehren zur bewußten Einheit zurück. Der Sternenstamm ist unsere Sternenfamilie.

➢ siehe auch: *(das) Eine Herz, Einheit*

Sternenkinder:

Die neue Generation von Kindern, die mit unverblaßter Erinnerung geboren werden. Manche Sternenkinder sind jetzt in ihren frühen Zwanzigern, manche werden noch geboren. Sie kommen hierher, um uns bei unserem Übergang von der Dualität in die Einheit zu helfen, und werden die Führer der Zukunft sein.

Sternenkonzile:

Konzile in den Bereichen des Jenseits von Zeit und Raum. Wir gehören diesen Konzilen an und besuchen sie oft, entweder nachts im Schlaf oder bei vollem Bewußtsein. Diese Konzile überwachen unsere Evolutionszyklen auf der Erde und innerhalb unseres jetzigen Sonnensystems der Großen Zentralsonne.

Sternenlinie:

Unsere genealogische Verbindung zu den Sternen, die unsere angeborenen, natürlichen Affinitäten und Schlüsselharmonien spiegelt. Sternenlinien kommen in unseren Sternennamen zum Ausdruck.

➢ siehe auch: *Engelnamen, Sternennamen*

Sternennamen:

Unsere Namen in Sternensprache, die tiefer in Einklang mit unserem tiefinneren Selbst stehen als unsere irdischen Namen. Sie bezeichnen auch unsere Sternenlinie. Eine neue

Ebene von Sternennamen wird jetzt gerade entdeckt. Diese Namen sind sehr kurze, reine Klänge, die aus dem Schema der Einheit kommen.

➢ siehe auch: *Engelnamen, (das) Tiefinnerste Selbst, Sternensprache, Sternenlinie, Einheit*

Sternenprozession:

Der erste unserer Heiligen Tänze, die Sternenprozession, war Teil der Zeremonie von 11 : 11 und wird seitdem überall auf der Welt getanzt. Dieser Tanz verankert das Schema der Einheit. Die Tänzer bilden einen Stern, der sich 22 Minuten lang langsam nach einer besonders dafür komponierten Musik dreht. Die Sternenprozession schafft eine Doppelhelix von Energie, die die Energien im Planeten verankert, während sie spiralförmig weiter ins Unsichtbare vordringt.

➢ siehe auch: *Tor von 11 : 11, Heilige Tänze*

Sternensprache:

Sprachen, die von den Sternen kommen. Es gibt unzählige Dialekte, da es unzählige Sternensysteme gibt. Sternensprache wird eher mit dem Herzen verstanden als mit dem Kopf. Sie ist die Sprache des Unsichtbaren ebenso wie die Wurzel aller alten Erdensprachen.

➢ siehe auch: *(das) Unsichtbare*

Sternentempel:

Einweihungsorte, die in den Bereichen jenseits von Raum und Zeit existieren

Sterngeborene:

Diejenigen, die von den Sternen stammen. Die Erde wurde ursprünglich von Freiwilligen aus zahlreichen Sternensystemen kolonisiert. Jedes System entsandte Vertreter vom Feinsten. Das sind wir. Wir sind alle Sterngeborene, ob wir uns nun daran erinnern, dabei sind, uns zu erinnern oder uns entschieden haben, uns im Augenblick nicht zu erinnern!

(der) Strahl:

Die unmittelbare Übereinstimmung mit dem Einen. Zum Beispiel: Übereinstimmung mit dem Strahl = Verkörperung der Einheit; auf dem Strahl reiten = auf den Wellen des Unsichtbaren reiten; im Strahl verbrannt = durchdringende, konzentrierte Dosen von Einheit empfangen. Teil eins des GO ist eine Übung, um dich auf den Strahl auszurichten.

➢ siehe auch: *GO*

Tanz der Größeren Zentralsonne:

Ein machtvoller heiliger Tanz, in dem wir die Größere Zentrale Sonne gebären und verkörpern. Im Inneren des Kreises der Größeren Zentralen Sonne sind drei Tänzer, die den Stoff von Zeit und Raum auseinanderziehen. Sie sind umgeben von fünf sich drehenden Pfeilern.

➢ siehe auch: *Größere Zentrale Sonne und Heilige Tänze.*

(das) Tiefinnerste Selbst:

Unsere wahre, nackte, unverkleidete Grundessenz. Sie ist weit offen, zart und sehr verletzlich. Um unser Neues Selbst zu gebären, müssen wir in unserem tiefinnersten Selbst stehen.

Tor von 11 : 11:

Eine Brücke zwischen zwei sehr verschiedenen Evolutionsspiralen, die eine in der Dualität verankert, die andere in der Einheit. Dieses Tor entsteht durch das Überlappen und Verbinden der beiden Spiralen während der Aktivierung der 11:11 am 11. Januar 1992. Über hunderttausend Menschen nahmen weltweit in kleinen und großen Gruppen daran teil. Die beiden Meisterzylinder waren bei den großen Pyramiden in Ägypten (der Omegapunkt) und in Queenstown, Neuseeland (der Alphapunkt).

Das Durchgangstor von 11 : 11 öffnet und schließt sich je einmal, und nur Einer kann hindurch. Das bezieht sich auf die Tatsache, daß wir von der Dualität aufsteigen, indem wir uns zu bewußter Einheit vereinen und zu einem Sein werden. Der Zeitpunkt der Schließung der 11:11 ist auf den 31. Dezember 2011 festgesetzt. Wir stehen also vor der Wahl, ob wir unser Sein in der Zweiheit oder in der Einheit verankern wollen.

➢ siehe auch: *11 : 11, Vogelstern, EL•AN•RA, elf Tore, Erstes Tor, (das) Eine Sein, Zweites Tor, Evolutionsspiralen, Drittes Tor, Überlappungszone*

Triangulation:

Die Methode, die Dualität zu transzendieren. Wir etablieren einen dritten Punkt zu den zwei Polen der Dualität. Dieser dritte Punkt ist die Einheit. Die drei Energien bilden ein Dreieck und verschmelzen zu einem größeren Einen, indem sie die Dualität von innen nach außen kehren. „Triangulation ist der Schlüssel zur Vollendung der Dualität.“ *Auch:* Eine Übung zur Vereinigung unserer physischen Augen mit dem Dritten Auge, die zur Aktivierung des Allsehenden Auges führt.

➢ siehe auch: *(das) Allsehende Auge des AN, AN, EL•AN•RA, (das) Eine, Einheit, Dualität*

Überlappungszone:

Das Tor, das entsteht, wenn zwei unähnliche Energiesysteme übereinandergelegt werden. Es ist oft von begrenzter Dauer und gibt uns ungeahnte Möglichkeiten zu Mega-Quantensprüngen in unserem Bewußtsein und unserer Evolution.

➢ siehe auch: *Antarion Konversion, Tor von 11:11, EL•AN•RA*

(das)Unsichtbare:

Der feine Bereich, durch den wir auf unserem Weg in die Größere Wirklichkeit gehen müssen. Das Unsichtbare und das Unbekannte sind zwei Aspekte desselben Ortes. Sie befinden sich beide in den Zwischenräumen. All dies gehört zum Schema der Einheit. Das Unsichtbare ist das, was wir nicht sehen. Teil unserer Aufgabe hier auf der Erde, ist, das Unsichtbare sichtbar zu machen und es in der Form zu verankern. Wir tun dies, indem wir das Unsichtbare erforschen,

neue Sicht – und Fühlweisen entwickeln und Einheit verkörpern. Dann verankern wir diese erhöhte Unendlichkeit in unseren physischen Körpern.
➢ siehe auch: *(die) Größere Wirklichkeit, Zwischenräume, (das) Unbekannte*

(das) Unbekannte:

Das, was man nicht wissen kann. Wenn wir uns durch das Tor von 11:11 in das Unsichtbare begeben, betreten wir den Bereich des Unbekannten. Das bedeutet, daß wir die vertrauten Bequemlichkeiten und Wegweiser der alten Landkarte hinter uns gelassen haben. Hier ist alles anders. Es ist neu und ungeformt. Unsere alten Werkzeuge, Titel, Fertigkeiten und Konzepte haben keine Wirkung mehr. Das Unbekannte und das Unsichtbare sind zwei Aspekte desselben Ortes. Beide führen in die Größere Wirklichkeit.
➢ siehe auch: *Tor von 11:11, (das) Unsichtbare*

(die) Vergangenheit, die nie war:

Was wir im Schema der Dualität als vergangene Erfahrungen wahrnehmen, die zu existieren aufhören, wenn wir unser Sein in der Einheit verankern.
➢ siehe auch: *die Zukunft, die nie sein wird*

vertikale Energie:

Energie, die in einer direkten vertikalen Linie von oben auf die Erde herabströmt. Vertikale Energie wird oft benutzt, um uns von der Dualität zu befreien, denn sie verbindet uns mit dem Einen. Im Schema der Einheit ließe sich Energie als spiralförmig aufsteigend oder allumfassend bezeichnen. *Auch:* unmittelbare Erfahrung aus erster Hand, Visionen, Offenbarungen. Vertikale Energie ist immer sauber und rein.
➢ siehe auch: *horizontale Energie*

vierte Dimension:

Eine Dimension innerhalb des Schemas der Dualität, die während der Harmonischen Konvergenz am 16. und 17.

August 1987 auf der Erde verankert wurde. Hauptsächlich dient sie als Durchgang zu vielen Dimensionen.

➢ siehe auch: *Oktaven*

Vogelstern:

Ein Schwarm kleiner weißer Vögel, die in der Formation eines großen weißen Vogels fliegen. Es ist das Symbol unserer vereinten Gegenwart, das Symbol von uns als Einheit. Unser Eines Sein, das durch das Tor von 11:11 fliegt. Der Vogelstern wird manchmal die Taube genannt, obwohl er eigentlich keine Taube ist. Er repräsentiert auch die Überlappungszone oder den Ort der Verschmelzung, wo Vogel und Stern nicht mehr zu unterscheiden sind. Es steht für die Verschmelzung von Erde und Himmel. Die Umkehrung des Vogelsterns ist der Sternenvogel, der geboren wird, wenn wir unser Inneres nach außen gekehrt haben, nachdem wir durch das Tor 11:11 gelangt sind. Der Sternenvogel ist unser Gefährt auf unserer Reise jeseits des Tores 11 : 11, wenn wir in die Größere Wirklichkeit eingetreten sind.

➢ siehe auch: *Tor von 11:11, (die) Größere Wirklichkeit, (das) Eine Sein, Überlappungszone*

Wahre Liebe:

Ein reines Liebesideal, das während unseres gesamten Durchganges durch die Dualität hochgehalten, wenn auch selten erlebt wurde. Das Schema der Wahren Liebe wurde endlich am 17. Januar 1992 im Tempel der Isis auf der ägyptischen Insel Philae auf der Erde verankert. Dies gibt uns die Gelegenheit, während wir durch das Erste und Zweite Tor von 11:11 gehen, die Energien Wahrer Liebe zu erfahren. Wenn wir das Dritte Tor betreten, gelangen wir über die Bereiche der Wahren Liebe hinaus in die Größere Liebe.

➢ siehe auch: *Tor von 11:11, Erstes Tor, Größere Liebe, Isis und Osiris, Lotos der Wahren Liebe, Zweites Tor*

Wellen des Unsichtbaren:

Die feinen Energieströme im Unsichtbaren.

➢ siehe auch: *(das) Unsichtbare, Wellenreiten*

Wellenreiten:
Die Fähigkeit, auf den feinen Strömen des Unsichtbaren mitzufließen.
➢ siehe auch: *(das) Unsichtbare, Wellen des Unsichtbaren*

Wilde Wesen:
Die Wilden Wesen sind Naturgeister, die an wilden, abgelegenen, von Menschen unberührten Orten leben. Sie halten auf diesem Planeten ein wichtiges Gleichgewicht aufrecht und sollten geachtet und in Ruhe gelassen werden. Wann immer du an einen Ort kommst, wo Wilde Wesen leben, solltest du ihren Bereich nicht betreten. Gewöhnlich leben sie in der Nähe eines Elfenreiches und dienen den Elfen als Schutz.

Zeitkette:
Der Zeitplanmechanismus der Größeren Wirklichkeit. Er besteht aus zwei übereinanderliegenden Symbolen des Einen Herzens, die zusammen ein Symbol bilden, das einem Auge mit einem aufrecht stehenden Ewigkeitssymbol in der Mitte ähnelt.

(die) Zukunft, die nie sein wird:
Unsere Zukunftsvorstellungen innerhalb des Schemas der Dualität, die nie sein werden, weil wir zu einer anderen Spirale überwechseln. Auf anderen Ebenen werden alle diese Zukunftsvorstellungen in das immer gegenwärtige JETZT gewoben.
➢ siehe auch: (d*ie) Vergangenheit, die nie war*

Zweites Tor:
Das Zweite Tor von 11:11 wurde am 5. Juni 1993 aktiviert. Der Meisterzylinder dieser Aktivierung befand sich im Krater des Vulkans Pululahua auf der Höhe des Äquators in Ecuador. Als Torhüter dieser Aktivierung des Zweiten Tores leisteten Isis und Osiris ihren letzten Dienst und brachten so

ihre Geschichte zur Vollendung. Die Hauptthemen für das Zweite Tor sind die Verschmelzung aller Polaritäten in die Einheit und die Einführung der Größeren Liebe. Diese Harmonie wird von den Liebenden von jenseits der Sterne bewahrt. *Die Schlüsselnote ist:* Und die Zwei sollen zu Einem werden.

➢ siehe auch: *Tor von 11:11, elf Tore, Erstes Tor, Größere Liebe, Isis und Osiris, (die)Liebenden von jenseits der Sterne, Drittes Tor*

Zwischenräume:

Dies bezieht sich auf das Zurücklassen der alten Spirale der Dualität und den Eintritt in die Spirale des Unsichtbaren. Die Zwischenräume befinden sich zwischen den Linien der Spirale der Dualität und bedeuten unser erstes Eintauchen in das Unsichtbare.

➢ siehe auch: *(das) Unsichtbare, Heiliger Spiraltanz, Evolutionsspiralen*